現代日本語における分析的な構造をもつ派生動詞

ひつじ研究叢書〈言語編〉

第126巻	ドイツ語の様相助動詞	髙橋輝和 著
第127巻	コーパスと日本語史研究	近藤泰弘・田中牧郎・小木曽智信 編
第128巻	手続き的意味論	武内道子 著
第129巻	コミュニケーションへの言語的接近	定延利之 著
第130巻	富山県方言の文法	小西いずみ 著
第131巻	日本語の活用現象	三原健一 著
第132巻	日英語の文法化と構文化	秋元実治・青木博史・前田満 編
第133巻	発話行為から見た日本語授受表現の歴史的研究	森勇太 著
第134巻	法生活空間におけるスペイン語の用法研究	堀田英夫 編
第136巻	インタラクションと学習	柳町智治・岡田みさを 編
第137巻	日韓対照研究によるハとガと無助詞	金智賢 著
第138巻	判断のモダリティに関する日中対照研究	王其莉 著
第139巻	語構成の文法的側面についての研究	斎藤倫明 著
第140巻	現代日本語の使役文	早津恵美子 著
第141巻	韓国語citaと北海道方言ラサルと日本語ラレルの研究	円山拓子 著
第142巻	日本語史叙述の方法	大木一夫・多門靖容 編
第143巻	相互行為における指示表現	須賀あゆみ 著
第144巻	文論序説	大木一夫 著
第145巻	日本語歴史統語論序説	青木博史 著
第146巻	明治期における日本語文法研究史	服部隆 著
第147巻	所有表現と文法化	今村泰也 著
第149巻	現代日本語の視点の研究	古賀悠太郎 著
第150巻	現代日本語と韓国語における条件表現の対照研究	金智賢 著
第151巻	多人数会話におけるジェスチャーの同期	城綾実 著
第152巻	日本語語彙的複合動詞の意味と体系	陳奕廷・松本曜 著
第153巻	現代日本語における分析的な構造をもつ派生動詞	迫田幸栄 著

ひつじ研究叢書
〈言語編〉
第153巻

現代日本語における
分析的な構造をもつ派生動詞
「してある」「しておく」「してしまう」について

迫田幸栄 著

ひつじ書房

目　次

　　　凡　例　　　　　　　　　　　　　　　　　　　　　VIII

第 1 章 序論　　　　　　　　　　　　　　　　　　　　　 I
　　1. 本書の目的といくつかの問題提起　　　　　　　　　 I
　　2. 分析的な構造をもつ派生動詞と「語い＝文法的な種類」について　 7
　　3. 先行研究　　　　　　　　　　　　　　　　　　　 II
　　　3.1 『文法教育　その内容と方法』（1963）　　　　 II
　　　3.2 高橋（1969）「すがたともくろみ」、高橋（1989b）
　　　　　「動詞・その 8」、高橋（1999a）『日本語の文法』　 13
　　　3.3 鈴木（1972）『日本語文法・形態論』　　　　　 14
　　　3.4 吉川（1973）「現代日本語動詞のアスペクトの研究」　 15
　　　3.5 工藤（1995）『アスペクト・テンス体系とテクスト
　　　　　―現代日本語の時間の表現』　　　　　　　　　 16
　　　3.6 須田（2003）『現代日本語のアスペクト論』、須田（2010）
　　　　　『現代日本語のアスペクト論―形態論的なカテゴリーと
　　　　　構文論的なカテゴリーの理論』　　　　　　　　 17
　　4. 研究対象と方法　　　　　　　　　　　　　　　　 19

第 2 章「してある」　　　　　　　　　　　　　　　　　　 23
　　1.「してある」をめぐって　　　　　　　　　　　　　 23
　　　1.1「してある」動詞について（2 種類の「してある」動詞）　 23
　　　　1.1.1《第 1「してある」動詞》　　　　　　　　　 26
　　　　1.1.2《第 2「してある」動詞》　　　　　　　　　 31
　　　1.2「してある」にかんする先行研究　　　　　　　 34
　　　　1.2.1『文法教育　その内容と方法』（1963）　　　 34
　　　　1.2.2 高橋（1969）「すがたともくろみ」、高橋（1989b）
　　　　　　　「動詞・その 8」、高橋（1999a）『日本語の文法』　 35
　　　　1.2.3 鈴木（1972）『日本語文法・形態論』　　　　 37
　　　　1.2.4 吉川（1973）「現代日本語動詞のアスペクトの研究」　 38

1.2.5　森田（1977）「「本が置いてある」と「本を置いてある」」、
　　　　　　森田（1989）『基礎日本語辞典』　　　　　　　　　38
　　　1.2.6　益岡（1984）「―てある構文の文法」、益岡（1987）
　　　　　　『命題の文法―日本語文法序説』、益岡（2000）
　　　　　　『日本語文法の諸相』　　　　　　　　　　　　　39
　　1.3　「する」、「している」と「してある」動詞について　　40
　2.「してある」動詞が終止的な述語につかわれるばあい　　　46
　　2.1　「してある」文　　　　　　　　　　　　　　　　　46
　　　2.1.1　タイプ①「（N₂に）N₁が～してある。」　　　　　49
　　　2.1.2　タイプ②「（N₂に）N₁を～してある。」（主語なし文）　66
　　　2.1.3　タイプ③「N₃はN₁を～してある。／N₃はN₁が～
　　　　　　してある。」（「N₃は」は非動作主主語）　　　　72
　　　2.1.4　タイプ④「（N₄が）N₅を～してある。」
　　　　　　（「N₄が」は動作主主語）　　　　　　　　　　82
　　　2.1.5　タイプ⑤「（N₄が）～してある。」
　　　　　　（「してある」動詞のもととなる「する」動詞は自動詞）　89
　　2.2　「～されてある」文　　　　　　　　　　　　　　　93
　3. 連体形の《第1「してある」動詞》　　　　　　　　　　　95
　　3.1　ありかを規定する構造Bの下位構造について　　　　97
　　3.2　「～と　してある＋N」の構造について　　　　　　102
　4. まとめ　　　　　　　　　　　　　　　　　　　　　　　106

第3章「しておく」　　　　　　　　　　　　　　　　　　　113
　1.「しておく」をめぐって　　　　　　　　　　　　　　　113
　　1.1　「しておく」動詞について　　　　　　　　　　　　113
　　1.2　「しておく」にかんする先行研究　　　　　　　　　115
　　　1.2.1　『文法教育　その内容と方法』（1963）　　　　　115
　　　1.2.2　高橋（1969）「すがたともくろみ」　　　　　　116
　　　1.2.3　鈴木（1972）『日本語文法・形態論』　　　　　116
　　　1.2.4　吉川（1973）「現代日本語動詞のアスペクトの研究」　117
　　　1.2.5　高橋（1989b）「動詞・その8」、高橋（1999a）
　　　　　　『日本語の文法』、高橋（1999b）「「シテオク」と
　　　　　　「シテアル」の対立について」　　　　　　　　118
　　　1.2.6　笠松（1993）「「しておく」を述語にする文」　120
　　1.3　「してある」動詞との関係について　　　　　　　　121
　2.「しておく」動詞が終止的な述語につかわれるばあい　　128
　　2.1　（動作のし手が）あとにおこることにそなえて、まえもって
　　　　　おこなう動作　　　　　　　　　　　　　　　　　131

		2.2　とりあえずの処置としての動作　　　　　　　　　136
	3.「してある」と「しておく」の接近　　　　　　　　　　139
		3.1　《第2「してある」動詞》とそれに対応する「しておく」　143
	4.　まとめ　　　　　　　　　　　　　　　　　　　　　　150

第4章「してしまう」　　　　　　　　　　　　　　　　　　　153
	1.「してしまう」をめぐって　　　　　　　　　　　　　　153
		1.1「してしまう」動詞について　　　　　　　　　　　153
		1.2　文連続という単位　　　　　　　　　　　　　　　157
		1.3「してしまう」にかんする先行研究　　　　　　　　164
			1.3.1『文法教育　その内容と方法』(1963)　　　164
			1.3.2　高橋 (1969)「すがたともくろみ」、高橋 (1989b)
				「動詞・その8」、高橋 (1999a)『日本語の文法』　165
			1.3.3　鈴木 (1972)『日本語文法・形態論』　　　　167
			1.3.4　吉川 (1973)「現代日本語動詞のアスペクトの研究」　168
			1.3.5　岩崎 (1988)「局面動詞の性格―局面動詞の役割分担」　168
			1.3.6　藤井 (1992)「「してしまう」の意味」　　　170
	2.　地の文に「してしまう」動詞が終止的な述語につかわれる
		ばあい　　　　　　　　　　　　　　　　　　　　　　172
		2.1「具体的な場面を描写し、その場面において、継起的におこる
			いくつかの出来事（主として登場人物の動作）をえがく文連続」
			に存在する「してしまう」文　　　　　　　　　　174
		2.2「具体的な場面を描写せず、登場人物の性格、特徴、あるいは
			出来事を説明する文連続」に存在する「してしまう」文　205
	3.「してしまう」動詞がつきそい文の述語につかわれるばあい
		（「～してしまうと、～。」の文）　　　　　　　　　　209
	4.　まとめ　　　　　　　　　　　　　　　　　　　　　　238

終章　　　　　　　　　　　　　　　　　　　　　　　　　　243

	参考文献　　　　　　　　　　　　　　　　　　　　　　　249
	あとがき　　　　　　　　　　　　　　　　　　　　　　　255
	索　引　　　　　　　　　　　　　　　　　　　　　　　　259

凡　例

1. 提示する用例にくわえられている下線については、各章にて注による説明を参照。
2. 引用部分は基本的にもとの表記にしたがっている。必要におうじて下線をいれたり、解説をいれたりするばあいは、注を付する。なお、例文を引用したばあいは、本書の順番にしたがい、ふりかえさせていただく。
3. 論文などの初出をふくめ年次の記述はすべて西暦をもちいる。
4. 例文の検索や整理にあたって、日本語学研究会の外山善朗氏作の「SIC用例検索アプリケーション」をつかっている。そのほか、『現代日本語書き言葉均衡コーパス』（国立国語研究所）も一部利用している。

第1章
序論

1. 本書の目的といくつかの問題提起

　本書の目的は、現代日本語の動詞において、2単語による1単語相当の単位である「してある」、「しておく」、「してしまう」がもつ意味・機能をあきらかにし、形態論的な位置づけについて再考することである。

(1) 正直「痛い、痛い」コバ「頑張れ、伸ばして伸ばして。プロレスラーになるんだろ」**高志の机の前には安室奈美恵のポスターが貼ってある**。高志の机を見ていたリュー、立ち上がる。リュー「コバちゃん、とりあえず街の方行ってみっか。マー君、本当に知らないか」

（山田洋次・朝間義隆・シナリオ　学校II）

(2) 三回目の時は、伯母の声は悲痛な調子を帯びて、有無を言わさぬ切迫したものが加わっている。「洪作や、大変！大変！五時半を廻ってしまった。玄関に**お弁当を出しておきますよ**。顔は洗わんでもいいが、口だけはぶくぶくしてお行き！」この伯母の声で、洪作は寝床から飛び起きる。

（井上靖・夏草冬涛）

(3) 蔦代がふいに思い出して声をあげた。「誠さんが置いてった手紙、私ここに持ってるんだったわ。正ちゃん読んでみてくれる」蔦代は帯の間から大きな財布をとり出した。それは一万円札を折らずに入れられる札入れで、誠の置き手紙は札の間に三ツ折りにして入っていた。蔦代どの。**書き出しがこうだったから、正子は思わず蔦代の顔を見てしまった**。

（有吉佐和子・木瓜の花）

　われわれ人間が言語活動をおこなう際にもちいる、言語活動の

もっとも小さな単位である文は、はなし手が単語と文法をもちいてくみたてる構築物である。単語はただむやみに文のなかに羅列されて文となるのではなく、単語は文につかわれる際に、つねに一定の文法的な手つづきをとりながら、文のなかで意味をあらわし、機能をはたす。その文法的な手つづきとは、構文論的な手つづき（語順とイントネーション）と、形態論的な手つづき（語形変化）とのセットである。そして、本書の分析対象である「してある」「しておく」「してしまう」はもっぱらそのうちの形態論的な手つづきとされてきた。しかし、形態論そのものや単語中心的なアプローチの仕方がすすんでいるいま、われわれに課せられた課題の1つは、その形態論的な手つづきをよりいっそう厳密にみなおすことである。
　日本語の主要な品詞のうちの名詞・動詞・形容詞は、文のなかでのはたらきのちがいによって語形変化をする*1。日本語の動詞は語形変化することによって、過去と現在・未来、叙述と命令などの意味をあらわすことが可能となる。たとえば、動詞「よむ」は「よむ」、「よんだ」、「よめ」のように、文のなかでのはたらきのちがいによって語形変化し、動詞「よむ」のいくつかことなる単語形式が発生する。

　　「太郎はこれから本をよむ。」
　　「太郎はきのう本をよんだ。」
　　（先生が太郎にむかって）「太郎、本をよめ。」

「よむ」「よんだ」「よめ」などの単語形式はいわば、「よむ」が実際文のなかにつかわれる際のさまざまなすがたであり、「よむ、よんだ、よんで、よもう……」などの1つ1つは、すべて同一の単語「よむ」に属することなる単語形式である。反対に「よむ、よんだ、よんで、よもう……」などの個々の単語形式から、「よむ＝よんだ＝よんで＝よもう……→／よむ／」のように、語い素*2／よむ／をとりだすことができる。なお、「単語形式」と「語い素」について、鈴木重幸（1983:1996所収）では、以下のように規定している。

　　「単語形式は、語い素としての単語からみれば、それの文における実現形式である。単語形式は具体的で、actualな単語であ

り、単語（筆者注：この「単語」とは、語い素としての単語をさす。）は単語形式からの一定の方向での抽象物であって、potentialな単語形式であるということができる。」

（鈴木（1983：1996所収）p.87）

　鈴木によれば、「単語」には、語い素としての単語と単語形式としての単語がある。語形変化する単語にとって、文中ではたすことなる機能によって、いくつかことなるすがたをとる。その１つ１つことなる同一単語に属する単語の文の中にあるアクチュアルなすがたは、単語形式としての単語である。その１つ１つことなる同一単語に属する単語の文の中にあるアクチュアルなすがたから一般化してとりだされるのは、語い素としての単語である。なお、語形変化しない単語（一部の副詞や接続詞など）にとって、単語形式としての単語はイコール語い素としての単語となる。以下、本書において、特にことわらなければ、「単語」は語い素としての単語をさす。

　動詞「よむ」という単語には、「よむ」（非過去のかたち）―「よんだ」（過去のかたち）、「よむ」（完成相）―「よんでいる」（継続相）などの（語形変化することによってできあがった）いくつかの単語形式があり、おなじく動詞の「かく」にも、「かく」―「かいた」、「かく」―「かいている」のように、いくつかの単語形式がある。動詞という、おもに文法的な側面において同類である個々の単語に属する個々の単語形式から、一定の方向にそって抽出したものが「（動詞の）形態論的な形」である。たとえば、動詞の過去のかたち（過去形）は「よんだ、かいた、きいた、たべた……」から「する」の過去のかたちで代表させて「した」をとりだす。また、動詞の継続のかたち（継続相）は「よんでいる、かいている、きいている、たべている……」から「する」の継続のかたちで代表させて「している」をとりだす。そしてそれぞれ「する」に対立するかたちとして「した」「している」で代表させる。

　日本語動詞のテンス・アスペクト体系のベースをなす「する」「した」「している」「していた」、の４つの形態論的な形はまさしく、「動詞」というなんらかの点（おもに単語のもつ文法的な側面）で同類である個々の単語に属する個々の単語形式からとりだしたもの

である。この対立は、テンスとアスペクトの形態論的なカテゴリーを構成し、いいかえれば、これらの形態論的な形は形態論的なカテゴリーによって、組織づけられ、体系をなしているのである。

　「形態論的な形は、語形変化する単語における文法的な側面の一部であって、同類の文法的な形は、パラディグマチックな体系をなしていて、形態論的なカテゴリーを構成している。」

(鈴木（1983：1996所収）p.89)

　形態論的な形はつねに、その他1つ以上の形態論的な形の存在を前提にしている。たとえば、「する」のかたち（非過去形）にたいして、「した」（過去形）があり、「する—した」の対立で「テンス」という形態論的なカテゴリーを構成する。また、「する」のかたち（完成相）にたいして、「している」（継続相）もあり、「する—している」の対立で「アスペクト」という形態論的なカテゴリーを構成する。

　金田一春彦（1950）の「国語動詞の一分類」から今日まで、「テンス・アスペクト」はおおくの人々に研究され、すでに一定の成果があげられている。そして、形態論的なカテゴリーとしてのアスペクトの本質があきらかになっていくにつれ、その周辺にあるさまざまなアスペクトにかかわりをもつ表現手段もあきらかにされつつある。今回、本書でとりあげる「してある」「しておく」「してしまう」は、「しはじめる」や「しつづける」「しおわる」などとならんで、アスペクトにかかわる表現手段として、つねに注目されてきた課題である。

　金田一のあと、奥田靖雄は「アスペクトの研究をめぐって—金田一的段階—」（1977）と「アスペクトの研究をめぐって」（1978）をかいた。それにより、動詞の「する」と「している」のかたちがとりだされ、形態論的なカテゴリーとしての「アスペクト」が確認された。

　「ぼくたちは、自分自身の言語活動において、文法的にも文体的にも、suru をえらぶべきか、site-iru をえらぶべきかという、実際的な問題にぶつかる。これは経験的な事実である。これはよいとして、もし site-iru が動詞のアスペクチュアルなかたち

であるとすれば、《つい》になる、もうひとつのアスペクチュアルなかたちをもとめなければならないことは、言語学の方法論上の初歩である。もし、site-iru がアスペクトの観点から《継続》あるいは《結果》をあらわしているとすれば、他方に、当然のこと、《継続》も《結果》もあらわしていない、動詞のアスペクチュアルなかたちが存在していなければならない。とすれば、理論的な研究においても、site-iru のアスペクチュアルな対立物として、suru をとりあげなければならない。site-aru, site-simau, site-oku のようなかたちがあって、site-iru とアスペクチュアルに対立しているが、この対立はすべての動詞をとらえてはいなく、部分的である。」

（奥田（1977: 1985a 所収）p.88）

　奥田のかんがえをうけ、「する―している」を中心とする、それまで「すがた＝アスペクト」として、ひとまとまりにされていたさまざまな単位にたいする検討が、奥田を中心とする言語学研究会内でさかんにおこなわれはじめ、たとえば、藤井由美（1992）の「「してしまう」の意味」と笠松郁子（1993）の「「しておく」を述語にする文」などがそのながれをくんでいる*3。筆者も上記の奥田のかんがえを土台にして、「してしまう」「しておく」「してある」を形態論的な形とせず、形態論的なカテゴリーから排除するたちばをとる。

　奥田（1977）（1978）のほかに、高橋太郎は「すがたともくろみ」（1969）で、「しておく」を「すがた動詞」と「もくろみ動詞」の両側面をもつものとし、「してしまう」と「してある」をもっぱら「すがた動詞」とした。しかし、高橋（1985）『現代日本語動詞のアスペクトとテンス』では、すくなくとも、「してある」について、「「してある」は状態持続のなかにあるという継続相アスペクトと共通する性格をもっているが、動作との関係がたちきられているので、アスペクトとはいえないだろう。」とあらためて記述している。鈴木（1983: 1996 所収）では、「してある」や「してしまう」などを、アスペクトのカテゴリーのメンバーにいれるかどうかを、再検討しなければならない、とのべている。

「鈴木 1972 などでは、〜シテアル、〜シテシマウもアスペクト（すがた）のカテゴリーのメンバーにいれているが、このことは再検討しなければならない。これらは、すくなくとも基本的な意味においては、複合的な語い的な意味をあらわしているとみとめられるからである。」　　（鈴木 (1983: 1996 所収) p.102）

高橋（1985）も鈴木（1983）も、やはり奥田（1977）（1978）のかんがえを反映しているとおもわれる。

工藤真由美（1995）『アスペクト・テンス体系とテクスト——現代日本語の時間の表現——』では、「してある」「しておく」「してしまう」を「する―している」の対立からはずし、あらたに「準アスペクト」をたててあつかう。工藤は、この 3 つの動詞をアスペクトとはしなかったが、積極的にアスペクトから排除したともいえない。

アスペクトを「する―している」の対立に限定して、その他を排除するたちばと、はっきりと排除はしないが、そのあつかいになお問題がのこるという保留的なたちばの研究者がいる一方で、益岡隆志（2000）のように、積極的に「してある」を「第 2 継続相」とし、「する」と「している」の対立にもちこもうとする研究者もいる。金水敏（2000）「時の表現」（『時・否定と取り立て』より）もそのたちばをとっている。

そのほか、高橋（1999b）では、「する―している」と同レベルの対立ではないが、「してある」と「しておく」をひろい意味でのアスペクトにおける、対立する 2 つの単位とみとめる論を展開している。

本書は奥田（1977）（1978）のアスペクトにたいするかんがえを土台にしている。「する―している」の対立のみがアスペクトであるというたちばにたち、その対立から排除された領域にある「してある」「しておく」「してしまう」の分析をおこない、位置づけをこころみる。

なお、奥田と工藤のアスペクトにたいする規定を批判しつつ、「アスペクト」という形態論的なカテゴリーそのものの規定をおこなった研究に須田義治（2003）『現代日本語のアスペクト論』と須

田義治（2010）『現代日本語のアスペクト論―形態論的なカテゴリーと構文論的なカテゴリーの理論』がある。

　奥田の「アスペクト」にたいするかんがえがすでに一定のひろがりをみせているなか、本書の分析対象となる「してある」「しておく」「してしまう」は、動詞の第2中止形「して」*4と、それぞれの補助的な動詞「ある」「おく」「しまう」のくみあわせによってできあがった分析的な構造をなす1単語相当の単位であり、いわば派生動詞の一種である。一方で、おなじく分析的な構造をもつが、「している」は形態論的な形である。本書では、「してある」「しておく」「してしまう」のそれぞれを（レベルはことなるが）他動詞や動作動詞、使役動詞などとおなじように動詞という品詞の下位の種類（語い＝文法的な種類）であると位置づけ、それぞれを「してある」動詞、「しておく」動詞、「してしまう」動詞とよぶ。

　動詞一般（いわゆる「する」動詞）から派生し、独自の、固有の意味・機能を獲得して「する」動詞から独立した動詞グループ（＝動詞の下位種類）であるととらえ、一種の語い＝文法的な派生動詞として位置づけている。

2. 分析的な構造をもつ派生動詞と「語い＝文法的な種類」について

　筆者は、単語は文の基本的な材料であり、「語い＝文法的な単位」*5である、という基本的なたちばにたち、言語の基本的な単位である単語にこだわる。

　単語は文の基本的な材料であって、現実の断片を一般的にあらわすとともに、品詞や品詞の下位の種類ごとに固有な文法的な特徴ももっている。前者は単語の語い的な側面、後者は単語の文法的な側面である。単語は語い的な側面と文法的な側面をもちあわせた単位であり、文につかわれる際に、一定の意味をあらわしながら、一定の機能をはたす。単語は語いの単位でもあり、文法の単位でもある。名詞のばあいと動詞のばあいを例にあげておく。

〈名詞の例〉

　　　　　　　　　　　　　　　　　　　　　　　文法的な側面

　　　　いぬ＝が　　ねこ＝が　　ねずみ＝が　　→　　が格
　　　　いぬ＝を　　ねこ＝を　　ねずみ＝を　　→　　を格
　　　　いぬ＝に　　ねこ＝に　　ねずみ＝に　　→　　に格
　　　　　↓　　　　　↓　　　　　↓
語い的な側面　／いぬ／　　／ねこ／　　／ねずみ／

〈動詞の例〉

　　　　　　　　　　　　　　　　　　　　　　　文法的な側面

　　　　はなす　　　かく　　　　よむ　　　　→　　直説法・非過去
　　　　はなした　　かいた　　　よんだ　　　→　　直説法・過去
　　　　はなそう　　かこう　　　よもう　　　→　　さそいかけ法
　　　　はなせ　　　かけ　　　　よめ　　　　→　　命令法
　　　　はなさない　かかない　　よまない　　→　　うちけし
　　　　　↓　　　　　↓　　　　　↓
語い的な側面　／はなす／　／かく／　／よむ／

　単語がもつ語い的なものは、個々の単語に固有で独自なものであるのにたいし、文法的なものは、個々の単語に独自にあるのではなく、同類の単語に共通し、その類の単語に固有で独自なものである。そして、品詞とは、主として単語がもつ共通な文法的な特徴の総体によってわけられる単語の種類である。たとえば、「動詞」という品詞は、／主に述語として文につかわれ、連体形式をうける結合能力をもち、活用をもつ／などの文法的な特徴をもつ単語の種類であり、「名詞」とは、／主に主語と補語として文につかわれ、連体形式をうける結合能力をもち、曲用*6をもつ／などの文法的な特徴をもつ単語の種類である。

　日本語の動詞は、名詞や形容詞などとともに、主要な品詞の1つであり、「動詞」という品詞に属する単語はなんらかの点で、ほかの品詞に属する単語から区別され、そして、おなじ「動詞」という品詞に属する単語は、なんらかの点で一致し、「動詞」という1つのクラスにまとめあげられる。この「なんらかの点」というのは、

まさしく個々の単語がもつ「品詞性」である。

　そして、おなじ品詞に属する単語は、さらに「カテゴリカルな意味特徴」*7 によって、いくつかの下位の種類にわかれる。鈴木（1983: 1996所収）では、こうした品詞の下位種類を「語い＝文法的な種類」とよんでいる。例えば、他動詞というグループわけは、他動性*8 という動詞の語い的な意味における一般的な意味特徴（カテゴリカルな意味）が動詞にそなわっているか否かによってわけられる、動詞という品詞に属する単語の下位の種類（語い＝文法的な種類）である。他動詞のほか、限界動詞、状態動詞、使役動詞などのような動詞分類も、ひろい意味での語い＝文法的な種類に属する。

　語い的なものは個々の単語に固有で独自なものであるとさきにのべたが、単語がもつ語い的な意味は文法によって組織づけられ、品詞の下位の種類を形成させる単語の意味特徴が、単語のカテゴリカルな意味特徴である。こうして、単語がもつ語い的な意味は、このカテゴリカルな意味特徴をとおして文法に影響をあたえる。

　そして、筆者は、「してある」、「しておく」、そして「してしまう」も、そのカテゴリカルな意味特徴によってグループ化された動詞という品詞の下位の種類（語い＝文法的な種類）であるというたちばにたち、「する」動詞（それぞれの派生動詞のもととなる動詞）にたいして、それぞれを「してある」動詞、「しておく」動詞、「してしまう」動詞とよんでいる。

　「してある」動詞、「しておく」動詞、「してしまう」動詞は、単語の構成・構造において、動詞の第2中止形（自立した単語）＋補助的な動詞（補助的な単語）のくみあわせによってできあがった1単語相当の単位である。いいかえれば、これらの動詞は2単語による分析的な構造をもちながら、実際文のなかでつかわれる際に、1つのまとまった単位＝1単語として意味をあらわし、機能をはたす。「して」（動詞の第2中止形）と「ある」や「おく」、「しまう」（補助的な動詞）が別々の意味をもち、機能するわけではない。「ある」や「おく」、「しまう」は本来の単独で文につかわれる際にあらわす意味とはたす機能からはなれ、「してある」「しておく」「してしま

う」のような、「して」（動詞の第2中止形）とくみあわさってあらたな単語をつくりだしていることから、このばあいの「（して）ある」「（して）おく」「（して）しまう」は一般的に補助的な動詞として、「補助動詞」とよばれる。

　「する」動詞（動詞一般）から派生した「してある」動詞「しておく」動詞「してしまう」動詞は、それぞれ固有の独自の意味・機能を獲得し、「する」動詞から独立した、個別の動詞グループであり、「してある」動詞も、「しておく」動詞も、「してしまう」動詞も2単語による実質1単語の単位である。

　たしかに、「している」（継続相）は構造上、「してある」動詞「しておく」動詞「してしまう」動詞と同様に、自立的な単語（動詞の第2中止形）と補助的な単語とのくみあわせからできた単位である。しかし、「している」は分析的な構造をもつ形態論的な形（動詞の語形変化）であるのにたいして、本書でとりあげる「してある」「しておく」「してしまう」は、分析的な構造をもつ派生動詞である。なお、派生動詞は一般的に、「よみこむ」のように、1つの単語によって構成されるのであるが、「してある」「しておく」「してしまう」のような「分析的な構造をもつ派生動詞」とは、2単語によって構成される1単語相当の単位＝実質1単語であり、動詞の下位種類である。

　動詞の語形（変化）＝形態論的な形は個々の単語に属する個々の単語形式から一般化してとりだしたものであり、語形と語形との対立は文法の側面のみの対立である。たとえば、「する―している」がアスペクトにおける対立する2つの語形であり、「する―した」は、テンス（とき）における対立する2つの語形である。

　単語のもつ語い的なものは個々の単語に固有な独自なものであり、文法的なものは同類の単語（単語形式）に共通し、その類（の単語）に固有な独自なものである、という、単語の本質的な特徴をとらえることによってはじめて、同類の単語の特定の単語形式から形態論的な形をとりだすことができる。「している」は、「する」と対立する、単語形式の形づくりによってできあがった、動詞に属する形態論的な形の1つであるのにたいし、「してある」「しておく」

「してしまう」は形態論的な形とはいえない。「してある」動詞「しておく」動詞「してしまう」動詞は「単語つくり」の手つづきによってできあがった派生動詞である。「してある」「しておく」「してしまう」は構造上において、2 単語による分析的な構造をなすが、文につかわれる際、従来の派生動詞とおなじく、1 単語として意味をあらわし、機能をはたすという事実はわりとひろくみとめられている。しかし、これまでの先行研究において、これら 3 つの単位（動詞グループ）を、動詞の下位種類として規定するものはみあたらない。

　なお、本書は「してある」「しておく」「してしまう」の 3 つの動詞のみをあつかい、「アスペクト」そのものや「アスペクチュアリティー*9」の全体をあつかっていない。実際、そのほかの派生動詞と、さらにその周辺にある領域をとらえたうえで、もう一度全体を見なおす必要があり、本書はいわば 1 つの段階にすぎない。

3. 先行研究

　「してある」「しておく」「してしまう」にかんする先行研究の数はおおく、ことなる方法論やとらえ方をもちいた、実にさまざまなこころみがおこなわれている。本書では、そのすべてをあつかわず、先述した筆者がとる、単語は文の基本的な材料であり、「語い＝文法的な単位」であるという基本的なかんがえを土台とする論述を中心にとりあげる。

　それぞれの動詞にかんする個別の先行研究はそれぞれの章で節をもうけてとりあげることにし、この節では、全体にかかわるものをとりあげる。

3.1 『文法教育　その内容と方法』（1963）

　まず、本書の出発点ともいえる、教科研東京国語部会・言語教育研究サークルによる『文法教育　その内容と方法』*10（1963）での記述をみてみると、動詞の第 2 中止形＋補助動詞による単位については、以下のように記述している。

> 「「よんで いる」「よんで しまう」などは、第一の動詞（「よんで」）が語い的な意味（実質的な動作）を表わし、第二の動詞（「いる」「しまう」など）が、すがたのちがいを表わす。そして第二の動詞が語形変化をして、第一と第二の動詞とのくみあわせが全体で「よむ」などと同様に、<u>一つの動詞のようにはたらく。</u>」
> (p.150)（*波線は筆者）

『文法教育』では、はっきりと動詞の第2中止形「して」＋補助動詞のようなくみあわせによる単位を「一つの動詞のようにはたらく」としている。ただし、この時点ではまだ形態論的な形とそうでないものの区別がなく、「している」（持続態）と同列に「してある」（結果態）や「してしまう」（終結態）などが、それぞれ「○○態」と名づけられ、あつかわれている。

なお、補助動詞にかんしては以下のように説明している。

> 「このばあい、「いる」「しまう」などは、独立に使われるばあいの実質的な意味（「人・動物などの存在」とか、「終わる・終える・かたづける」とかいう意味）を失って、動詞のすがたと語形変化の文法的な意味を表わすようになっている。このような動詞を、「補助動詞」という。」
> (p.150)

『文法教育』では、「して」＋「補助動詞」のくみあわせによる単位を、「すがた」のほかに、「やりもらい」*11をたててあつかう。そして、「すがた」のところでは、本書でとりあげる「してある」「しておく」「してしまう」のほかに、「している」「していく」「してくる」「してみる」があつかわれている。

> 「動詞は、第二中止形と「いる」「ある」「しまう」「おく」「くる」「いく」「みる」などの動詞とくみあわせて、おなじ動作のいろいろなあり方のちがいを表わすことができる」 (p.150)

この記述から、『文法教育』での「すがた」とは、おなじ動作のいろいろなことなるあり方をとらえるカテゴリーであることがわかる。「すがた」には、「して」＋補助動詞のくみあわせによる単位とともに、動詞の「する」の形*12は「基本態」と名づけてあつかわれている。「すがた」は、のちにアスペクトとよばれるようになるのであるが、当時の「すがた」というカテゴリーには、レベルのこ

となる表現手段がまだ明白に区別しないでまとめられていた。やはり、『文法教育』の段階において、形態論的なカテゴリーとしてのアスペクト（すがた）の規定がまだ厳密ではなかったといわざるをえない。

3.2　高橋（1969）「すがたともくろみ」、高橋（1989b）「動詞・その8」、高橋（1999a）『日本語の文法』

　高橋（1969）「すがたともくろみ」において、動詞には「すがた」と「もくろみ」という領域があるとし、それぞれの領域をになう単位（2単語による1単語相当の単位）について記述している。

　　「動詞のあらわすうごきの過程のどの部分を問題にするかという、文法的な意味を「すがた（aspect）」という。」　　（p.119）
　　「動詞のあらわす動作がなんのためにおこなわれたかをあらわす文法的な意味をもくろみという。」　　（p.141）

「すがた」において、動詞の第2中止形「して」＋補助動詞のくみあわせによる単位のほかに、第1中止形「し」＋補助動詞のくみあわせによる単位*13 もあつかわれている。前者は、「すがた動詞」とされ、後者は「すがたをあらわすあわせ動詞」とされている。なお、本書でとりあげる、「してある」「しておく」「してしまう」にかんして、「してある」と「してしまう」は「すがた動詞」として位置づけられ、「しておく」は「すがた動詞」であり、かつ、「もくろみ動詞」であると位置づけられている。

　高橋（1969）は、「すがた動詞」も「もくろみ動詞」も文法的な単語つくりであるとし、「もくろみ」および「もくろみ動詞」をあらたに発見したこと以外に、『文法教育』での規定とさほどかわらない。なお、高橋自身による「すがたともくろみ」（1969）への解説、「「すがたともくろみ」について」（1976）（『日本語動詞のアスペクト』より）では、「してある」や「してしまう」などを高橋（1969）において「文法的な単語つくり」としたが、「文法的な派生動詞」にあらためたほうがいいかもしれないという記述があったことから、高橋（1969）において、これらの形態論的な位置づけはまだはっきりしない部分があったことがうかがえる。

では、高橋（1989b）「動詞・その8」はどうだろう。

高橋（1989b）は「する」（完成相）と「している」（継続相）をのぞいたアスペクトとかかわりのある単位、「しはじめる」「しつづける」、「しおわる」、「してある」「しておく」「してしまう」「していく」「してくる」、をまとめてあつかった論文である。そしてその第1中止形「し」＋補助動詞のくみあわせによる単位をまとめて局面動詞とする。

> 「ひとつの運動を時間的にくみたてている過程的な部分を局面とよぶ。そして、この局面をあらわす文法的あわせ動詞を局面動詞という。」 (p.43)

基本的に高橋（1989b）はアスペクトのわくぐみのなかで、「してある」や「しておく」「してしまう」などをあつかった論文であり、アスペクト以外の部分は捨象されている。

一方で、講義テキストである高橋（1999a）において、まず単語の内部構造の面から「してある」「しておく」「してしまう」を文法的なくみあわせ動詞としてまとめたうえ、「してある」をアスペクト的な動詞*14、「してしまう」を局面動詞*15、「しておく」をもくろみ動詞*16、とそれぞれの動詞がもつ意味・機能の面から分類している。

3.3　鈴木（1972）『日本語文法・形態論』

鈴木（1972）は『にっぽんご　4の上』（1968）の解説書としてかかれ、「してある」「しておく」「してしまう」のみならず、動詞や名詞、その他の品詞、文などについてかかれている文法書である。『日本語文法・形態論』では、動詞の文法的なカテゴリーとして、文のなかでつかわれる際の位置による語形変化（終止形や中止形など）やたちば（ヴォイス）、とき（テンス）、すがた（アスペクト）、もくろみなどがあげられている。

> 「動詞は、まず文のなかで文の述語となるという文論的な機能をもっている。さらに、これらの語い的な意味の性格や文論的な機能と対応して、動詞は、形態論的に、たちば、すがた、やりもらい、もくろみ、みとめ方、ていねいさ、きもち、とき、

なかどめ、条件、その他の文法的なカテゴリーを発達させている。」(p.256)

鈴木（1972）は『文法教育』での規定を一層厳密にし、高橋（1969）での分析成果をうけつぐ。

「これらは、形式的には二単語からなるが、実質的には一単語相当のものである。たすける動詞も本来の独立の動詞としての意味からずれて、抽象化しているし、第二なかどめも第二なかどめ本来の意味、用法とはことなっている。これらのあいだには他の単語は原則としてはさまらない。」(p.373)

『文法教育』での「語形」（動詞の語形変化）にたいするかんがえ方をうけつぎ、文法的なカテゴリーには、よりせまい意味での文法的なカテゴリーとそれをのぞく領域があることを鈴木（1972）が示唆している。

「こうした単語のくみあわせを「動詞」とよんで文法的な形としなかったのは、このくみあわせのなかのたすけ動詞が一般の動詞とおなじように、みとめ方、ていねいさによって四つにわかれ、それぞれがいいおわり形、なかどめ、ならべたて、条件、逆条件の形に変化するからである。」(p.373)

『文法教育』で「○○態」とよばれていた単位を鈴木（1972）では「○○動詞」とよびなおし、文法的なカテゴリーとしてまとめられた単位のなかにも、レベルのことなる単位があることをしめした。鈴木（1972）において、「している」をとりだし、「する」との対立を形態論的なカテゴリーとしてアスペクトとするまでにはいかなかったが、すでにのべたように、のちにかかれた鈴木（1983）において「鈴木1972などでは、〜シテアル、〜シテシマウもアスペクト（すがた）のカテゴリーのメンバーにいれているが、このことは再検討しなければならない。」とあらためている。

3.4　吉川（1973）「現代日本語動詞のアスペクトの研究」

吉川（1973）は高橋（1969）の成果をうけつぎ、さらに発展させた論文である[17]。吉川（1973）は、アスペクト[18]をあらわす「形式」として「している」とともに、「してくる」「していく」

「してしまう」「しておく」「してある」をとりあげる。

　吉川（1973）は「している」のかたちをとる動詞、「してある」や「してしまう」などの派生動詞のもととなる「する」動詞の性格をくわしく分析し、それぞれどういう動詞がつかわれているかを詳細に記録した論考である。しかし、ほぼ無条件に「してある」や「してしまう」などを「している」と同列にアスペクトの形式としているので、吉川は体系的にこれらの単位をあつかったとはいえない。やはり位置づけや本質規定にかんして、吉川は『文法教育』（1963）や高橋（1969）などの論述をこえていないといわざるをえない。

3.5　工藤（1995）『アスペクト・テンス体系とテクスト　―現代日本語の時間の表現』

　工藤（1995）では、「してある」、「しておく」、「してしまう」などを準アスペクトの形式としてあらたなカテゴリーをたて、「しはじめる」や「しおわる」などと区別し、つぎのように記述している。

　「～「シテアル、シテオク、シテイク、シテクル、シテシマウ」は、「シハジメル、シツヅケル、シオワル」のような、運動の局面を名付ける派生動詞とは異なり、語彙的な意味からの解放＝抽象化が進んでいるものである。が、次の点（筆者注：次の点とは、包括性の欠如、他の文法的意味の共存）で、スルーシテイルのアスペクト対立のようには、典型的なかたちで、文法化されているとは言い難いと思われる。」

　　　　　　　　　　　　　　　（pp.31〜32）（＊波線は筆者）

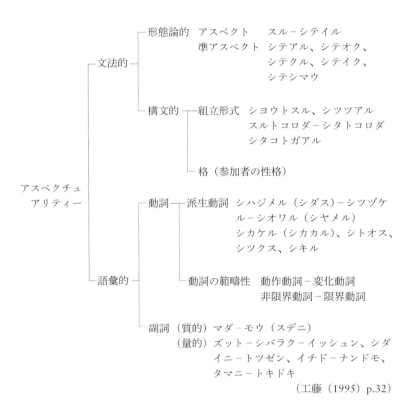

（工藤（1995）p.32）

　工藤（1995）では、アスペクチュアリティーを文法的な表現手段と語彙的な表現手段とにわけ、そのうちの文法的な表現手段は、さらに「文法化」*19 の程度によって、いつくかの下位種類）があるとのべている。本書であつかう「してある」「しておく」「してしまう」は工藤のいう「準アスペクト」であるという根拠はそこにあるとおもわれる。

3.6　須田（2003）『現代日本語のアスペクト論』、須田（2010）『現代日本語のアスペクト論―形態論的なカテゴリーと構文論的なカテゴリーの理論』

　須田義治（2003）および（2010）はアスペクトという形態論的なカテゴリー、そしてアスペクチュアリティーという構文論的なカテゴリーをあつかったもので、それまでの先行研究によるアスペクト論そのものだけではなく、方法論についてもあらたにうちたてた

研究である。

　須田はアスペクトの本質規定を追求し、完成相（「する」）と継続相（「している」）の個別的な意味（中核的な意味と基本的な意味）と一般的な意味および周辺的な意味をあきらかにしつつ、アスペクチュアリティーの主要な部分となる「語彙・文法的な系列」[20]の全体像をしめした。須田（2003）および（2010）はアスペクトの全体像を体系的にあきらかにしようとする研究であるので、本書であつかう「してある」「しておく」「してしまう」も部分的にとりあげられている。たとえば、須田（2003）では、アスペクトの派生領域である「パーフェクト（以前）」において、「している」とともに「してある」「しておく」がとりあげられ、「してしまう」は「限界動詞と無限界動詞」のところであつかわれている。須田（2003）が提示するアスペクチュアリティーの全体像をつぎにしめしておく。

---

1. 文法的な形式の側面
　　1.1. アスペクト（同時）：過程継続「している」「していた」
　　　　　　　　　　　　　　　（「しつつある」「している／していたところだ」）
　　　　　　　　　　　　　　　非過程継続「する」「した」
　　　　　　　　　　　　　　　（「する／したところだ」「したばかりだ」）
　　1.2. パーフェクト（以前）：「している」「してある」
　　　　　　　　　　　　　　　（「しておく」）
2. 対象的な内容の側面
　　2.1. 動詞内的な言語的な手段によるもの
　　　2.1.1. 限界性：限界動詞と無限界動詞（「してしまう」）
　　　2.1.2. アクチオンスアルト：「さがしだす、おいつく」など、「しとおす、しつくす」など、変化「われる、きれる」状態「ふるえる、いたむ」など
　　　2.1.3. 段階性：「しはじめる、しつづける、しおわる」、「しだす、しやむ、しかける」（「してくる、していく」、「しようとする」）
　　2.2. 動詞外的な言語的な手段によるもの
　　　2.2.1. 回数性：「三度、五回」「しょっちゅう、よく」「たまに、ときどき」「毎日、月ごとに」など
　　　2.2.2. 持続性：「ずっと、ながいあいだ、ちらっと」など

　　　　　　　　　　　　　　　　　　　　　　　　須田（2003）p.106

須田（2003）（2010）と本書はことなる目的の論考であり、本書の分析対象である「してある」「しておく」「してしまう」にたいする本質規定やとらえ方も一致しているわけではない。しかし、アスペクトやパーフェクト、限界動詞・無限界動詞などにたいする規定は須田からおおくまなんでいる。

4. 研究対象と方法

　本書の分析対象である「してある」動詞、「しておく」動詞、「してしまう」動詞の観察において、まずそれぞれの動詞がつかわれる文をあつめ、その言語事実から一定の手つづきにしたがってとりだし、それを分析して一般化する、という方法をとっている。

　収集した例文を、まず、文の構造によって、それぞれの動詞が終止的な述語につかわれる文と、そうでない文とにわけ、その2つを別のグループとし、それぞれをさらに分類していくことにしている。

　動詞は、まず文のなかで文の述語となり、主語のしめすものやことがらの属性をあらわすという構文論的な機能をもっていることから、本書では、原則として、「してある」「しておく」「してしまう」、それぞれの動詞が終止的な述語につかわれる文を分析対象とする。つきそい文やふたまた述語文などの主文以外の文の述語に「してある」「しておく」「してしまう」がつかわれるばあいについては基本的にあつかわない。ただし、「してしまう」動詞の分析においては、先行研究の記述を検証するために、一部のつきそい・あわせ文をしらべ、つきそい文の述語につかわれる「してしまう」と、終止的な述語につかわれる「してしまう」との比較を重点的におこなった。

　したがって、本書でいう「してある」文、「しておく」文、そして「してしまう」文は、とくにことわりがなければ、基本的にそれぞれの動詞が終止的な述語につかわれる文をさしている[*21]。なお、分析対象となる例文は原則として、文学作品から採集したもののみあつかうが、説明の必要に応じて、インターネットから検索した例文、その他新聞や雑誌、さらには、テレビ、ラジオなどの音声言語資料も参考にしている。

＊1　副詞や接続詞など、語形変化しない品詞もある。
＊2　語い素とは、lexemeの訳語であり、英和辞書では「語彙素」と表示されることが多いが、「彙」は常用漢字ではないこと、そして、本書での「語い」は「語彙」しかさししめさないことから、以下すべて「語い」と表記する。
＊3　そのほかに活字にされていないが、山下健吾（1992）「「してある」の意味」がある。
＊4　日本語教育においては、「テ形」ともいわれている。
＊5　このかんがえ方は、先述した奥田靖雄を中心とする言語学研究会からうけついだものである。
＊6　曲用とは、「格、とりたて、ならべ」のことである。鈴木（（1996）p.64）を参照。
＊7　「個々の単語がもつ独自的な、固有な語い的な意味のなかから、文法にとって有意義な、一般的な意味特徴がカテゴリカルな意味（意味特徴）である。」（鈴木（1983：1996所収）pp.99〜100））
＊8　他動詞には「を格」補語（動作のはたらきかけの直接対象物）とのむすびつきを要求する能力が動詞自身にそなわり、他動詞は「を格」補語を支配する能力をもっている。
＊9　「この、文における、さまざまなアスペクト的な意味と、その多様な表現手段との体系を、アスペクチュアリティと呼ぶ。これは、アスペクト的な意味の方が主導的な役割をはたしていて、その内容的な側面が、出来事の内的な時間構造を表す、さまざまな言語的な諸手段をまとめあげているという、二側面的な統一体である。アスペクトが単語における語論的なカテゴリー（形態論的なカテゴリー）であるとすれば、アスペクチュアリティは文における文論的なカテゴリー（構文論的なカテゴリー）である。」（須田（2010）p.87）
＊10　以下『文法教育』と略す。
＊11　「してやる」「してくれる」「してもらう」がこれに属する。
＊12　いわゆる「完成相」のことである。
＊13　たとえば、「しはじめる」「しおわる」などがそうである。
＊14　「してある」のほかに、「している」「していく」「してくる」がある。
＊15　「してしまう」のほかに、「しようとする」があり、おなじく局面動詞とされているが、文法的な複合動詞として、「しはじめる」「しつづける」「しおわる」がある。
＊16　「しておく」のほかに、「してみる」「してみせる」がある。
＊17　このことについては、「すがたとともくろみについて」（p.151）（『日本語動詞のアスペクト』（1976）所収）を参照。
＊18　まず、吉川はアスペクトを「動作・作用の過程の時間的性質による言い表わし方の区別」と規定する。
＊19　「文法化」という用語にかんしては、ほかにも金水（2001）「文法化と意味──「〜おる（よる）」論のために」がある。金水によると、「文法化」はgrammaticalization/grammaticizationの訳語であり、内容語（たとえ、名詞・動詞）から機能語（文法関係や時制、モダリティなどをあらわす語い）への派生である。（金水（2001）「文法化と意味──「〜おる（よる）」論のために」

p.15 を参照）しかし、金水がいう「文法化」と工藤のとは、かならずしも一致するものではない。そのことについては、さらに検討する必要がある。

＊20　本書では「語い＝文法的な種類」とよんでいる。

＊21　方言においての特殊用法をのぞけば、基本的に非過去形と過去形、普通体「してある・しておく・してしまう」とていねい体「してあります・しておきます・してしまいます」もそれぞれの動詞に属する単語形式であるので、区別せずとりあつかう。なお、ほとんど会話文にしかみられない「しとく」や「しちゃう」、いわゆる縮小形の使用については、話しことばと書きことばの対立として、質的にことなるので、本書の分析対象からはずす。

第2章
「してある」

1.「してある」をめぐって

1.1 「してある」動詞について（2種類の「してある」動詞）

　序論でのべたように、本書では、「してある」を、「する」動詞（動詞一般）から派生した派生動詞と規定する。「してある」を「してある」がもつカテゴリカルな意味特徴によってグループ化される、動詞の下位の種類（語い＝文法的な種類）の1つであると規定し、「してある」動詞とよぶ。「してある」動詞は、動詞の第2中止形「して」＋補助動詞「ある」のくみあわせによってできあがった、いわゆる分析的な構造をもつ1単語相当の単位である。形式的に2単語であるが、実質1単語として文の中で意味をあらわし、機能をはたす。筆者は、「してある」動詞は「する」動詞から派生し、独自の、固有の意味・機能を獲得して「する」動詞から独立した動詞グループであるととらえ、一種の語い＝文法的な派生動詞として位置づける。

　これまでの先行研究においては、「してある」を「している」と同レベルのようにあつかわれ、もととなる「する」動詞の特徴にしたがって分類されるのがほとんどである。たとえば、高橋（1969）では、以下のように記述している。

　　「これ（引用注：「してある」のこと）になる動詞は、対象に変化を生ずる他動詞である。また、意志的な動作をあらわす動詞にかぎる。」　　　　　　（高橋（1969）p.128）（＊波線は筆者）

　高橋のこの記述は、おおかたそれ以降の「してある」研究にうけつがれる。

　高橋につづく吉川（1973）は、「してある」動詞のもととなる

「する」動詞がもつ意味特徴のうちのいくつか特徴的なものをもとに、「してある」の用法をタイプわけした論文であり、もととなるさまざまな「する」動詞がもつ意味特徴がどのように「してある」動詞に影響をあたえるかについて記述している。

「「かわかす、なおす」のような対象を変化させる意味をあらわす動詞ではその対象が変化した結果の状態をあらわし、「話す、見る」のような対象を変化させることを意味しない動詞では、単にその動作が行なわれた後の状態である、ということをあらわすにすぎない。この両者の中間に、対象を変化させるとも、させないとも言えるような、数おおくの動詞がある。(例えば「食べる」。) また、別に対象の位置を変化させることを意味する動詞がある。(「置く、掛ける；はずす、ぬく」など。) さらに、対象を全くとらない動詞、つまり自動詞にも「てある」がつけられるが、例はすくない。(例えば、「ねてある、休んである、行ってある」など。)」　　　　　　　　　　(吉川(1973) p.254)

そのほか、たとえば、益岡(2000)のように、積極的に「してある」を「している」とともに、アスペクトという形態論的なカテゴリーを構築する1つの語形として、「する―している／してある」のような対立をうちたてる論述がある。

くりかえしとなるが、筆者は「してある」も「している」も、おなじく分析的な構造をもつ単位であるとみとめる。しかし、「している」は「する」と対立し、「アスペクト」を構成する、形態論的な形であるのにたいし、「してある」は「する」動詞から派生した、派生動詞(語い＝文法的な派生動詞)である、というたちばにたつ。「している」は、「する」と対立する、単語形式の形づくりによってできあがった、動詞の1つの形態論的な形であるのにたいし、「してある」は形態論的な形とはいえない。「してある」は「する」や「している」のような個々の動詞に属する単語形式から一般化してとりだす語形(＝形態論的な形)ではない。自動詞や他動詞とはことなるレベルだが、「してある」動詞はやはり形つくりによる単位ではなく、単語つくりによる単位(派生動詞)とみなすべきである。なお、「してある」動詞は完成相しかもたない動詞であり、継続相

「している」のかたちをもたない。

　本書は、文につかわれる「してある」を観察し、一般化した結果、「してある」動詞を「カテゴリカルな意味特徴」によってグループ化された、動詞の下位の種類（語い＝文法的な種類）であると位置づける。同一レベルではないが、たとえば、他動詞が「他動性」というカテゴリカルな意味特徴によってグループ化されるように、もっとも典型的な「してある」動詞は「結果存在性」によってグループ化される動詞の下位の種類であることから「結果存在動詞」と名づけておく。「してある」動詞＝「結果存在動詞」は独自の、固有の語い＝文法的な側面がそなわっている、動詞の種類であり、もととなる「する」動詞とは別に独立した動詞（グループ）である。しかし、それは決してもととなる「する」動詞と「してある」動詞との関係を無視することではない。派生動詞である以上、「してある」動詞はたえずもととなる「する」動詞から一定の影響をうけ、内部にとりこむ。

　「してある」動詞のもつもっとも基本的な、典型的な意味・機能は、「視覚的にとらえられる具体的なもの*1が、ある動作のはたらきかけをうけた結果の状態で、あるいは、はたらきかけによって出現した状態で、一定の場所*2に存在する」ことをあらわすのである。これを本書では《第1「してある」動詞》とよんでおく。

　《第1「してある」動詞》のもととなる「する」動詞は、主として、具体的にものにはたらきかけてそれを変化させる人間の意志的な動作をあらわす他動詞*3（「おく」、「いれる」、「かける」など）のほかに、人間が文字や記号をもちいて通達活動をおこなう言語活動動詞（「かく」、「記述する」など）と、図形や記号をもちいて創作する表現活動動詞（「えがく」、「（絵柄を）ほる」など）があげられ、視覚的にとらえられる「具体物の、ある状態での存在」をあらわすことがほとんどである。

(1) 父は登美子の味方であるよりも、今ではもう栄子の味方なのだ。それだけに、登美子は孤独だった。父と寺坂との食事は、まだ続いているらしかった。登美子は足音を忍んで自分の部屋にもどった。母の写真が壁にかけてある。母は

裏切られた女だった。しかし父は何を裏切ったのだろうか。

（石川達三・青春の蹉跌）

そして、おなじく「して＋ある」の内部構造をなしているが、《第1「してある」動詞》とはことなる語い＝文法的な意味と機能をもち、いわゆるパーフェクト*4の意味・機能をもつ《第2「してある」動詞》のグループがある。《第2「してある」動詞》は「（特定化されているだれかが）設定時点において効力をもつ（もっている）ような動作を設定時点以前にあらかじめおこなった」をあらわす。

このことは、《第1》と《第2》の2つの「してある」動詞にことなる valence（名詞との結合能力、格支配）がそなわっていることにもあらわれている。

(2) 芝居だって、一流劇団をよぶ。今週は、文学座。来週は前半が俳優座で、後半が民芸だ。来々週はちょいと趣きをかえて、テアトル・エコーという劇団をよんである。『日本人のへそ』とかいうおもしろい芝居をやってくれるらしい。

（井上ひさし・ブンとフン）

なお、この2種類の「してある」動詞はいずれも「ある」「いる」と同様に、「する」（完成相）のかたちのみとり、「している」（継続相）のかたちをとらない。

1.1.1 《第1「してある」動詞》

《第1「してある」動詞》は、「視覚的にとらえられる具体的なもの、ある状態での存在」をあらわす動詞であり、「ある」、「いる」のような「存在動詞」とにた性質をもつ。しかし、《第1「してある」動詞》があらわす「具体的なものの、ある状態での存在」には、「ある」「いる」があらわす（ものやいきものの）存在とちがって、「だれかによっておこなわれた動作のはたらきかけをうけた結果生じたあたらしい状態で、ある具体的なものが存在する」のように、つねにその「だれかによって」という意味特徴が「してある」動詞につきまとう。《第1「してある」動詞》がもつ語い的な意味には「だれかの動作のはたらきかけによって」が前提としてついてまわ

るのである。

　すでにのべたことだが、「してある」動詞のおおくは他動詞から派生した、分析的な構造をもつ「派生動詞」であり、動詞の下位の種類（「語い＝文法的な種類」）の1つである。「してある」動詞は分析的な構造（動詞の第2中止形「して」＋補助動詞「ある」）をなし、複合的な語い的な意味をもつ。

　《第1「してある」動詞》には、「視覚的にとらえられる具体的なものが、ある動作のはたらきかけをうけた結果の状態で、あるいは、はたらきかけによって出現した状態で、一定の場所に存在する」ことをあらわす意味・機能がそなわっているのであるが、もととなる「する」動詞の語い的な意味の一部が、《第1「してある」動詞》にはいりこみ、うけつがれている。「してある」動詞があらわす「（視覚的にとらえられる）具体的なものの、ある状態での存在」につねにつきまとう「だれかの動作のはたらきかけによって」という意味特徴は、もととなる「する」動詞からうけついだものであり、しっかりと「してある」動詞のなかにいきている。

　「してある」動詞が「する」動詞から派生し、一部の意味特徴をうけつぎながら、独自の意味・機能を獲得して、独立した動詞の下位種類を形成する。その1つの証拠として、もととなる「する」動詞とちがって、《第1「してある」動詞》が文につかわれる際に、基本的な、典型的な「してある」文のタイプにおいて、その「だれか」という動作のはたらきかけ主（動作主）は決して、文の成分として文にあらわれることがない。

　ある他動的な動作のはたらきかけをうけて対象物が変化（出現）すると、おおくのばあい、動作がおわったあとも、結果として、その対象物は変化した（出現した）状態で存在する。日本語には、ある物の存在（一時的な存在―配置―をふくむ）を、以前にだれかによっておこなわれた、他動的な動作の結果としてあらわす表現法が発達しており、それに《第1「してある」動詞》が使用される。

　（3）だれかが　いすに　カバンを　おいた。（その結果）
　　　　　　　　いすに　カバンが　おいてある。

（4）だれかが　かべに　風景画を　かけた。（その結果）
　　　　　　　　　かべに　風景画が　かけてある。
（5）だれかが　庭で　犬小屋を　つくった。（その結果）
　　　　　　　　　玄関に　犬小屋が　つくってある。

　「する」動詞が終止的な述語につかわれる左側の文と、右側に《第1「してある」動詞》がつかわれる文とを比較するとわかるように、「Nを」（を格補語）が「Nが」（が格主語）にいれかわり、そして、動作主をあらわすが格主語「Nが」がきえる。さらに、とりつけ先をあらわす「Nに」と（もとの）動作のなりたつ場所をあらわす「Nで」がありかをあらわす「Nに」にかわる。

　これまでの先行研究では「してある」を動詞の下位種類（語い＝文法的な種類）として位置づけるものがなく、そのおおくは、「してある」の位置づけをはっきりしないまま、あるいは、「している」と関係するかたちで、あたかも動詞の1語形（アスペクトの語形変化）としてあつかわれてきた。

　もととなる「する」動詞の特徴をとおして、「してある」を分析し、「してある」のかたちをとるのは、他動詞であり、なおかつ意志的な動作をあらわす動詞である[*5]といった記述が先行研究によくみられる。《第1「してある」動詞》に「だれかによっておこなわれた動作」という意味特徴が語い的な側面にはいりこんでいるのだとすれば、もととなる「する」動詞は意志的でなければならない。同様に、《第1「してある」動詞》があらわす「（視覚的にとらえられる）具体的なものの、ある状態での存在」が、「だれかによっておこなわれた動作のはたらきかけをうけた結果、生じたあたらしい状態で、ある具体物が存在する」のであれば、もととなる「する」動詞は、なにかにたいしてはたらきかけをする（他）動詞でなければならない。

　《第1「してある」動詞》が文であらわす意味とはたす機能はあくまでも「具体的なものの、ある状態での存在」である。この《第1「してある」動詞》は、本章の《2.「してある」動詞が終止的な述語につかわれるばあい》で紹介するように、おもにタイプ①「（N_2に）N_1が〜してある。」の文の分析作業からとりだし、一般

化されたものである。

　もっとも基本的な、典型的な「してある」文は、人の動作をあらわす文ではなく、人為的な動作（対象変化動作、対象出現動作）の結果としての物の存在をあらわす文であり、話し手は、目の前の物の存在（配置）を、だれかの他動的な動作の結果、人為的に生じたことがらとして、ある物の存在を表現する。つまり、出発点的な「してある」文は、人為的な動作を前提とする存在文の一種である。そして、「してある」文は、その前提とする人為的な動作の主体（し手 agent）がだれであるかは問題とならず、その主体を文の構造のなかにとりこむ余地はない＊6。

　派生動詞である「してある」動詞と、もととなる「する」動詞とのあいだには一定の関係性がみとめられるが、しかし、「する」動詞の意味特徴をそのまま「してある」動詞にもちこむことはできない。「してある」動詞は「する」動詞から派生し、「する」動詞とことなる独自の、固有の語い＝文法的な意味を獲得し、文のなかでつかわれる。

　《第1「してある」動詞》が文の終止的な述語につかわれる際に、ありかをしめすに格補語の文への参加をもとめる。《第1「してある」動詞》は「に格」の名詞「Nに」（そのおおくは場所名詞）と結合する能力（valence）をあらたに獲得しているといえよう。たとえば、「机に　花瓶を　おく」「壁に　絵を　かける」のような動詞（とりつけ動詞）＊7とちがって、「ふとんを　たたむ」「靴を　そろえる」のように、もともと「に格」の名詞「Nに」を要求しない動詞（もようがえ動詞）＊8であるが、「してある」動詞に派生すると、「玄関に（靴が）そろえてある」「部屋に（ふとんが）たたんである」のように、みずからの語い的な意味を具体化するために、「Nに」を要求する。

（6）　口論の挙句彼は妻に家を出て行けと喰嗚った。すると妻は出て行く位なら死にますわ、といって、つと席を立って姿を消した。まもなく台所から井戸に大きな物の落ちた音がした。徳山道助は台所に飛んで行った。台所の流しの隣に堀りぬかれた<u>井戸の前に</u>草履が揃えてある。妻が身投げを

したことに疑いはない。その瞬間徳山道助の脳裡をかすめたのは、妻に申訳ないことをしたという切実な感情であった。　　　　　　　　　　　　　（柏原兵三・徳山道助の帰郷）

(7) 彼は大儀そうに立ちあがって、タンスの前に行った。そこには、着がえがちゃんと畳んであった。　（山本有三・波）

しかし、やはりもととなる動詞（もようがえ動詞）の性格の影響から、「（人形の鼻が）黒くしてある」「（窓が）あけてある」「（電気が）消してある」のように、つかわれる文にありかをしめす「に格」補語があらわれないばあいもある。それでも、このばあいの《第1「してある」動詞》は、主語があらわす主体（具体的なもの）がどのような様子にあるかをあらわし、ひろい意味での「視覚的にとらえられる具体的なものの、ある状態での存在」をあらわしていると位置づけられる。

(8) この縫いぐるみの目は、薄い青と淡い紫が微妙に混ざり合い、静かに輝き、神秘的だ。薄いピンクの刺繍糸で作った鼻先の一部分が黒くしてある。雲も薄いピンクの鼻先にしみがあった。（吉行理恵・小さな貴婦人）

(9) あけはなしにされている浴室の前で照代は着物をするするとぬぎすてると、湯気に曇っている大鏡の前に立って自分の裸体の輪郭がぼうっとうつるのを見てから、三つに仕切ってある湯槽の一ばん奥の方へ両足を屈ませながら少しずつ全身を沈ませていった。川に面したガラス窓があけてあるので、一雨ごとに深くなる秋の色が心に沁むようである。　　　　　　　　　　　（尾崎士郎・人生劇場　愛欲篇）

《第1「してある」動詞》には、いれてある、うえてある、おいてある、（魚が）飼ってある、かかげてある、かけてある、かざってある、かぶせてある、きざんである、（棚が）くんである（＝くみたてある）、しいてある、しつらえてある、しまってある、すえてある、すててある、そえてある、そなえてある、たたんである、たててある、（机が）だしてある、つくってある、つけてある、つっこんである、つんである、つるしてある、（車が）とめてある、ならべてある、（ペンキが）ぬってある、のせてある、はさんであ

る、はってある、ぶらさげてある、(穴が)ほってある、(糸が)まいてある、むすんである、印刷してある、えがいてある、(判が)おしてある、かいてある、…などがあげられる。

一方で、さきにふれたように《第1「してある」動詞》があらわす、基本的な（一次的な）意味・機能から発展し、二次的な意味・機能をもつ《第2「してある」動詞》がある。

1.1.2 《第2「してある」動詞》

《第1「してある」動詞》があらわす、基本的な（一次的な）意味・機能から発展し、二次的な意味・機能をもつ《第2「してある」動詞》がある。

《第2「してある」動詞》は、人間のさまざまな伝達、準備、約束、依頼、交渉、所有権の移動をあらわす「する」動詞から派生し、「(特定化されているだれかが)設定時点において効力をもつ（もっている）ような動作を設定時点以前にあらかじめおこなった」*9 ことをあらわす。《第2「してある」動詞》には、(許可を)とってある、(承諾を)とってある、(約束を)してある、(了解を)えてある、(話を)してある、いってある、(工夫を)してある、しらせてある、よんである（まねいてある）、ゆるしてある、あずけてある、あたえてある、えらんである、(手紙を)おくってある、かってある、かりてある、きめてある、たのんである、(手紙を)だしてある、都合してある、用意してある、わたしてある、…などがあげられる。

《第2「してある」動詞》の範囲は《第1「してある」動詞》よりはるかにせまい。ともに「を格」の名詞を支配する能力をもつ他動詞から派生した動詞グループではあるが、しかし、《第1「してある」動詞》と《第2「してある」動詞》はたがいにりあうような関係にはない。「Nを」を支配する他動詞のうち、《第1「してある」動詞》にならなかったのこりが《第2「してある」動詞》になるというふうにはいかない。採集した《第2「してある」動詞》の使用例の数は、およそ2対8くらいのわりあいで、《第1「してある」動詞》のそれと対立する。このことから、本書では《第2「し

てある」動詞》を《第1「してある」動詞》のバリアント（変種、派生）として位置づけ、おなじ「して＋ある」の構造をもった、ことなる意味・機能をもつ2種類の「してある」動詞を、基本的な、典型的な種類と、（それに対しての）二次的な、派生的な種類とに位置づけたうえ、その基本的な、典型的な「してある」動詞（＝第1「してある」動詞）で代表させ、「してある」を規定する。

　『連語論（資料編）』における「を格」連語の記述を確認すると、《第1「してある」動詞》のもととなる「する」動詞は、「物にたいするはたらきかけ」のむすびつきをつくる動詞と一部の「通達のむすびつき」をつくる動詞（かく、記述する、記す、記録するなど）であることがわかる。《第2「してある」動詞》のもととなるのは、おもに「所有のむすびつき」をつくる動詞であり、そのほか、「通達のむすびつき」（しらせる、はなす）、「態度のむすびつき」（えらぶ、きめる）、「モーダルな態度のむすびつき」（ゆるす、たのむ）「人にたいするはたらきかけ」（よぶ、たのむ）のむすびつきをつくる動詞のそれぞれの一部であることがわかる。

　《第1「してある」動詞》から一般化してとりだした「結果存在性」は《第1「してある」動詞》を規定し、位置づけさせるカテゴリカルな意味特徴であるように、《第2「してある」動詞》を「語い＝文法的な種類」としてきめさせる一般的ななにかが必要となる。《第2「してある」動詞》を「特定化されているだれかが設定時点において効力を発揮するような動作を設定時点以前におこなったことをあらわす」動詞グループであると規定することができる。

　もうすこし《第1「してある」動詞》と《第2「してある」動詞》を比較してみる。「かいてある」「記述してある」のような言語活動動詞から派生した《第1「してある」動詞》は、《第2「してある」動詞》の一部と共通性がみとめられる。この種の《第1「してある」動詞》は《第2「してある」動詞》の「つたえてある」「はなしてある」「きめてある」「かんがえてある」のような人間の通達・認識活動をあらわす動詞（判断や評価などをふくめて）から派生した動詞グループと連続している。おなじく人間の通達活動や認識活動をあらわす動詞から派生したにもかかわらず、「かいてある」な

どは《第1「してある」動詞》として位置づけられ、「つたえてある」などは《第2「してある」動詞》として位置づけられる。人間が文字や記号をもちいて通達活動をおこなうことをあらわす言語活動動詞（書く、記述するなど）と、表現活動動詞（描く、えがくなど）から派生した《第1「してある」動詞》は、視覚的にとらえられる状態（なんらかのかたちで、具体的な痕跡がのこっている状態）での具体的なものの存在をあらわすのにたいして、「つたえてある」のような《第2「してある」動詞》は、特定化されているだれかが現在において有効となるような動作を以前におこなったこと（事実）をあらわす、という根本的なちがいがある。

　ことなる種類の「してある」動詞なので、動詞のもつ名詞との結合能力ももちろんことなる。《第1「してある」動詞》の「かいてある」「記述してある」などは、《第1「してある」動詞》の特徴、「ありか」をしめす「に格」補語をもとめるのにたいし、「つたえてある」「はなしてある」などの《第2「してある」動詞》は、直接対象（なになにを）をしめすヲ格補語のほかに、間接対象（だれだれに）をしめすニ格補語をもとめる。おなじ「に格」の名詞との結合能力をもつが、その「Nに」のしめす内容はまったくことなる。

(10) 部屋の中を見廻すと真中に大きな長い樫の机が置いてある。その上には何だか込入った、太い針線だらけの器械が乗っかって、その傍に大きな硝子の鉢に水が入れてある。
（夏目漱石・三四郎）

(11) 海外興業会社にして見れば移民が一人でも多ければそれだけ社業殷盛だし、地方代理人山田さんにしても自分の扱った移民については歩合が貰える訳だ。孫市よりもうまいのは物知りの勝田さんだった。彼は移民会社に託して五千円をブラジルに送ってある。そして現に懐中に三千円を持っている。これだけ財産が有っては渡航費補助は貰えない。
（石川達三・蒼氓）

1.2 「してある」にかんする先行研究

　くりかえしのべてきたように、単語の構成・構造からとらえる「してある」動詞は、2 単語による 1 単語相当の単位である。日本語の動詞にはこうした分析的な構造をなす単位がいくつか存在しているが、これまでの研究史において、「している」とならんで、アスペクトとかかわる一形式としてあつかわれてきた事実がある。後述する「しておく」「してしまう」とくらべても、とりわけ「してある」には、その傾向がつよい。なかには積極的に形態論的な形としての位置づけをこころみる論述もある。順をおって主要なものをとりあげる。

1.2.1 『文法教育　その内容と方法』(1963)

　『文法教育』では「してある」動詞を 2 単語による 1 単語相当な単位とするが、「している」(『文法教育』では「持続態」とよばれる)と同列にあつかい、「すがた」*10 というカテゴリーでとりあげられている。「している」とともに、動詞の語形変化としてあつかわれているため、「結果態」となづけられた。

　『文法教育』では、結果態としての「してある」を、以下のような例をあげながら、「以前に動作を受けて変化したものの結果の状態を表わす」と規定している。

　　(12) 右の　方に、赤い　模様の　ある　瀬戸物の　かめを　すえて、その　中に　松の　大きな　枝が　<u>さして　ある</u>。

(「坊っちゃん」)(p.154)

　さらに、「してある」は「動作を受けたものの状態を表わすのであるから、他動詞にしか用いられない。」と指摘したうえ、自動詞が「している」(持続態)のかたちをとるのとちかい部分があると言及しつつ、「してある」(結果態)には(だれかによる)動作のはたらきかけ性があるのにたいして、「している」(持続態)にはそのような「ニュアンス」がないとしている。

　　「ただ、結果態のほうには、第三者の動作を受けたことがニュアンスとしてあるのにたいし、持続態のほうには、そうした

ニュアンスはない。」　　　　　　　　　　　　（p.155）
(13) 松の　大きな　枝が　<u>さして　ある</u>。
(14) 松の　大きな　枝が　<u>ささって　いる</u>。
　そのほか、「してある」動詞が終止的な述語につかわれる文の構造と、他動詞が終止的な述語につかわれる文の構造の関連性についてふれている。

　　「基本態の動詞の動作を直接受ける対象が、結果態では主語として表わされるのである。ヲ格の対象語が主語に転換する点で、直接的な受け身と似ている。ただし<u>結果態では、基本態の主語は表現されることはない。</u>」　　（『文法教育』p.154）（＊波線は筆者）
　このばあいの『文法教育』でいう基本態「する」は、を格の補語（対象語）をとる他動詞（完成相のかたちをとる）のことである。作例で確認すると以下のようになる。
　「太郎が　本を　つくえに　おく。」（他動詞述語文）
　　　　　　　↓　　「本を」→「本が」
　「つくえに　本が　おいてある。」（「してある」文）
　この記述には1つ非常に重要なことが指摘されている。それは「してある」文には動作主主語があらわれないことである。

1.2.2　高橋（1969）「すがたともくろみ」、高橋（1989b）「動詞・その8」、高橋（1999a）『日本語の文法』

　高橋（1969）は「してある」をすがた動詞とし、「うごきの結果をあらわす動詞」であると規定した。「してある」は「対象に変化を生じるうごきがおわったあと、その対象を主語にして、結果の状態を述語としてあらわしたものである。」とのべたうえ、高橋は、「してある」が文のなかであらわすことがらと、「してある」のもととなる「する」動詞の性格にもとづいて、「してある」（の用法）を3つのタイプに分類した。
(1) 目にみえるような形での状態をあらわす。
　　(15) 夏のことで窓はあけはなたれ、細いよしすだれがそこ
　　　　へ<u>さげてある</u>。　　　　　　　　　　　（暗夜行路236）
(2) 放任の状態をあらわす。

（16）その仕事はかれにまかせてあります。
（3）準備のできた状態をあらわす。
　　　（17）食糧はあっちでもらいたまえ、はなしてあるから。
　　　　　　　　　　　　　　　　　　　　　　　（麦と兵隊 123）
「（3）準備のできた状態をあらわす「してある」」は、主語があらわす主体（動作主）の状態変化をかえるようなうごきをあらわすこともあるので、自動詞が「してある」の形式をとることがある、と高橋はおぎなっている。誤用や例外などとせず、自動詞による「してある」動詞の派生を位置づける記述は、おそらく高橋（1969）がはじめてである。
　（18）きのうのうちにじゅうぶんねだめしてあるから、きょうは
　　　 テツヤしても大丈夫だ。
そして、一般的にみとめられる「Nが　してある」の構造ではなく、「Nを　してある」の構造について高橋はこう論じている。
（a）うごきの間接対象の変化した状態を問題にするとき。
　　　（19）聖書はなかなか味の深いことをかいてある。
　　　　　　　　　　　　　　　　　　　　　　　（冬の宿 103）
（b）うごきの主体でも対象でもないものを題目語にしたり、それを規定したりするばあい。
　　　（20）そのふろは、ちいさい西洋風の湯槽を人造石でしつら
　　　　　えてあった。　　　　　　　　　　（故旧忘れ得べき 151）
（c）（3）のばあい（準備としてするばあい）。
　　　（筆者注：「（3）」とは、さきに紹介した「してある」の3つ
　　　目の用法（3）「準備のできた状態をあらわす」をさしている。）
　　　（21）そこは、例のつけとどけを十分にたっぷりきかしてあ
　　　　　るので　　　　　　　　　　　　　　　（春琴抄 188）
なお最後に、明治から大正の文学作品から観察された「〜されてある。」文の例文をいくつかとりあげ、その存在を指摘している。
　一方、高橋（1989b）は「してある」のアスペクト動詞の側面のみをとりあげた論文である*11。
　「してある」は、基本的には、対象へのはたらきかけによって

生じた状態が維持されることをあらわす。」(p.47)
「「してある」は、ふつうは、結果の維持過程のなかにあることをあらわしており、アスペクト的な意味は、継続相「している」の基本的な意味とおなじである。」(p.48)

もっぱらアスペクトの側面から「してある」を分析した高橋（1989b）では「している」との相違についてくわしく論じられている。

継続相「している」の基本的な意味とおなじであるとしつつ、文中に「すでに」「もう」などがあらわれれば、「してある」にパーフェクトの用法（準備の意味）が生じるという。以上のことをふまえ、「「してある」は変化動詞の「している」とひじょうにちかい」と高橋（1989b）はいう。しかし一方で、「してある」は「している」よりも結果性がつよいことと、受動性と維持性がより大切であることから「している」とはことなるとする。

3つ目の高橋（1999a）での記述は（1969）と（1989b）をうけついだかたちとなっている。たとえば、（1969）で分類した「してある」の3つの用法（目にみえるような形での状態、放任の状態、準備のできた状態）や（1989b）でおこなわれた「している」との比較などが高橋（1999a）でまとめられている。

1.2.3　鈴木（1972）『日本語文法・形態論』

鈴木（1972）の「してある」にかんする記述は、基本的に『文法教育』にしたがっているようである。しかし、明白に、他動詞述語文と「してある」文の関係について論じたのは、おそらく鈴木（1972）がはじめてであろう。

「結果態は、直接対象のうけみとにたところがあり、たちば的な面をもっている。ただ、このばあい、はたらきかけた主体は背後にかくれ、問題にされない。」(p.385)

```
  ┌ （だれかが）かべに　額を　かけた。
  │                    ↓
  └             かべに　額が　かけて　ある。
```

1.2.4　吉川（1973）「現代日本語動詞のアスペクトの研究」

　吉川（1973）は高橋（1969）での成果をうけて、さらに発展をさせた論文であるといわれている。そこでは、「してある」をアスペクトのあらわす形式として「している」や「しておく」などとともにあつかわれている。

　吉川は、「してある」のかたちをとる動詞、いわゆる「してある」動詞のもととなる動詞の性格をくわしく分析し*12、「してある」の用法を5つに分類した。

　　①対象の位置が変化した結果の状態をあらわす。
　　②対象が変化した結果の状態をあらわす。
　　③動作がおわったことをあらわす。
　　④放任をあらわす。
　　⑤準備のためにした動作をあらわす。

　「この研究では、主として、各形式のもつ文法的な意味と、その意味を実現する動詞の性格を検討すること、及びそれによって動詞を分類することに重点をおいた。」　　　　　　(p.160)
（筆者注：「各形式」とは、「している」「してある」「しておく」などをさす。）

　そして、「Nが　してある」と「Nを　してある」という構造について吉川はつぎのようにのべ、とくにとりあげることはしなかった。

　　「「～してある」全般にわたって、「が」をとることが多く、
　　4.2から派生したもののうちに、比較的多く「を」をとるもの
　　を見いだすにすぎない、とだけ言える。」*13　　　　　(p.266)

1.2.5　森田（1977）「「本が置いてある」と「本を置いてある」」、
　　　　森田（1989）『基礎日本語辞典』

　森田（1977）と（1989）は、主に「してある」がつかわれる文の構造に注目し、「Nが　してある」と「Nを　してある」の構造をとりあげた論考であり、「してある」がつかわれる文がさししめす内容のちがいと、「してある」動詞のもととなる「する」動詞の性格との相互作用が、「してある」の意味・機能に影響をあたえる、

というたちばをとる。森田はそれぞれ、「Nが　してある」の構造をなす文が「行為の結果の現存」、「Nを　してある」の構造をなす文が「行為の結果の蓄積」をあらわすものとしている。しかし、前者の構造（「Nが〜してある」）につかわれる動詞でも、後者の文構造（「Nを　してある」）につかわれることがあると指摘している。

例（22）と（23）はそれぞれ「行為の結果の現存」と「行為の結果の蓄積」の例である。

(22) 全体は土間であるが、寝るところだけは<u>低い床が設けてある</u>。 （山本有三『海彦山彦』）

(23) 私は自分のせりふは（＝を）<u>じゅうぶん練習してある</u>。

（ふとい下線は筆者）

「行為の結果の現存」とは、「だれかによって行われた行為の結果が現在の状態として存在する」という意味であり、「行為の結果の蓄積」とは、「なされた行為（筆者注：だれかによって）として対象事物の状態性にまで影響しない。単に行為の完了性しか表さない」ということである。

また、森田（1977）では後者の「Nを　してある」文の主語には一定の人称制限がある、とも指摘している＊14。

1.2.6　益岡（1984）「―てある構文の文法」、益岡（1987）『命題の文法―日本語文法序説』、益岡（2000）『日本語文法の諸相』

森田の分析をさらに発展させて、より具体的に「してある」のタイプを二分化したのは益岡である。益岡（1984）（1987）（2000）において、益岡は「してある」をA型とB型にわけ、それぞれのタイプ（A型かB型）につかわれる「してある」動詞（正確には「してある」動詞のもととなる「する」動詞）の性格や、「してある」がつかわれる文を構成する文の成分の間の関係、文の人称などの視点をもとりこんで、「してある」動詞がつかわれる文から「してある」のもつ意味・機能の一般化をおこなっている。A型とB型の決定的なちがいは、文に「動作主主語」（agent）があらわれるか、

受動者主語（patient）があらわれるかである。それにより、A型は「受動型」、B型は「能動型」ともいわれる。さらにそれぞれの構造につかわれる「してある」動詞の性格によって、A型とB型の下位タイプ、A1A2とB1B2のように分類している*15。

しかし、益岡の記述には以下のような問題点がある。

1 文にあらわれる主語の性質のちがいによって、益岡はA型「受動型」とB型「能動型」をたてているが、主語があらわれない文（本書のタイプ②「（N_2に）N_1を〜してある。」にあたるタイプ）にかんしてはまったくふれていない。

2 「受動型」のA型は動作主主語があらわれないことによって、受動表現と共通する面があるといえる、と益岡はのべているが、そもそもこのタイプの「してある」文（本書のタイプ①「（N_2に）N_1が〜してある。」にあたる）の成立にあたっては、「動作主の存在、あるいは不在」について不問であり、「受動表現」ではなく、「自動詞文構造」としてとらえるべきである。

3 益岡（2000）では、さらにすすんで「してある」を形態論的な形（動詞の語形変化）として「第2継続相」*16と名づけ、「する」と「している」の対立にいれることを提案している。しかし、「してある」を「する」と「している」と同レベルに形態論的な形とする規定には問題がある。

なお、益岡の論述については、すぐつぎの節でまたとりあげる。

保留的なとらえ方をとる論考もあるが、動詞の語形変化とまでいわなくても、「してある」を文法形式としてあつかうものがおおい。さらに、益岡（2000）のように明示的に「してある」を文法化された動詞の語形変化とし、「してある」は形態論的な形であると主張する論述もある。

1.3 「する」、「している」と「してある」**動詞**について

筆者は、「してある」を形態論的な形とせず、分析的な構造をもつ派生動詞（語い＝文法的な種類）であると規定している。しかし、先行研究のところでしめしたように、研究史において「してある」

動詞と「している」(完成相)、さらにはもととなる動詞との関係はつねに分析の範囲にあった。この節では作例をつかって、終止的な述語につかわれる他動詞が「する」のかたちをとるばあいと「している」のかたちをとるばあいと、終止的な述語に「する」の形をとる「してある」動詞がつかわれるばあいについて検討する。

A　終止的な述語につかわれる動詞が「する」のかたちをとる文の構造（他動詞文構造）

	「花子が	壁に	ペンキを	ぬる。」
文の成分	主語	に格補語	を格補語	述語
単語の種類・品詞	人名詞	場所名詞	もの名詞	他動詞（完成相・非過去形）
対象的な内容	動作主	第二の対象（とりつけ先）	第一の対象	動作のはたらきかけ

B　終止的な述語につかわれる動詞が「している」のかたちをとる文の構造（他動詞文構造）

	「花子が	壁に	ペンキを	ぬっている。」
文の成分	主語	に格補語	を格補語	述語
単語の種類・品詞	人名詞	場所名詞	もの名詞	他動詞（継続相・非過去形）
対象的な内容	動作主	第二の対象（とりつけ先）	第一の対象	運動（動作）の持続

　まず、AとBの文を確認しよう。AとBの文の構造、文の構成メンバー（成分）が一致しており、そして、文のあらわすできごとにおいても「花子」の「ぬる」動作が継続しているか、そうではないかにおいてのみことなる。そのちがいをあらわしているのは、述語につかわれる「ぬる」という動詞の語形であり、それによって、述語につかわれる動詞「ぬる」があらわす動作が継続している動作なのか、そうでない動作なのかがしめされる。

　つまり、AとBの述語である、「ぬる」と「ぬっている」はともに「ぬる」という動詞に属する単語形式である。序論でのべたように、「ぬる、ぬった、ぬって、ぬっている……→ぬる」のように、

AとBの述語である「ぬる」と「ぬっている」はおなじ単語＝語い素「ぬる」の「完成相（・非過去形）」と「継続相（・非過去形）」であり、アスペクトという形態論的なカテゴリーにおいて対立する。
　つぎに「してある」文のばあいを確認してみよう。

C　終止的な述語に「してある」動詞（「する」のかたち）がつかわれる文の構造（自動詞文構造）

	「壁に	ペンキが	ぬってある。」
文の成分	に格補語	主語	述語
単語の種類・品詞	場所名詞	もの名詞	結果存在動詞
			（完成相・非過去形）
対象的な内容	存在場所（ありか）	存在物	（ある状態での）存在

　みてのとおり、Cの「してある」文とAとBの他動詞文は文の構造においてあきらかにことなる。述語につかわれる動詞の異同だけではなく、文の構成メンバー、そして、文のあらわすできごとまでもちがう。すくなくともAとBの文が「花子の壁にたいするぬるというはたらきかけ＝動作」をあらわしているのにたいして、Cの文は「壁の、ペンキがぬってある状態での存在」をあらわしている。AとBは他動詞構文であるのにたいして、Cはもはや他動詞構文とはいえず、むしろ自動詞構文といえるだろう。つまり、他動詞派生である「してある」動詞《第１「してある」動詞》は自動詞的な性質をもっているともいえる。

　では、「ぬってある」が過去形（・完成相）をとるばあいを文C'で検証しよう。述語の「ぬってあった」は「ぬってある、ぬってあった、ぬってあって、ぬってあり、ぬってあれば……⟶ぬってある」のように、「ぬってある」に属する１単語形式であり、「ぬってあった」と「ぬってある」は「テンス」という形態論的なカテゴリーにおいて対立しあう「してある」動詞の語形変化である。

C' 終止的な述語に「した」のかたちをとる、「してある」動詞がつかわれる文の構造（自動詞文構造）

	「壁に	ペンキが	ぬってあった。」
文の成分	に格補語	主語	述語
単語の種類・品詞	場所名詞	もの名詞	結果存在動詞
			（完成相・過去形）
対象的な内容	存在場所（ありか）	存在物	（ある状態での）存在

　CとC'の「してある」文は、述語につかわれる「してある」動詞の語形変化により、テンスのちがいがしめされる。AとBの文がさししめす対象的な内容が継続しているか、継続していないかで対立する関係にあり、CとC'の文がさししめす対象的な内容が文の発話時からみて過去であるか、過去でないかで対立する関係にある。そして、Cの「してある」文（C'もふくむ）とA、Bの文とは対立しあうような関係にないことがわかる。

　「ぬってある」という「してある」動詞は、たしかに「ぬる」の他動詞から派生した動詞であり、もととなる動詞「ぬる」からは一定の影響をうけている。しかし、みてのとおり、2つの動詞がつかわれる文はまったくことなる構造をなしている。「ぬる」と「ぬってある」、それぞれ終止的な述語として文につかわれているが、それぞれの文の主語との関係はことなり、補語との関係もことなる。

　「してある」文*17を「うけみ（文）構造」としてあつかう益岡は「してある」の用法を、A型「Nが～してある」（たとえば、「本が机の上においてある。」のような文）とB型「Nを～してある」（「彼女に留守をたのんである」のような文）とにわけた。A型には動作主があらわれないのにたいし、B型は動作主があらわれるということで、A型は「受動型」構文とし、B型は「能動型」構文としている。

　しかし、動作主があらわれないことから、一部の「してある」文をうけみ文構造（受動文構造）とみなすことには問題がある。「してある」文はうけみ文とちがって、最初から動作主をあらわす文の成分が用意されていない。

　(24)花子が太郎をなぐる。（能動文）

第2章 「してある」　43

(25) 太郎が花子になぐられる。(うけみ文)

 (24) と (25) は相互に対立しあう文構造である。そして、それぞれの述語につかわれる「なぐる」と「なぐられる」は「なぐる・なぐった・なぐっている、なぐって、なぐられる……⟶なぐる」のように、ともに動詞＝語い素「なぐる」に属する単語形式である。「なぐる」と「なぐられる」は片方がなければ片方の成立もなりたたない、という関係にあり、ヴォイス「する―れる／られる」という形態論的なカテゴリーにおいて対立する。

 しかし、「してある」文と、「してある」動詞のもととなる「する」動詞（他動詞）が終止的な述語につかわれる文との関係は、「能動文構造」と「うけみ文構造」のように対立しあうものではない。

 (26) 花子が本を棚におく。(「する」文・他動詞文)
 (27) 棚に本がおいてある。(「してある」文)

 (26) と (27) はことなる文の構造をなしているが、能動―受動のような対立するものではない。たしかに、「してある」文につかわれる「してある」動詞のあらわす「具体物の、ある状態での存在」は「だれかによっておこなわれた動作のはたらきかけをうけた結果生じたあたらしい状態での、ある具体物の存在」であり、その「だれかによっておこなわれた動作」という意味特徴がたえず「してある」動詞に付随し、前提となっている。しかし、基本的に「してある」文は、人の動作をあらわす文ではなく、人為的な動作（対象変化動作、対象出現動作）の結果としての物の存在をあらわす文であり、話し手は、目の前の物の存在（配置）を、だれかの他動的な動作の結果、人為的に生じたことがらとして、ある物の存在を表現する。「してある」文は前提とする人為的な動作の主体（し手 agent）がだれであるかについては無関心であり、その主体を文の構造のなかにとりこむ余地もない。

 典型的な、出発点的な「してある」文は、人為的な動作を前提とする存在文の一種であり、能動文に対立するうけみ文ではない。

 もうすこし「してある」文が自動詞文化した（自動詞文的な）文構造をしていることについてかんがえてみる。自動詞文、能動文

（他動詞文）、うけみ文（他動詞文）をそれぞれ作例で確認する。

(28)「毎朝、住職が鐘をならす。」（他動詞文、能動文）

(29)「毎朝、鐘が住職によってならされる。」（他動詞文、うけみ文）

(30)「毎朝、鐘がなる。」（自動詞文）

(28)は主語「住職が」があらわす「住職」という動作主が、補語「鐘を」があらわす「鐘」（動作のはたらきかけをうける対象物）に「ならす」という動作のはたらきかけをする（述語の「ならす」によってあらわされている）ことがあらわされている。

(29)は(28)の逆の構造をしている。《主語「鐘が」／動作のはたらきかけをうける（直接）対象＝「鐘」》——《補語「住職によって」／あい手（もとの動作の主体）をあらわす補語「住職」》——《述語「ならされる」／ならす＋うけるという二重的な性格をもつ動作》、である。

では、(30)の自動詞文に(29)のうけみ文にある補語「住職によって」をいれてみる。すると、「鐘が住職によってなる。」という奇妙な文ができてしまう。しかし、実際、このような文は言語事実としてみつからない。(30)の文（自動詞文）は最初から「動作主」がたちいる余地がなく、文が表現しているのは、あくまでも鐘、そのものの一定の現象である。「してある」文もこの自動詞文と同様に、最初から動作の主体は問題にせず、動作の主体が文へたちいる余地はない。

これは、「赤ちゃんがうまれる。」という自動詞文に「母親によって」などをいれようとする人はまずいないのとおなじである。

「してある」文の基本的・典型的なタイプは「自動詞文構造」であり、本書では典型的な「してある」文を自動詞文化した文構造をもつ文であるとみなす。他動詞派生である《第1「してある」動詞》は自他の区分でとらえるばあい、自動詞化した自動詞グループであるといえる。

2.「してある」動詞が終止的な述語につかわれるばあい

これまでの「してある」研究とちがって、筆者は「してある」を語い＝文法的な派生動詞とし、動詞の下位の種類（「語い＝文法的な種類」）の１つである、と規定する。まず「してある」動詞が終止的な述語につかわれる文と、そうでない文とにわけ、その２つを別のグループとし、それぞれをさらに分類していく作業をおこなった。そして、序論でもふれたように、本書では、出発点として「してある」動詞が終止的な述語につかわれる文*18をとりあげる。

そのほか、位置づけがまださだまらない「〜されてある」が終止的な述語につかわれる文を《2.2》でふれておく。

2.1 「してある」文

この節では、「してある」動詞が終止的な述語につかわれる文についてのべる。「してある」文の文構造と、主語や述語、補語などの文の成分の間の関係をもとに、「してある」文を以下のように、タイプ①〜⑤にわけることができる。(31)〜(36)の用例はそれぞれのタイプの典型例である*19。

タイプ①「(N_2に) N_1が〜してある。」
(31)売店のとなりに喫茶食堂がある。二人はその入口をはいった。ガラスのケースにこの店の献立が並べてある。
(石川達三・人間の壁・上)

タイプ②「(N_2に) N_1を〜してある。」
(32)或る部屋の壁には、祖先から代々のこの家の主人だった夫婦の肖像を、額におさめて並べて飾ってある。これは、この家の歴史であった。
(大佛次郎・帰郷)

タイプ③「N_3は N_1を〜してある。／N_3は N_1が〜してある。」
(33)其先の松林の片隅に雑木の森があって数多の墓が見える。戸村家の墓地は冬青四五本を中心として六坪許りを区別けしてある。其のほどよい所の新墓が民子が永久の住家であった。
(伊藤左千夫・野菊の墓)

(34)再掲：まわりに死体が散乱していた。一人、草色の服を着、

胸に略綬をつけ、白手袋をはめた左手で軍刀を握り、右手を軽くこれに添えて、飛行機の座席にベルトをしめたまま、林の中に放心したように坐っている将官があった。わずかに首を垂れて、将官は何か考えごとでもしているような姿であったが、見ると死んでいた。そういう状態で投げ出されているのは、その将官が一人だけであった。軍刀を握った<u>左手の白手袋は、人差指と中指のところが糸でくけてある</u>。ベタ金の階級章には桜が三つついていて大将だが、三本指の海軍大将──。「海軍のえれえ人というて、こりゃ山本さんじゃなかろかい」と、浜砂は初めて気がついたのだという。
（阿川弘之・山本五十六）

タイプ④「（N₄が）N₅を～してある。」

(35) その部屋に寝ころんで、肱まくらをしながら、隠居や馨と無駄ばなしをしてゐる時義雄がさり気なくのこのこと出て行つて、敷居ぎはに突ツ立つと、『このおやぢめが』と云はないばかりに馬鹿にして、片手を突いて半身を起しただけで、両あしは重ねて投げ出したままだ。『どうです、仕事が見つかりましたか』と聴かれて、初めて足を引いて坐わり直し、下に向いて、『はア、まだ──』『東京のやうに生活の急がしいところぢやア、女でも、余ほど運動しなけりやア見つかりませんよ、仕事と云ふものは。』かう男らしくは云つたが、這入りかねて敷居の上で明いた障子を背中にしてしやがんだ。『今』と、矢張り下を向いたまま、『<u>神田の人に奔走を頼んであります。</u>』『それもいいでしようが──』『そこの』と、継母は縫ひ物の針を持つたまま右の手を通りの方へ挙げて、『駄菓子屋の娘が、自分の行つてる電話の交換局へ世話をすると云つてるさうです。』
（岩野泡鳴・発展）

タイプ⑤「（N₄が）～してある。」

(36) 1998年5月25日（月）　雨　今から普及所で会議だ。やっぱり0時ごろまでかかるんだろうが、<u>今日はすでにたっぷり寝てある。</u>

（http://www.hayashisanchi.co.jp/data/naka/n199805.

htm)＊20

　タイプ①～⑤のタイプわけは、おもに「してある」文の文構造と、主語や述語、補語などの文の成分の間の関係をもとにしているが、それぞれの文タイプにつかわれる「してある」動詞の種類にも一定の傾向がみられる。述語につかわれる「してある」動詞は、もととなる「する」動詞の性格の一部をうけつぎながら、独自な、固有な意味・機能をもつ。したがって、「してある」動詞のもつ意味・機能をあきらかにするには、「してある」動詞のもととなる「する」動詞からうける影響も考慮にいれないといけない。

　文の構造的な特徴のほかに、つかわれる「してある」動詞がもつ（カテゴリカルな）意味特徴をあわせて、分析した結果、タイプ①は、「してある」文のなかの、もっとも基本的な、典型的なタイプであり、用例が一番おおく採取できることがわかった。そして、タイプ②と③は、文のさししめす対象的な内容とつかわれる「してある」動詞の種類において、タイプ①との共通点がみとめられる。しかし、文の構造と主語や補語、述語など文の成分の間の関係のちがいから、それぞれ独立したタイプとみる。タイプ①②③に共通点がみられるのにたいし、タイプ④と⑤は、文の構造のほかに、文のさししめす対象的な内容＊21、そして、述語につかわれる「してある」動詞の種類がタイプ①②③と大きくことなっている。なお、タイプ⑤のばあい、文学作品から採取できた用例は数がすくなく、タイプ①②③④と同等に対立する文タイプとして完全に確立しているとはいえないかもしれないが、現段階においては独立した１つのタイプとしておく。

　つかわれる「してある」動詞の種類からみると、タイプ①②③につかわれる「してある」動詞は典型的な（一次的な）意味・機能をもった《第１「してある」動詞》であるのに対して、タイプ④は、派生的に（二次的な意味・機能として）パーフェクトをあらわす《第２「してある」動詞》がつかわれていることから、そのあいだに一線をひくことができる。なお、タイプ⑤「（N_4が）～してある。」については、のちにくわしくふれるように、述語につかわれる「してある」動詞のもととなる「する」動詞は自動詞であり、と

もに他動詞派生である、タイプ①〜③につかわれる《第1「してある」動詞》とタイプ④につかわれる《第2「してある」動詞》ととなる性質をもつ。

2.1.1　タイプ①「(N_2 に）N_1 が〜してある。」

「してある」文のなかの、もっとも典型的な、基本的なタイプは、このタイプ①「(N_2 に）N_1 が〜してある。」である。これらの文があらわす対象的な内容は、「ひとの動作」ではなく、「ものの（ある状態での）存在」である。ここでいう「ものの（ある状態での）存在」とは、「具体的なものが、ある動作のはたらきかけをうけた結果の状態で、あるいは、はたらきかけによって出現した状態で、一定の場所*22 に存在する」である。

そして、基本的に、これらの「してある」文には「ものの存在場所（ありか）」をあらわす文の成分が文の成立において不可欠（必須）となり、そのほとんどに、「場所（ありか）」をあらわす「に格」補語があらわれる*23。「ものの存在場所（ありか）」をあらわす「に格」補語のあらわれは、このタイプの「してある」文のさししめす対象的な内容（「ものの（ある状態での）存在」）と関係するが、つかわれる《第1「してある」動詞》自身がもつ、「に格」の名詞をもとめる、valance（結合能力）そのものでもある。

(37) 床の間に、盆栽の錦千鳥が置いてある。正子は湧井の座布団を、そっと畳におろして一、二度手で撫でたあと、立って床の間の木瓜の盆栽を抱き上げた。（有吉佐和子・木瓜の花）

(37) の文のさししめす対象的な内容は、主語であらわされる「盆栽の錦千鳥」が、「おく」という動作のはたらきかけによって位置変化をし、その結果生じたあらたな状態で「床の間」に存在する、ということである。「してある」文の主語「Nが」であらわされるものは、述語の「してある」があらわす「（ものが位置変化した結果の状態での）存在」にたいして、その存在物（存在の主体）である。もととなる動詞「おく」からうける影響で、動詞「おいてある」にはつねに「前提としての動作「おく」」の意味がつきまとう。しかし、主語「盆栽の錦千鳥が」と述語「置いてある」との関係は

あくまで「存在物―（ある状態での）存在」であり、「盆栽の錦千鳥を　おく」の「（動作のむけられる）対象物―動作」の関係とはことなる。「おく」という動作は、かならずある主体によっておこなわれる動作であるが、「してある」文はその動作主体と動作とを文の成分として文にとりこむ余地はない。そして、「に格」補語の「床の間に」は、「おいてある」という状態で存在する「盆栽の錦千鳥」の存在場所（ありか）をあらわし、「ものの存在」という文の内容をおぎなう。

　このタイプの「してある」文には、述語の《第１「してある」動詞》があらわす「（ものの変化した結果の状態での）存在」の前提となる動作をひきおこす動作のはたらきかけのし手が「してある」文にはあらわれない、という重要な特徴がある。先にのべたように、このタイプの「してある」文があらわす対象的な内容は、「動作のはたらきかけをうけた対象物の、変化した結果の状態での存在」である。それなら、その「動作のはたらきかけをする動作主」が「してある」文にかおをだしてもおかしくないかもしれない。しかし、実際このタイプの「してある」文のほとんどは「動作のはたらきかけをする動作主」は特定できず、文脈によって推測ができるばあいやよみとれるばあいももちろんあるが、「動作主」のありなしはいっこうに「してある」文の成立には関与しない。つまり、文の対象的な内容の完結性において、動作主の存在は問題とならず、文の成立に動作主体は関与せず、タイプ①の文にとって、だれによっておこなわれた動作なのかについてはつねに無関心であり、動作主は文の対象的な内容にとって問題外のことなのである。

(38)修吉たちは広場を斜めに横切って右手の暗がりへくねくねと曲りながらのびている小道へ入って行った。畠と、石炭乾留粘液の匂いを強く放つ背の低い建物とに挟まれた狭い道だった。石炭の焚殻が敷いてある。踏むたびにざくざくと音がし、ときどき焚殻の角が足の裏の、藁草履からはみ出した部分を刺した。　　　　　　　（井上ひさし・下駄の上の卵）

(39)風雨にさらされてすっかりトゲトゲしくなった岩にのぼってたちあがってみると、ああっ、大昔海の底であったとこ

ろに、今では家々がひしめいている！一本の軍用道路にしがみついているコザの町全部が見下ろせる！　どの店にも大きな看板がたてられて、前をかざってうしろを隠しているけれど、ここからはまる見えじゃないか！　さびたトタン屋根やすすくった瓦屋根の間に、ものほし台や便所や、煙突や水タンクがゴチャゴチャして、ぼくは恥かしい部分をみてるような気がして、チョオッと嘲りたくなっていた。<u>通りのあっちこっちには、夏季清掃週間のごみがつんである</u>。
　　　　　　　　　　　　　　　　　　（東峰夫・オキナワの少年）

　(38)、(39)の2つの「してある」文は、「焚殻が敷いてある」「ごみがつんである」という状態は表現されているのにたいして、敷いたり積んだりした「し手主体」は文にあらわれず、しかしながらそのことは文の成立にはなんの影響もない。

＊タイプ①によくつかわれる《第1「してある」動詞》＊24

> いれてある、印刷してある、うえてある、えがいてある、おいてある、（判が）おしてある、（魚が）飼ってある、かかげてある、かいてある、かけてある、かざってある、かぶせてある、きざんである、（棚が）くんである（＝くみたててある）、しいてある、しつらえてある、しまってある、すえてある、すててある、そえてある、そなえてある、たたんである、たててある、（机が）だしてある、つくってある、つけてある、つっこんである、つんである、つるしてある、（車が）とめてある、ならべてある、（ペンキが）ぬってある、のせてある、はさんである、はってある、ぶらさげてある、（穴が）ほってある、（糸が）まいてある、むすんである…

　タイプ①の「してある」文の述語につかわれる《第1「してある」動詞》は、「してある」動詞の全体の中心をしめており、もととなる「する」動詞は原則として、具体的にものにはたらきかけて、それを変化させる人間の意志的な動作をあらわす他動詞であり、そのうち、もっともおおいのはとりつけ動詞＊25である。それらの動詞はもともと、たとえば「床に　じゅうたんを　しく」の「しく」のように、みずからの語い的な意味を具体化するために、「を格」名詞と「に格」名詞と結合する能力（valence）をもっている。そのほか「壁から　絵を　とりはずす」のように、動詞「とりはず

す」は「を格」名詞と「から格」名詞との結合をもとめる*26。そして、そういった構造をつくる能力をもつ他動詞から派生した「してある」動詞には、第2の対象をもとめる、という、もととなる「する」動詞の特徴が反映される。「してある」動詞はみずからの語い的な意味を具体化するために、「ものの存在場所（ありか）」をあらわす「に格」補語や「から格」補語*27が文へ参加することをもとめるのである。「してある」動詞には「に格」の名詞をもとめる、valance（結合能力）がある。

とりつけ動詞から派生した「してある」動詞以外では、「たたんである」「きざんである」「つくってある」「かいてある」のような動詞がある。これらの「してある」動詞のもととなる「する」動詞は、たとえば、「ふとんを　たたむ」「犬小屋を　つくる」のように、もともと「に格」をとる場所名詞を要求しない動詞である。しかし、「してある」動詞に派生すると、「部屋に（ふとんが）たたんである」「庭に（犬小屋が）つくってある」のように、みずからの語い的な意味を具体化するために、ありかをしめす「に格」補語を必要とする。

(40) 家の建物の前に、幾坪かの土間のあることも、農家の特色だ。この家の土間は葡萄棚などに続いて、その横に牛小屋が作ってある。三頭ばかりの乳牛が飼われている。

（島崎藤村・千曲川のスケッチ）

(41) 玄関横の三畳の板の間の畳に、柳行李が一つおいてあり、慈念が使いふるした蒲団がたたんであった。（水上勉・雁の寺）

しかし、まれに、「に格」補語が「してある」文にあらわれないばあいもある。「窓が　あけてある」がその典型例である。これは、さきにのべたように、もともと「に格」補語を要求しない動詞「（窓を）あける」「（顔を）黒くする」「（〇〇を）囲う」「（戸を）あけはなす」などから派生した「してある」動詞にのみみられる現象であり、数はすくない。

(42) 再掲：この縫いぐるみの目は、薄い青と淡い紫が微妙に混ざり合い、静かに輝き、神秘的だ。薄いピンクの刺繍糸で作った鼻先の一部分が黒くしてある。雲も薄いピンクの鼻

先にしみがあった。　　　　　　　　（吉行理恵・小さな貴婦人）

(43) それとも駅員は東芝の構内に隠れているのか。私の夢の中に出て来る灰色の海は全部コンビナートの海なのかもしれない。工場の敷地の静かな生け垣、真っ黒な雀、汚れた植物、休日出勤かオレンジ色のヘルメットを被った人が白っぽい作業服を着て、バインダーに止めた紙を持って、それをひねるように振り、少し疲れたふうに歩いている。工場の窓際には小さい鉢植えが沢山ならんでいる。その敷地に<u>近いホームの部分</u>が板で<u>囲ってある</u>。板とホームの隙間で焦げた金属のような海が動く。そこだけが夢の景色に思える。
　　　　　　　　　　（笙野頼子・タイムスリップ・コンビナート）

(44) 三十分ほどで裏屋の庭へ入った時、その木蔭にさっきのジープが停っていた。庭は人影がなくひっそりし、<u>土間口の戸が明け放してある</u>。僕が穀物庫の前へ篭を下ろしながら、耳をすますと、舎内から微かな話し声が聞えた。しかし、その声には何か言いあうような異様な気配があって、僕が土間口へいくと、急に馬房の門戸から北目の嘱託獣医が出てきた。　　　　　　　　　　　　（遠藤周作・深い河）

(45) 同・エレベーター1号機　乗っているのは細川だけ。<u>10階のボタンが押してある</u>。貧乏ゆすりしている細川。細川「早く……早く……」チンッと音がして2階で止まる。
　　　　　　　　　　　（戸田山雅司（シナリオ）・メッセンジャー）

　さらに、つぎの例 (46) のように、「蜜柑の皮の残骸がそこにある」の文があらわすことがらから「きっとだれかがたべたにちがいない」という推測ができるとしても、はなし手がこの文によってよみ手につたえようとしていることは「だれかがたべた」という過去におきた動的なできごとではなく、「のこされた蜜柑の残骸」の存在である。「蜜柑の残骸の存在」にたいするおどろきや発見という気持ちは、登場人物幸夫と春太の会話からよみとれるだろうが、「みかんをたべただれか」（たべる動作をおこなった動作主）は2人の会話の成立には関与しない。

(46) そこは人眼につかない陽だまりになっていて、そこだけに

山芝が生えていた。「なんだ、これ」幸夫はその陽だまりの一隅に視線を投げた。そこには新聞紙が拡げられており、蜜柑の皮の残骸が載せられてあった。「だれか、ここで蜜柑食べたんだな」幸夫は感心したような言い方をした。「八ツ食べてある」春太が皮を算えて言った。が、すぐ、「あれ、喰ってないのがあるぞ」　　　　　　　　　　（井上靖・しろばんば）

ところで、タイプ①「(N_2 に) N_1 が〜してある。」文には、主語「N_1 が」があらわす存在主体のあり方のちがいによって、(47) と (48) のように2つの下位のタイプが存在する。(47) の「〜水が入れてある。」の主語「水が」があらわす「対象物・水」の、述語の「入れてある」という状態にいたるまでの状態変化のし方と、(48) の「〜穴が　掘ってある。」の主語の「穴が」があらわす「対象物・穴」の、述語の「掘ってある」という状態にいたるまでの変化のし方はことなる。(48) の主語「穴が」があらわす「穴」という対象物は、(47) の主語の「水が」があらわす「水」とちがって、述語の「掘ってある」という状態をひきおこす「掘る」という動作のはたらきかけによってできあがった生産物である。「掘る」という動作のはたらきかけがおこなわれる前に、存在しなかったもの（「穴」）が「掘る」という動作が完了することによって、つくりだされたのである。いま便宜的に、これらを「生産的な対象物」とよんでおく。いいかえれば、(48) の「掘ってある」という変化した結果の状態での存在は、「掘る」という生産的な動作のはたらきかけによってできあがった生産的な状態（生産的な動作のはたらきかけによってあらたに生じた対象物の状態）での存在である。一方、(47) のばあいは、主語の「水が」があらわす「水」という対象物は、「いれる」という非生産的な動作のはたらきかけ（この例では、ものの存在位置の移動である）によって、できあがった非生産的な状態*28（非生産的な動作のはたらきかけによって対象物が変化した結果の状態）での存在である。このばあいは、「水」は「いれる」ことによって、存在位置をかえただけである。「水」という対象物と、「いれる」動作（のはたらきかけ）との関係は、「穴」と「掘る」との関係とはことなるのである。

(47)(再掲)部屋の中を見廻すと真中に大きな長い樫の机が置いてある。その上には何だか込入った、太い針線だらけの器械が乗っかって、その傍に大きな硝子の鉢に水が入れてある。

(夏目漱石・三四郎)

(48)人々は切腹の場所を出て、序に宝珠院の墓穴も見て置こうと、揃って出掛けた。ここには二列に穴が掘ってある。

(森鷗外・堺事件)

もう一組の例をとりあげる。(49)の「〜模様が　刻んである」と(50)の「〜写真が　飾ってある。」では、「模様」という対象物と「刻む」動作の関係は生産的であるが、「写真」と「飾る」との関係はそうではないことがわかる。

(49)「だから、お前に呉れてやるさ。」そして銀次郎は、勢いよく安太の傍に投げて寄こした手にとって見ると、なるほどパイプである。それは何か髄のある細い木でつくってあり、その木には出たらめだとしか思えない模様が刻んである。

(椎名麟三・永遠なる序章)

(50)眼鏡屋駅前の通りにある眼鏡屋。ショーウインドウに、彫りの深い顔の外人が眼鏡をかけた写真が飾ってある。店の中から眼鏡をかけた寅が出て来て、ショーウインドウに自分の顔を映し、満足気に去って行く。店員が出て来て、呆れて見送っている。帝釈天・参道

(山田洋次、朝間義隆(脚本)・男はつらいよ　葛飾立志篇)

こうして、主語があらわす(存在の)主体のあり方のちがいからもまた、もととなる(他)動詞がもつ、ことなる valance(結合能力)をうかがうことができる。

先行研究の益岡(1984)(1987)(2000)ではこの２つのタイプをみとめて、おなじくA型(受動型)という上位タイプに属する２つの下位のタイプ(A_1とA_2)としている。しかし、本書ではこのような主語「N_1が」のあり方のちがいによって、「してある」動詞への本質規定に支障がないとかんがえ、独立した下位タイプとせず、まとめてタイプ①「(N_2に) N_1が〜してある。」とする。

つぎにあげている(51)〜(56)の「してある」文は、「生産的

な状態」をあらわすものである。

(51)その山から、金毘羅山の頂上までは峰伝いであった。そして峰から頂上までの間に、篝火を焚く穴が、百三十何カ所も掘ってある。村人たちは、束にした割木を運んで来て、一つの穴に二束の割でおいて廻るのだった。
（島木健作・生活の探求）

(52)他のとは比較出来ないほど立派な墓所で、代々の墓石が並んでいる。お糸が墓石の裏を指した。そこに女の戒名と死んだ年月日が彫ってある。　　　（平岩弓枝・御宿かわせみ）

(53)源氏は、拗ねたままでいる姫君に、やさしくいった。「ごらん……三日夜の餅だよ。紅白の餅が美しく作ってある」「…………」姫君はまだものをいわないが、さすがに素直に、長い睫毛を上げて、ながめた。　　　（田辺聖子・新源氏物語）

(54)入口の二畳、次の六畳、そこにはお仏壇があって、その後ろはお勝手と、不似合に贅沢な風呂場、下女と小僧の寝間、それから八畳一と間、納戸と押入、便所、その奥に、宗太郎の寝間の四畳半が、縁側の先へ継ぎ足したように建て増してあります。　　　（野村胡堂・銭形平次捕物控（二））

(55)謄新潮編集部豆というゴム印が捺してあるのは、原稿の一枚目だけではなかった。菊本がざっと繰ってみたところ、何枚目おきかに、随所にゴム印が捺してあった。これでは、「新潮」に依頼されて書き、不採用になった原稿だということが歴然としている。　　　（青山光二・われらが風狂の師）

(56)再掲：いかにも又先生らしい感じ方だと自分は思つた。「この字が何と云ふ句から出てゐるか知つてゐるかい。」座敷に戻つた先生は肱枕をし乍ら頤で額をさして云つた。そこには「仁壽」と云ふ二字が太く書いてあつた。
（長与善郎・竹沢先生）

これら「生産的な状態での存在」をあらわす「してある」文をよりこまかく観察すれば、述語の「してある」動詞があらわす「生産的な状態での存在」のなかにもちがいがみられる。たとえば、「ほる」「つくる」「（建物を）たてる」のような単純生産動詞から派生

した「してある」動詞と、「かく」「のべる」「記する」などの言語活動動詞から派生した「してある」動詞は、質的にことなる「生産的な状態での存在」をあらわしている。そして、それと照応して、主語があらわす「（生産的な）状態での存在主体」も質的にことなる。「文章がかいてある」と「穴がほってある」のように、「文章」と「穴」という生産物はあきらかにことなる。

　つまり、「かいてある」「記述してある」「のべてある」のような言語活動動詞から派生した《第1「してある」動詞》は、ほかの生産的な状態での存在をあらわす《第1「してある」動詞》とはまたすこし質的にことなり、これらの「してある」動詞はタイプ④「（N_4 が）N_5 を〜してある。」につかわれる《第2「してある」動詞》との関係性がみられる。「かいてある」などの《第1「してある」動詞》はタイプ④でつかわれる「みとめてある」や「きめてある」「かんがえてある」などの人間の認識活動をあらわす動詞（判断や評価などをふくめて）から派生した《第2「してある」動詞》と連続している。おなじく人間の通達活動や認識活動をあらわす動詞から派生したにもかかわらず、「かいている」「記述している」などはタイプ①の「してある」文につかわれ、「いってある」「つたえてある」などはタイプ④「（N_4 が）N_5 を〜してある。」の文につかわれる。それは、人間が文字や記号をもちいて通達活動をおこなう活動をあらわす言語活動動詞（書く、記述するなど）や、表現活動動詞（描く、えがくなど）などから派生したものは、視覚的にとらえられる状態（なんらかのかたちで、具体的な痕跡がのこっている）での存在をあらわすことがおおく、それにたいして、「いってある」や「つたえてある」などのタイプ④につかわれる「してある」動詞は、動作がおこなわれた結果、（動作のうけ手・対象物に）具体的な状態での存在の様子はのこらず、ただ動作をおこなった事実を表現するからである。そのほか、これらの動詞のもつ結合能力にもちがいがみられる。「かいてある」「記述してある」などのばあいは、「ありか」をしめすに格補語をもとめるのにたいし、「いってある」「つたえてある」などのばあいは、直接対象（なになにを）をしめすを格補語のほかに、間接対象（だれだれに）をしめすに格

第2章「してある」

補語をもとめる。おなじに格補語をもとめるが、そのに格補語のしめす内容はことなり、性格がことなる。

　さらに、おなじ「かいてある」という動詞が文につかわれても、(56)の「～そこには「仁壽」と云ふ二字が太く書いてあつた。」と、つぎの(57)の「～黒板には卒業の歌が書いてある。」とはまたちがう。(57)の「かいてある」があらわすのは「卒業の歌」という4文字の具体物の存在ではなく、「卒業の歌の歌詞あるいは曲譜」という卒業の歌の「内容」の存在があらわされているのである。

(57) いままでひと気のなかった教室はひえびえとしていた。<u>黒板には卒業の歌が書いてある</u>。その白墨の色が、もう何日か経ったような、しめった色をしていた。(仰げば尊し、わが師の恩……)あした、卒業生百何十人は、涙をながしながらこの歌をうたうのだ。　　　　(石川達三・人間の壁(上))

　そして、「えがいてある」や「きざんである」などの「してある」動詞も、「かいてある」のように、(動作のはたらきかけをうけて、変化した結果、生じたあたらしい状態に存在する)対象物の「内容」あるいは対象物の「具体的なかたち」の存在をあらわす二面性をもつ。

(58) 三四郎は板の間に懸けてある三越呉服店の<u>看板</u>を見た。奇麗な<u>女が画いてある</u>。その女の顔が何処か美禰子に似ている。能く見ると目付が違っている。　　　　(夏目漱石・三四郎)

(59) 一歩街に出ると、眼のまえに二軒の映画館がならんでいた。軒の上にかかげた大きな<u>絵看板</u>には、外国人の男女の、極彩色の<u>キス・シーン</u>が、なまなましく描いてあった。あの子をどう導いたらいいだろうか。志野田先生は明るい街通りをあるきながら、そのことを思いふけっていた。

(石川達三・人間の壁(上))

(60) 繁忙期には昭一さん夫妻の二人の娘、綾子さん(22)、礼子さん(20)もフロントや調理場を手伝ってきた。古い夕立荘について綾子さんは「よく雨漏りがして、大急ぎで洗面器を運んだことが忘れられない。カープの選手に遊んでもらったり、にぎやかで楽しかった」と懐かしそう。礼子さ

んも「帳場わきの柱に、小さいころ、背比べをした傷が刻んであった。私たちが育った思い出の場所です」。

(毎日新聞スポーツ面平成7年4月)

(61) 多くの文字を石の面に刻んで事蹟を後世に伝へやうとする石碑のかはりに、こゝには石や銅で象つた人体の記念が置いてある。あの東洋風な石碑が自分等の国の方の橋の畔にも見られるやうに、こゝには二人の薬剤師の立像なぞまで私の下宿から遠くないサン・ミツシエルの町角に建てゝある。その台石には、この二人の薬剤師はキニイネのやうな解熱剤を発見して人類のために貢献した人達だといふ意味のことが、学校通ひの子供の眼にもつくやうなところに刻んである。暇ある毎に私はこの町の界隈を静かに見て廻るのを楽しみにした。

(島崎藤村・エトランゼエ)

しかし、「記してある」、「のべてある」などの「してある」動詞のばあいだと、完全に（動作のはたらきかけをうけて、変化した結果、生じたあたらしい存在状態にある）対象物の「内容」の存在しか表現しない。

(62) 中学校々友会の会報が年二季に来た。同窓の友の消息がおぼろ気ながらこれに由って知られる。アメリカに行ったものもあれば、北海道に行ったものもある。今季の会報には寄宿舎生徒松本なにがしが自から棄てて自殺した顛末が書いてあった。深夜、ピストルの音がして人々が驚いて走せ寄ったことが詳しく記してあった。かれは今まで思ったことのない「死」に就いて考えた。

(田山花袋・田舎教師)

(63) 実を云うと、代助はそれから三千代にも平岡にも二三遍逢っていた。一遍は平岡から比較的長い手紙を受取った時であった。それには、第一に着京以来御世話になって難有いと云う礼が述べてあった。

(夏目漱石・それから)

(64) 山本も、山口多聞や加来止男の死に感動はしながらも、必ずしもこれを好もしいこととは思っていなかったようで、草鹿任一、井上成美らと会食をした十月七日の宇垣参謀長の日誌（戦藻録）には、「奮戦の後艦沈没するに際し、艦長

の生還するを喜ばずと為さば前途遼遠の此大戦を遂行する事を得ず、飛行機は落下傘により出来る丈生還を奨励しあるに艦船は然らずといふ理なし」と、艦長も生きて還って来いという山本の内々の<u>意向が記してある</u>。

(阿川弘之・山本五十六)

(65)山本の長男義正が昭和四十一年五月号の「文藝春秋」に「父・山本五十六への訣別」と題して発表した文章の中で、結婚前父の母に書き送った<u>手紙</u>を披露しているが、<u>それには</u>、「一筆申上げ候。暑さ日増しに烈しく相成り候処、皆々様には益々御機嫌麗しく御起居あそばされ候御様子、慶賀の至りに存じ奉り上げ候。さてこの度は皆々様の御尽力をもつて、諸事順当にとり運びしこと、しあはせの次第と悦び居り候。御母上様より御許をも頂き候ことなれば、以後は他人と思はず、種々申上ぐ可く候につき、そなたよりも何事も御遠慮なく御申し開きこれあり度く候（下略）」と、やさしい<u>言葉が述べてある</u>。

(阿川弘之・山本五十六)

(66)「な、なんだ、おまえは」顎鬚が起き上った。顎鬚の向いの席で例の少女がチューインガムをくちゃくちゃと噛みながら、膝の上に分厚い<u>本</u>をひろげているのが見える。<u>頁</u>いっぱいに楽譜が印刷してあった。少女は「イフ・ゼイ・アスク・ミー、アイ・クッド・ライト・ア・ブック……」とずいぶん大きな声で歌い出した。「お、おまえ、おれになにか文句があるのか」

(井上ひさし・下駄の上の卵)

通常、タイプ①「(N₂に) N₁が〜してある。」のタイプに属する「してある」文には、「「動作のはたらきかけをうけた対象物」が主語となるのが典型的であるが、「かいてある」や「のべてある」のように、人間の認識活動や言語活動の内容をあらわす動詞から派生した「してある」動詞が述語につかわれるばあい、動作のはたらきかけをうけた結果、生産的に生じたあらたな対象物は、人間の認識活動や言語活動による生産物であるため、たとえ、「文字」を通して物質化し、視覚的にとらえられるとしても、話し手が文をもちいて表現しようとしているのは、おそらくその生産物の「内容」で

あって、かたちではない。そして、下のような「主語のない文」もあらわれる*29。

(67) 土蔵の内部を見まわしているうちに修吉と正の視線は、向う側、洋館へ出るガラス戸の横に並べて置いてある二つの茶箱の上にとまった。茶箱にはそれぞれ墨で大きく「小松レコード鑑賞会」「置賜クラブ」と書いてある。〈レコードと野球道具だ。きっとボールもある〉修吉の膝がふるえだした。
（井上ひさし・下駄の上の卵）

(68) 生かぼちゃを食べたからだと思っていたが、放射能症害である。長崎医大原子爆弾救護報告書によると、早発性消化器障害である。――その翌日頃より口内炎を発生し次第に体温上昇し、口痛のため飲食困難となるも末だ全身症状良で安心しているとやがて食欲不審、腹痛等の胃腸障害が現われて来、ついに下痢が起って来た。この下痢は水様便で粘液を混ずることもあり稀に血液を混じえた。発病以来一週間乃至一〇日後にあらゆる対症療法の効果空しく一〇〇％死亡したのである――と記録してある。
（林京子・祭りの場）

(69) 不服を言ひ出せばきりが無いけれど、laugh、smile、chuckle、grin、「笑ふ」の語彙も英語の方が多い。辞書にはなるほど「くつくつ笑う」(chuckle) とか「歯を見せてにッと笑う」(grin) とか、区別してある。しかしそれは、英和辞典の性質上一応の説明をしてゐるだけの話で、全体の文脈の中、特に会話の中でさう表現しろといふことではあるまい。「彼は言った。『君、どうして歯を見せてにッと笑うの？』彼女は黙ったまま、もう一度歯を見せてにッと笑った」
（向田邦子・向田邦子対談）

(70) 翌朝、私の買って来た英字新聞に、「台湾で航空事故、B737空中爆発、乗組員とも百十人全員死亡」の記事が出ていたが、日本の女流作家が亡くなつたとは書いてなかつた。外国人乗客二十二名、内三名アメリカ人とだけ記してあつた。
（向田邦子・向田邦子対談）

つづいて、(71)〜(76)に「非生産的な状態での存在」をあらわす「してある」文の用例をとりあげる。

(71) 橘の背後の高い壁には、毛沢東の複製肖像画と、この村をうたったあの長い漢詩を刺繍した麻布が、額に入れて掲げてある。これと同じものは招待所のホールでもみた。暑さなどいっこうに鎮めてくれない扇風機の風が、前と左右、上からもやってきて、橘を落ち着かなくさせた。
　　　　　　　　　　　　　　　　　　　(辻原登・村の名前)

(72) 三人は、洪作の部屋になるという玄関の隣の部屋で、夕食の支度のできるのを持った部屋は六畳間で、二方に窓があった。部屋の隅には箪笥がひとつ置いてある。
　　　　　　　　　　　　　　　　　　　(井上靖・夏草冬涛)

(73) もようがえ「慈念はん、慈念はん」里子は大声でよび廻った。どこからも慈念は出てこない。玄関横の三畳の板の間の畳に、柳行李が一つおいてあり、慈念が使いふるした蒲団がたたんであった。里子は本堂にきた。一人ぼっちになったと思った。
　　　　　　　　　　　　　　　　　　　(水上勉・雁の寺)

(74) 八人に一つの長い卓を両側から囲んで坐る。同室の者は誰言うとなく一緒に坐るのだった。だが食事は何とはなしに囚人の食事を思わせる。一つの皿に油揚げと菜っ葉の煮つけたのがベタリと叩きつけた様に入れてある。大皿に八人前の沢庵漬がある。
　　　　　　　　　　　　　　　　　　　(石川達三・蒼氓)

(75) 浅香居間稍々古めいた装飾。小さな仏壇、お燈明があがっている。衣桁に着物が懸けてある。壁に三味線が二挺、一挺には袋がかけてある。火の点った行燈。鏡台と火鉢がある。
　　　　　　　　　　　　　　　　　　(倉田百三・出家とその弟子)

(76) 山本は、のちにずいぶん有名になったあのきれいな挙手の礼で、見送りの人々に正しくこたえながら最後尾の一等車の方へ、駅長のうしろから歩いて行く。展望車のステップの前には絨緞が敷いてある。
　　　　　　　　　　　　　　　　　　　(阿川弘之・山本五十六)

「非生産的な状態での存在」をつくりだす「非生産的な動作のはたらきかけ」をあらわす「してある」動詞も、またもととなる動詞

がもつ結合能力から一定の影響をうけ、主語と述語のあいだに質的にことなる関係をもつ*30。少し前のところでも取りあげた「〜その敷地に近いホームの部分が板で囲ってある。」、「〜土間口の戸が明け放してある。」、「〜10階のボタンが押してある。」は、ほかの例とおなじく視覚的にとらえられる（変化した対象物の）存在をあらわしているが、これらの「してある」文には「に格」補語があらわれない。

(77)再掲：それとも駅員は東芝の構内に隠れているのか。私の夢の中に出て来る灰色の海は全部コンビナートの海なのかもしれない。工場の敷地の静かな生け垣、真っ黒な雀、汚れた植物、休日出勤かオレンジ色のヘルメットを被った人が白っぽい作業服を着て、バインダーに止めた紙を持って、それをひねるように振り、少し疲れたふうに歩いている。工場の窓際には小さい鉢植えが沢山ならんでいる。その敷地に近いホームの部分が板で囲ってある。板とホームの隙間で焦げた金属のような海が動く。そこだけが夢の景色に思える。　　　　　　　　　（笙野頼子・タイムスリップ・コンビナート）

(78)再掲：三十分ほどで裏屋の庭へ入った時、その木蔭にさっきのジープが停っていた。庭は人影がなくひっそりし、土間口の戸が明け放してある。僕が穀物庫の前へ篭を下ろしながら、耳をすますと、舎内から微かな話し声が聞えた。しかし、その声には何か言いあうような異様な気配があって、僕が土間口へいくと、急に馬房の門戸から北目の嘱託獣医が出てきた。　　　　　　　　　　（遠藤周作・深い河）

(79)再掲：同・エレベーター1号機　乗っているのは細川だけ。10階のボタンが押してある。貧乏ゆすりしている細川。細川「早く……早く……」チンッと音がして2階で止まる。
　　　　　　　　　　　（戸田山雅司（シナリオ）・メッセンジャー）

くりかえしになるが、タイプ①「(N_2に) N_1が〜してある。」の文の成立には、動作主がたちいらない*31。ただし、「もくろみ」*32というニュアンス（表現性）がつけくわえられたとき、動作主の存在がよりつよくかんじられるばあいがある。《第1「して

ある」動詞》は、単純に「（対象物の）あの状態での存在」をあらわすが、「もくろみ」がくわえられることによって、その「してある」動詞が「だれかがなんらかの目的をもって意図的におこなった動作の結果、対象物が変化し、その結果、対象物に生じたあらたな状態での存在」をあらわすことになり、「してある」動詞の前提となる動作性（他動性）に付随する意図性がつよまる。そしてそのばあい、「まえもって」や「あらかじめ」、「もう」などの副詞との共起が目につく。

(80) ──ほツとしたやうに顔を上げ、時計をみ、眼鏡をとつて机のうへに置く。──ぼんやり立ち上つて四畳半のはうへ行く。間。……長火鉢のそばに、昼間、たか子の出て行くとき支度して行つた膳が置いてある。──校長、その膳を持つて机のそばにかへつて来る。──すぐに膳のうへの銚子を取つて、そばの、瀬戸の火鉢に懸つた鉄瓶のなかに入れる。箱から箸を出す。 （久保田万太郎・大寺学校）

(81) かつて、開山といわれたやつらたちがやったように、ぼくらで善男善女を集めようじゃないか」そう言うと友人の声は、もう寝息に変わっているのです。寺のじさまは早くから起きて、用意してくれたのでしょう。炉ばたには握り飯らしい、二人の竹の皮が置いてありました。味噌汁で朝飯をすますと、友人はそばの上衣からサッと大きな幣を出し、寺のじさまが驚いて辞退するのを、なに気なげに止めながら、「じゃァ、その割り箸の束を記念に頂戴しますかな」「こげだものをだかや。 （森敦・月山）

(82)「お母さんの話ですと、この村には明治六年に初めて手紙が来るようになったそうです。福山か岡山かの人の気附にして、そこから誰かにことづけて送って来たそうです」明治六年と云えば、郵便事業が国営として全国の主要都市に拡げられた年である。「ひい爺さんは、この手紙をよほど大事に思っておったんだな。こんなものが入れてある」封筒のなかには、中身の巻紙に添えて、折りたたんだ煙草の葉が入れてあった。無論、かちかちに枯れて褐色になっている。

(井伏鱒二・黒い雨)

(83)教会では、普段、日曜学校の教室に使っている部屋にボランティアが集まり、袋詰めの作業をしていた。二人が入った時には、もうだいぶ人が来ていて、ライア・スコットが仕事の割り振りをしている。幸恵とランドルにあてがわれたのは、他の人達が玩具を詰めた袋に、子供の名前を書く作業だった。回って来る袋には、予め色付きの輪ゴムがかけてある。四歳以下の女の子用の袋には赤い輪ゴム、男の子用には緑色の輪ゴムといったように、性別と年齢で六種頼に色分けがされている。同時に子供の氏名を表にしたリストが渡され、こちらには名前の上にサインペンで六種頼の色が塗ってある。サインペンと同色の輪ゴムをかけてある袋に、子供の名前を書くのが、二人の仕事だった。ランドルがリストの名前を読み上げ、幸恵が袋に書き込むという分担で、作業を始めた。ところが彼女は、息子が読む名前の綴りがわからず、しばしば手を止める。

(吉目木晴彦・寂寥郊野)

(84)「御注意して置きますが、この部隊から出した被爆者は、概ね火傷で顔が腫れています。近親の人が御覧になって、殆ど誰だか分らないものばかりです。名前を呼んでも返辞のできないものがあります。ですから軍袴の帯紐に、原籍と姓名を書いた荷札がつけてあります。よく気持を落ちつけて、それを御覧になることですね」兵隊らしくない云いかたであった。

(井伏鱒二・黒い雨)

(85)赤い蟹の左足の先に鉄門がひらいていて意外に静かだ。細長い建物をはさんで裏庭にはあじさい、手前の玄関への通路わきの生垣代りのコンクリート槽に背の高いピンクの花が一列にのんきに咲いていた。扉をあけると台の上に名刺受けがあり、その盆の中に、「お見舞いの皆様、先ずこれをお読み下さいませ」という書き出しの、楷書ペン書きの便箋が目に入った。嫂の字と文章である。「本日は私どもの母のために、遠い所までお見舞にお越しいただき、まことに

有難うございます」と続けて、次に病状が正確に詳しく書いてある。それから何故ここに病状を書くかという理由（玄関で話す声が二階の寝室に聞えてしまう）、もし面会すると本人が軽症で元気な風を装いあとでひどく疲れるゆえなるべく逢わないでほしい、というような事がずばりと箇条書きに記してあった。最後の一条が特に嫂らしくて、たとい逢っても顔付きが変っているからと涙を流されては困る、とあった。

(阪田寛夫・土の器)

2.1.2　タイプ②「(N₂ に) N₁ を～してある。」（主語なし文）

　このタイプの「してある」文があらわす内容と、文につかわれる「してある」動詞の種類は、タイプ①「(N₂ に) N₁ が～してある。」とほぼ一致する。しかし、タイプ②「(N₂ に) N₁ を～してある。」には主語があらわれない、ということがタイプ①とことなる点であり、タイプ②のもっとも注目すべき特徴である。

(86) 女三の宮は、人々が心をつけて衣裳を着せると聞かれて、女童をことにつくろわせられた。青丹色の上着に、柳襲の汗衫、赤紫いろの袙など、格別、珍しいというのでもないが、さすが重々しく気品ある風趣が御殿全体に漂っていた。廂の間のへだての襖をとり払い、あちこちに几帳だけを置いてある。中の間には源氏の席が設けられた。

(田辺聖子・新源氏物語)

(87) 三階と言っても、実は屋根裏であるから、二つに折れた階段も短く、頭が支えそうに低い。そして上った所が三畳ほどの台所で、畳を二畳敷いてある。　　(伊藤整・氾濫)

　(86) と (87) は、述語があらわれているにもかかわらず、この2つの文には主語があらわれていない。

　文をくみたてるための、もっとも基本的な成分である主語と述語は、他方がなければもう片方の存在もなりたたなくなるはずである。しかし、タイプ②「(N₂ に) N₁ を～してある。」に属する「してある」文は、を格補語「N₁ を」と述語「してある」動詞の成分によってくみたてられている。主語と述語とは、対立しあう文の成分

であって、主語なしでは述語を規定することができず、逆に、述語なしでは主語を規定することもできない、という関係にあり、両者の間では、つねに一定のむすびつき（関係）をたもちながら、文の成分として文のなかで機能する。しかしながら、日本語において、主語のない、いくつかのタイプの文*33がみとめられている（主語省略の文はふくまない）。したがって、いまかりにタイプ②「(N_2に) N_1を～してある。」を「主語不在文（主語なし文）」とよんでおく。

　先にのべたように、「主語不在」という点をのぞけば、タイプ②「(N_2に) N_1を～してある。」とタイプ①「(N_2に) N_1が～してある。」とは、文のあらわす対象的な内容も、つかわれる「してある」動詞の種類もほぼ一致する。つぎの（88）と（89）の文はともに「ならべてある」という「してある」動詞がつかわれ、おなじく「対象物の変化した結果の状態での存在」をあらわしている例であるが、主語のない（88）にたいして、（89）には「ギャメル（飯盒）が」という主語があらわれている。

(88) 西の対からも、女童たちが見物に集まってくる。渡殿の戸口に御簾を青々と掛けわたし美しい裾濃の<u>几帳を並べてある</u>。
　　　　　　　　　　　　　　　　　（田辺聖子・新源氏物語）

(89) 中尉が、二人と声をひそめて話しあっている間、私は、この壁にかけられた大きなフライパンや、厨の真中にある煤煙で、もう何十年来燻り煤けた壁を眺めていた。<u>ながしには</u>、独逸兵の<u>ギャメル（飯盒）が</u>三つ並べてある。中尉は私を呼びそして二人の男に私の名を言った。彼等は独逸人ではない。
　　　　　　　　　　　　　　　　　（遠藤周作・白い人）

　主語がなくても、(88)「～几帳を並べてある。」の文は自立した文である。そして、補語「几帳を」と述語「並べてある」との文の成分としての関係は「補語―主語」であるが、「並べてある」という状態での存在にたいして、「几帳」はその存在の主体であることにかわりはない。

	「〜几帳を	並べてある。」
文の成分	補語	述語
対象的な内容	存在する具体物	ある状態での存在

	「〜ギャメル（飯盒）が	並べてある。」
文の成分	主語	述語
対象的な内容	存在する具体物	ある状態での存在

　ところで、これらのタイプ②「(N_2に）N_1を〜してある。」に属する「してある」文の「主語があらわれない」という特徴の位置づけには2つの可能性がある。1つは、これらの「してある」文の主語は不在ではなく、なんらかのかたちで、「してある」文を前後する文脈が描写することがらや場面にささえられて、主語が省略されているかであり、もう1つは、ただ純粋に主語が文にあらわれない「主語なし文」である、ということである。つまり、文の構造は「主語なし」であるか「主語省略」であるかの2つの可能性がかんがえられる。

　しかし、タイプ②「(N_2に）N_1を〜してある。」の文においてもタイプ①「(N_2に）N_1が〜してある。」の文と同様に、動作主はたちいらない*34。タイプ②の「してある」文は、主語省略ではなく、単純に文に主語がないとしてかんがえるほうが妥当である。

　《第1「してある」動詞》のほとんどは他動詞から派生したものであり、「してある」動詞はもととなる動詞があらわす動作からは独立して、主に（ある状態での）存在をあらわすようになっても、もととなる動詞からの影響は根強くのこっている。もともと「を格」名詞とくみあわさる能力をもつ動詞から派生した《第1「してある」動詞》は、タイプ①「(N_2に）N_1が〜してある。」》の文構造のように「他動性」から「自動性」へ完全には移行しきれず、タイプ②「(N_2に）N_1を〜してある。」のようなものが発生したともかんがえられる。

　森田（1977）は、このタイプの「してある」文に注目し、それまで誤用とされてきた「Nを〜してある」の存在をみとめ、位置

づけようとこころみている。しかし、森田は「してある」文そのものの構造ではなく、「してある」動詞の前にくる名詞が「が格」をとるか「を格」をとるかによって、「Nを〜してある」と「Nが〜してある」とを対立させ、「行為の結果の現存」（＝「Nが〜してある」）と「行為の結果の蓄積」（＝「Nを〜してある」）という２つのタイプをたてた。結局、森田（1977）ではタイプ②「（N_2に）N_1を〜してある。」の構造をなす文（主語のない文）はまっ正面からあつかわれず「行為の結果の蓄積」に吸収されたかたちであつかわれた。

　その後の「してある」研究のほとんどはこのタイプの「してある」文の存在をとりあげることがない。なお、タイプ①「（N_2に）N_1が〜してある。」とタイプ②の「（N_2に）N_1を〜してある。」の関係や起源については歴史的な調査研究が必要であり、今後の課題である。

　「してある」文において、タイプ①「（N_2に）N_1が〜してある。」の採取できた用例数が、圧倒的にタイプ②「（N_2に）N_1を〜してある。」よりおおく、動詞のバリエーションもタイプ①のほうが豊富である。しかし、おもしろいことに、「「してある」動詞がつかわれる従属的な連体修飾語（句・節）」のばあいは、その状況が逆転する。「**N_1を　してあるN_2**」の用例数は「**N_1が　してあるN_2**」のおよそ２倍である[*35]。このことについて「3. 連体形の《第１「してある」動詞》」でくわしくとりあげる。

(90)　中宮のいられる一区画は、秋をお好みの中宮のため、紅葉
　　　の色濃いのを植え、泉の水を流し、水音を高くするため、
　　　岩を加え、滝を落し、まるではるばる秋の野を見はるかす
　　　ように作ってあった。ちょうど秋の季節なので、秋の草花
　　　は咲き乱れ、嵯峨の野山をそのまま見るようだった。<u>東北
　　　は夏向きに作ってあった</u>。庭先の呉竹を吹く風も涼しげに、
　　　<u>木深い森のような木々、山里めいた趣きの、卯の花の垣根、
　　　夏の花々の花たちばな、撫子、薔薇、龍胆、さまざまを植
　　　えてある</u>。いかにも夏にゆかりある花散里の住居らしかっ
　　　た。
　　　　　　　　　　　　　　　　　　　（田辺聖子・新源氏物語）

(91) それは今井町から登つて、氷川神社の裏手を通る、昼でも薄暗い道で——神社の森には昔、天狗が住んでゐたといはれてゐるが、今は、裏門のところに猿を三匹飼つてある。その高台から真下に、樹木の間から、お鳥のゐる長屋が見える。その高台から降りる曲りくねつた阪の中途に、大野がもと借りてゐた家がある。　　　　　　（岩野泡鳴・発展）

(92) 行燈には、紫の薄衣をかけてあつた。濃化粧の小枝は、冴え／＼として、五つも若くなつてゐた。「赤湯に、深沢の者が十七八人も参つてゐるのでのう」（直木三十五・仇討浄瑠璃坂）

(93) 二人が何度逢つたかは知らないが、一週間ほど前に、自分が恭助のアパートへ行って見ると、女の話声がするのに室の燈を消してある。自分はアパートの前で長いこと待っていた。するとたか子が出て来たので、自分はかっとなり、友情を裏切ることだと言って、たか子をなじった。

（伊藤整・氾濫）

(94)「ハハハハ。和尚さんは、山陽が嫌いだから、今日は山陽の幅を懸け替えて置いた」「ほんに」と和尚さんは後ろを振り向く。床は平床を鏡の様にふき込んで、さび気を吹いた古銅瓶には、木蘭を二尺の高さに、活けてある。軸は底光りのある古錦襴に、装幀の工夫を籠めた物徂徠の大幅である。絹地ではないが、多少の時代がついているから、字の巧拙に論なく、紙の色が周囲のきれ地とよく調和して見える。

（夏目漱石・草枕）

(95) 余り所在なさに、新聞を読むばかりにも飽き、風呂敷包みの中にある、趣味や早稲田文学の東京から送つて来たのを取りに来たのだ。お綱さんは、門前で、二人の子供に取りまかれながら、八百屋物を買つてゐる。その八百屋が義雄には珍らしかつた。脊の低い痩馬の脊の左右に、底の深い畚をになはせ、そのなかに青物——茄子、白瓜、西瓜、カイベツ、玉葱、枝豆、西洋かぼちや、林檎、唐もろこし、など——を入れてある。そして、それを引いて呼び売りするものは、百姓馬子だ。アカダモやイタヤもみぢの影がつ

き添つてゐる札幌の市街を、かうして売り歩くのかと思ふと、義雄には、それが新開地の市街を最も意味深く摘出してゐる様に見えた。　　　　　　　　　（岩野泡鳴・放浪）

(96) 源氏は、人のいないところで、<u>手紙をうち返しうち返し眺めた</u>。（もしや、宮にお仕えしている女房の中で衛門督に似た筆蹟の者が書いたのか……）とも思うが、筆蹟はともかく、文面はまぎれようもない。はっきり、名指して、<u>人の名を書いてある</u>。　　　　　　　　　（田辺聖子・新源氏物語）

このタイプの「してある」文にもタイプ①とおなじような、動作主の存在を文脈からつよくよみとれる例がある。

(97)「こりゃあ豪勢だ」と重松は、鮪汁の椀を取った。「好太郎さんところの水甕には、絶えず何か飼っておるな。いつかも見たら、からからにした甕の底に川砂を入れ、スッポンに卵を産ませておった。しかし、とうとう卵は産まなんだそうな」「去年の暮、わたしが見たら、<u>鰻を七本も八本も活けてありました</u>」「何でも出し入れ出来る水甕だな。打出の小槌のような水甕じゃ。　　　　　　　　　（井伏鱒二・黒い雨）

(98) 9・無実の者の死闘……これほど悲壮で真剣なものはないと、確信いたします。10・私はここに天地神明に誓って、私の無実を断言申し上げます。11・過去足かけ九ヵ月にわたる公判中、御丁重な審理を受けたことに対し心から感謝申上げるとともに、公正な御判断を仰ぎたく、切にお願い申し上げます。<u>最後に</u>牧山征一<u>と署名があり、三月三日記と日付を入れてある</u>。逮捕されてからまる一年目である。<u>文章としてはむしろ拙劣であるが</u>、被告人としては藁をも掴む気持であったに違いない。　　　　（石川達三・七人の敵が居た）

(99)『よからう。』と云つて、義雄は鶴次郎に猪口を返す。『僕は酒もその方も好きだから』と、鶴次郎は年に似合はず、他の年うへな二人よりも酒の行けるのが自慢であつた。渠の額には、焼けどの大きな跡が赤く残つてゐる。それを気にしてか、<u>奇麗に分けた髪の端をその上にかぶせて、その半ばを隠してある</u>。それが却つて初めて見る人の目に立つ

第2章「してある」　71

た。義雄は鶴次郎に樺太から来た返事を見せ、渠から、木材をいよいよ切り出すとなつた時の用意などをその返事に照らして種々注意せられた後、氷峰と鶴次郎とを案内して、井桁楼へ行つた。　　　　　　　　　　（岩野泡鳴・断橋）

　そして、筆者は、このタイプ②「（N_2 に）N_1 を〜してある。」とタイプ①「（N_2 に）N_1 が〜してある。」の存在が、つぎにとりあげるタイプ③「N_3 は N_1 を〜してある。／N_3 は N_1 が〜してある。」の成立とつよくかかわっているという見方をする。タイプ②「（N_2 に）N_1 を〜してある。」のような「主語なし」という不安定な文構造が「Nは」という主語があらわれやすい環境をつくったのではないか、と推測している。

2.1.3　タイプ③「N_3 は N_1 を〜してある。／N_3 は N_1 が〜してある。」（「N_3 は」は非動作主主語）

　基本的な、典型的な意味・機能をもつ《第1「してある」動詞》はタイプ①のほかにタイプ②と③にもつかわれるが、タイプ②は、タイプ①の主語「N_1 が」があらわす「具体物」を、補語「N_1 を」であらわす以外にちがいをみとめられない。それにたいして、タイプ③は、タイプ①とタイプ②を前提にした文構造をなしている。すなわち、タイプ③の文構造は、タイプ①の「Nが〜してある」とタイプ②の「Nを〜してある」の構造の前に、あらたに主語「Nは」をつけたかたちでできている。タイプ③においては、「N_1 が〜してある」あるいは「N_1 を〜してある」の部分が合成述語*36としてはたらき、主語「N_3 は」がしめす具体物の特徴をあらわしている。タイプ③の「してある」文の主語「N_3 は」は、タイプ①の「N_1 が」のような「ある状態での存在の主体」をあらわす主語でもなく、タイプ④⑤の「N_4 が」のような「動作をおこなった動作主」でもない。タイプ③の主語「N_3 は」は合成述語のあらわす特徴の持ち主である。タイプ③はタイプ①と②を前提として派生した文タイプである。

タイプ①「(N_2に) N_1が～してある。」
タイプ②「(N_2に) N_1を～してある。」
　　　　　↓ ＋「N_3は」
タイプ③「N_3は N_1を～してある。／N_3は N_1が～してある。」

　さきにのべたように、「してある」動詞の種類の観点からみると、タイプ①②③には共通点がみられ、タイプ④⑤と区別することができる。そして、「してある」動詞の種類のほかに、タイプ①②③の「してある」文がさししめす対象的な内容はいずれも、視覚的にとらえられることがらであることで共通する。しかし、（結果）存在文であるタイプ①②にたいして、タイプ③は一種の特徴づけ文である点でことなり、タイプ③の文構造は、主語「N_3は」と合成述語となる成分、「N_1を～してある」「N_1が～してある」からなる。例をみてみる。

（100）母の箪笥の中はあっさりしすぎていた。大きな金具を貼りつけた箪笥は、さもいい衣裳を沢山仕舞ってあるようにみえたが、四季の外出着すべては、四ツ引出しの上二段だけで間に合っているほど少なかった。意外なほど少い。下二段の引出しは縫いかえした不断着、洗い張りもの、萎えた下着、足袋などが押しこんである。またしてもるつ子は姉の嫁入りの箪笥を思いだす。なんと姉は豊富だったろう。
　　　　　　　　　　　　　　　　　　　　（幸田文・きもの）

　例（100）の主語「引出しは」と合成述語「(縫いかえした不断着、洗い張りもの、萎えた下着、足袋)などが押しこんである」の関係は、「特徴の持ち主（主体）— 特徴」であるといえる。「押しこんである」のは「～下着、足袋など」であって、「引出し」は「～下着、足袋などが押しこんである」を特徴とする（その特徴の）持ち主である。合成述語「～下着、足袋などが押しこんである」があらわす、不断着や下着などの衣類の、おしこまれている状態での存在（ということがら）は、主語「引出しは」があらわす「引出し」のある特徴である。「引出し」は「～下着、足袋などが押しこんである」という不断着や下着などの衣類の（おしこまれている状態での）存在を特徴とする主体であり、主語「引出しは」のあらわ

す具体物は、合成述語「〜下着、足袋などが押しこんである」があらわす、「(〜下着、足袋などを)おしこむ」という人為的なはたらきかけをうけた結果、「〜下着、足袋など(衣類)」が位置変化し、その位置変化した状態で「〜下着、足袋など(衣類)」が存在することを特徴としてもつ(その特徴の)持ち主である。

　合成述語「〜下着、足袋などが押しこんである」の部分は、いかにもタイプ①「(N_2に) N_1が〜してある。」とかさなりあうようである。やはり、タイプ③は、タイプ①、あるいは②の文構造を前提にして、あらたに「N_3は」というとりたてのかたちをとる主語*37をくわえた文構造をなしているといわざるをえないだろう。さらに、タイプ③においての主語「N_3は」(そのおおくは空間名詞や場所名詞)は、タイプ①と②においてありかをあらわす格補語「N_2に」由来の派生のようにもみうけられる。タイプ①の例文を1つとりあげてみる。

（101）きのう都賀伝吉にいどまれたときに、あるいは大江徳雄におそわれたときに、どうかしたのだろうか。たしかに、そのいずれかの場合としかおもわれない。不吉であった。貞子はこわれた指輪をそっとてのひらににぎって、部屋にもどって来た。部屋の壁ぎわに据えてある紫檀の飾棚の、観音びらきになった戸をあけると、<u>中に小さい箱がしまってある</u>。高さ七寸ほどの円筒形の箱で、黒地に金蒔絵で葡萄の葉をめぐらし、青貝をちりばめて、蓋の上にはこれも青貝でIHSと象嵌してあった。そのむかし切支丹大名などのもっていた品か、聖餅箱である。

(石川淳・処女懐胎)

　例(101)「中に小さい箱がしまってある。」はタイプ①「(N_2に) N_1が〜してある。」に属する「してある」文であるが、に格補語「中に」を、とりたてのかたちをとる主語「中は」におきかえても、さほど違和感はないだろう。たとえば、「中に小さい箱がしまってある。」(タイプ①)→「中は小さい箱がしまってある。」(タイプ③)のように。

　しかし、その一方で、タイプ①②の「してある」文にあるに格補

語「N₂に」からの派生ではなく、「N₁が〜してある。」か「N₁を〜してある。」の構造の前に、まったくあらたにつけたような主語「N₃は」をもつ、タイプ③の文も発見した。

　（102）再掲：まわりに死体が散乱していた。一人、草色の服を着、胸に略綬をつけ、白手袋をはめた左手で軍刀を握り、右手を軽くこれに添えて、飛行機の座席にベルトをしめたまま、林の中に放心したように坐っている将官があった。わずかに首を垂れて、将官は何か考えごとでもしているような姿であったが、見ると死んでいた。そういう状態で投げ出されているのは、その将官が一人だけであった。軍刀を握った左手の白手袋は、人差指と中指のところが糸でくけてある。ベタ金の階級章には桜が三つついていて大将だが、三本指の海軍大将――。「海軍のえれえ人というて、こりゃ山本さんじゃなかろかい」と、浜砂は初めて気がついたのだという。　　　（阿川弘之・山本五十六）

　さきにとりあげたタイプ③の例文と同様に、例（102）の主語「白手袋は」と合成述語「人差指と中指のところが（糸で）くけてある」との関係は「特徴の持ち主（主体）―特徴」であることを確認したい。「糸でくけてある」のは「（白手袋の）人差指と中指のところ」であって、「白手袋」そのものではない。「人差指と中指のところがくけてある」という合成述語は、「（白手袋の人差指と中指のところを）くける」という人為的なはたらきかけをうけた結果、「人差指と中指のところ」が模様がえをし、その模様がえした状態で「人差指と中指のところ」が存在することをあらわしている。

　そして、主語「白手袋は」のあらわす具体物（白手袋）は、合成述語「人差指と中指のところがくけてある」があらわすことがらを特徴としてもつ、その特徴の持ち主である。直接（だれかによって）くけられたのは「白手袋の人差指と中指のところ」であり、白手袋全体ではない。「白手袋」と「人差指と中指のところ」との関係はいわば、「全体と部分」のようなものである。

　つぎの例も非常におもしろい。「メリケンは、下腹と太股と生殖器に女の名を刺青してあった。」の文において、主語「メリケン」

という人物の特徴として、「下腹と太股と生殖器に女の名を刺青してある」のである。合成述語となる「下腹と太股と生殖器に女の名を刺青してあった」の部分は、まさにタイプ②「(N₂に) N₁を〜してある。」そのままであり、タイプ②において、に格補語「下腹と太股と生殖器に」となる文の部分もそのまま、タイプ③の合成述語の一部としてあらわれる。

(103)「またメリケンの彫物が見物できるぜ」メリケンは、下腹と太股と生殖器に女の名を刺青してあった。(…中略) いずれもかかわりのあった女の名で、それらの名が、風呂に入ると、桜色に浮きでるのであった。つまり彼の下半身は女の名で美しく飾られていたのである。

(立原正秋・冬の旅)

ただし、このようなタイプ③の文はすくない。主語「N₃は」が、もともとタイプ①②の文にあるに格補語から派生したかのような文のほうがおおい。

タイプ①②の記述でもふれたように、タイプ①および②に分類した「してある」文において、つぎにあげる例(104)(105)のように、に格補語がとりたてのかたち(「Nには」)をとるばあいもよくみられる。もちろん「Nには」のようにとりたて化するのが義務的ではない。

(104)「旅のお方！ お前さんのバスケットじゃねえかね。」背中あわせの、芸人の男女に、田舎女の亭主らしいのが、大きい声で咚鳴ると、ボンヤリと当もなく窓を見ていた男と女は、あたふたと、恐れ入りながら、バスケットを降ろして蓋をあけている。——ここにもこれだけの生活がある。私は頰の上に何か血の気の去るのを感じる思いだった。そのバスケットの中には、ふちのかけた茶碗や、朱のはげた鏡や、白粉や櫛や、ソースびんが雑然と入れてあった。「ソースの栓が抜けたんですわ……」女はそう一人ごとを言いながら、自分の白い手の甲にみみずのように流れているソースの滴をなめた。　(林芙美子・放浪記)

(105) それを二月に咲くあらゆる花で飾った。さらに何本もの

大綱をつけ、綱は紅白の布で装飾し、自分の部将や京の富商などに曳かせた。光秀も曳かされた。藤孝もむろん曳いた。藤戸石が<u>通る道には丸太を敷きならべてある</u>。その上を石はすべってゆく。その運搬に景気をつけるために、信長は四、五十人の笛、太鼓の連中をあつめて、石の前後で囃させた。　　　　　　　　（司馬遼太郎・国盗り物語）

　さらに、採集した用例のなかに、例（106）（107）のような、タイプ①として主語「N₁が」をとりたてているか、タイプ②として_・を格補語「N₁を」をとりたてているかがはっきりしない「してある」文もある。

（106）当年五十五歳になる、大金奉行山本三右衛門と云う老人が、唯一人すわっている。ゆうべ一しょに泊る筈の小金奉行が病気引をしたので、寂しい夜寒を一人で凌いだのである。傍には骨の太い、がっしりした行燈がある。燈心に花が咲いて薄暗くなった、橙黄色の火が、黎明の窓の明りと、等分に部屋を領している。<u>夜具</u>はもう<u>夜具葛籠にしまってある</u>。障子の外に人のけはいがした。

（森鷗外・護持院原の敵討）

（107）「宮のお具合がよろしくないというので、ちょっと六條院へお見舞いにいってくるからね」と源氏は紫の上にいった。紫の上は、暑くるしいので髪を洗って、少しさっぱりとしたようすであった。横になったままで、<u>長い髪はひろげて乾かしてある</u>。急には乾かないのだが、少しも癖があったりふくらんだり、もつれたりしているところはなく、清らかにゆらゆらした黒髪である。顔色は青ざめてみえるほど白く、透き通るような肌になっていて、それも源氏には可憐に、愛らしく思われる。

（田辺聖子・新源氏物語）

　以上のことをふまえて、本書では、タイプ①②③をそれぞれ独立した文タイプとして位置づけるが、その間には一定の関係性がみとめられ、連続しているとみる。ただし、タイプ③は、複雑な文構造（とりわけ複文がおおい）をなしていて、タイプ①②とくらべ、文

はるかにながい傾向がある。

　タイプ③につかわれる「してある」動詞の種類は基本的にタイプ①②と同様であるが、採取できた用例の数が①②とくらべ、圧倒的にすくないため、述語につかわれる「してある」動詞のバリエーションがあまりみられない。

　なお、「N_1を〜してある」の構造による合成述語のほうが、「N_1が〜してある」より、若干数がおおい。しかし、あとでとりあげるように、「N_1を〜してある」のばあいが合成述語の判断がむずかしい例がおおい。

　それぞれの構造をもつ「してある」文を以下にあげておく。（108）〜（113）は「N_3はN_1が〜してある。」の構造をなす「してある」文である。

（108）空蝉は、源氏の運命の好転をよろこびながら、ますます離れて遠くなってゆく人に、思いは深く心は乱れる。源氏の車は、簾がおろしてあった。長い長い源氏一行の行列が通りすぎたあと、弟の衛門の佐が、そっと空蝉の車に近づいてささやいた。　　　　　　（田辺聖子・新源氏物語）

（109）福地は東京日日新聞の社長である。「戯談いっちゃアいけません。」と、帯にはさんだ煙草入れを、器用にぬいて取り出した。煙管は、昔の名残りの波に千鳥、津の国屋の定紋が、透し彫に彫り込んである。一服喫いつけて、ぽんと吐月峯を叩いた時、帳場の小机に、ちらりとお梅の後姿が見えていた。何食わぬ顔で、火皿に煙草をつめている秀吉のすぐ後から、「皆さん、いらっしゃいまし。」

（川口松太郎・明治一代女）

（110）ぼくは一も二もなく金を借りた。そうやって当座の必要品をととのえた。最初の給料日に一割の利子をつけて返した。『新入隊員必携』というのは自衛隊法に始まって礼式に関する訓令、営内服務の準則が三分の一を占めている。「感謝して食事すること」などと書いてある。こうだ。「国民の中には日々の衣食にもことかく気の毒な人も少くない現在において、このように配慮された食事を毎度う

けられることはまったくありがたいことである」これを書いた当人はあの臭い飯を一ども食ったことはないに違いない。残り三分の二は武器（小銃、ブローニング自動銃、バズーカ、手榴弾）の諸元、扱い方、分解の要領などが挿し絵入りで解説してある。「野外隊員必携」は歩兵戦闘の基本を詳しく解説したものだ。つまりこの二冊は西も東もわきまえない新米隊員を一人前の鉄砲かつぎに仕込むのになくてはならないしろものだとしても金を召しあげて懐に押しこむていの物じゃない。

(野呂邦暢・草のつるぎ)

(111) 山羊の小屋、鶏舎、牛部屋を順に見廻ってみたが、ここはどこも異常がなかった。動物どもはみなからだをすくめて、眼をしょぼしょぼさせていた。鶏の運動場は金網で囲いが作ってある。その囲いの支柱がひどく一方に傾いたので、金網全体がそっちの方へゆがんで了っていた。

(島木健作・生活の探求)

(112) だってね、エジプトっていうとても暑くって遠い国に行ってたの。何しにって、探検に行ったのさ。ほら、ピラミッドっての知ってる？　こういう三角のお山みたいなやつさ。あれはね、ほんとうは王様たちの宝物がしまってあるんだよ。だってね、エジプトっていうのはとても古い国でね、昔々すごいお金持の王様がいっぱいいたんだ。王様だけじゃなくってさ、女王様も王子様も、それからきみみたいにちっちゃい王女様もいっぱいいたよ。

(庄司薫・赤頭巾ちゃん気をつけて)

(113) あ、新聞は毎日いれとるんか、まったく見たことないけど……」「はい、おもての戸のすきまからいれてます」「え？　おもてのお？　あれえーあそこはたんすが置いてあるから、いれてもわからんよ」バーテンをしているような感じの男のひとは、こうすいの臭いのする部屋にひっこむと、黄色くなった新聞をひとつかみしてきた。「じっさいもう、毎日たんすのうしろにいれてたんか！」

「すみません、たんすがおいてあるとは知らなかったんです」「こんどから、台所の方へいれてくれよ」「はい……あの……」
　　　　　　　　　　　　　　　　　（東峰夫・オキナワの少年）

　（114）〜（117）は「N_3はN_1を〜してある。」の構造をなす「してある」文である。

（114）増田の兄さんは半ば呶鳴りつけるような言い方をした。増田と洪作は再び黙った。洪作は増田兄弟と、家の路地の前で別れた。大里屋も吉浦も、二軒とも表戸をおろしてあった。「ただいま」洪作はいつもより大きな声を出して、玄関の戸を開けた。
　　　　　　　　　　　　　　　　　（井上靖・夏草冬涛）

（115）其先の松林の片隅に雑木の森があって数多の墓が見える。戸村家の墓地は冬青四五本を中心として六坪許りを区別けしてある。其のほどよい所の新墓が民子が永久の住家であった。
　　　　　　　　　　　　　　　　　（伊藤左千夫・野菊の墓）

（116）高野と姓だけ表札に書いてある門は、大きいだけで簡単に柱に木の扉をつけただけのもので、左右に開いて、玄関までの、かなり広い前庭に、無造作に繁った古い樹々が枝をひらいているのを、外からも見えるようにしていた。建物はかなり大きいが、やはり日本館で、玄関も古びた格子戸をはめてある。伴子が見ると、そこには、別の男名前の表札が三枚も並べて掲げてあるのは、この頃どこの大きな家にもあることで、戦災者を同居させているのかも知れない。
　　　　　　　　　　　　　　　　　（大佛次郎・帰郷）

（117）やがて遠くで、「お出でえ──」という歌うような知らせの声が聞えると、それぞれの家では上り口に近い部屋に家族の者が一列に並んでこの行事の行われるのをじっと待った。踏絵はおおむね板の長さ七寸から八寸、幅は四寸から六寸の板に聖母や耶蘇像をはめこんである。まず主人が踏み、女房が踏み、それから子供たちが踏む。赤ん坊は母親がだいて踏ませた。
　　　　　　　　　　　　　　　　　（遠藤周作・沈黙）

　タイプ③の特徴の1つともいえる、合成述語そのものの判断がむずかしい例がある。たとえば、例（118）では、主語「永宝斎の包

み紙は」にたいして、「白く」と「(緑色で永宝斎という) 文字と (難かしい) 漢詩と、(簡単な) 模様を印刷してあった」の2つの述語をもつ文（ふたまた述語文）としてみとめても、合成述語は後者の「(～を) 印刷してあった」のみとなるだろう。しかし、例 (119) のばあい、「店を閉め」と「まわりを (トタンで) 囲んである」、2つの（合成）述語のうち、1つ目の述語の位置づけについてははっきりしない。単純に「(店を) しめた」としてとらえるか、2つ目の述語までかかって「店をしめて（ある）」としてとらえるかがわからない。

(118) 春子が習い覚えたばかりの中国語で礼を云うと、永宝斎の主人は喜び、「お上手ですね、中国語がお出来になるとは嬉しいと云っています」永宝斎の包み紙は白く、緑色で永宝斎という文字と難かしい漢詩と、簡単な模様を印刷してあった。新中国は紙が払底しているらしく、東安市場でもどこでも碌な包装紙がなかったのに、さすがにこの店には独自のものを用意してあった。（有吉佐和子・墨）

(119) 国鉄は、分割・民営化のあとは3000ヘクタール以上の土地を売る予定だ。すでに汐留貨物駅跡地の周辺の浜松町では、地上げ屋が暗躍、地価がはね上がっている。試みに、浜松町1、2丁目を歩くと、「廃業しました」「転居しました」という張り紙にであう。ラーメン屋もやきとり屋も店を閉め、まわりをトタンで囲んである。くしの歯がかけたように、売られた家が壊されてゆく。

（朝日新聞社「天声人語」1987年）

ここでは合成述語そのものの構造についてこれ以上ふかいりせず、今後の課題とするが、手元にある同様の例をいくつかあげておく。

(120) もっとも、こんな大戦争になったからには、盆も正月も言ってはいられないと、つい二三日前にも役場からその達示が廻ってきている。小屋は、田圃わきの流れを堰き止めた、せいぜい一坪ぐらいの池の上に、萱の屋根を葺き出して三方を藁で囲ってある。水の上まで突き出た床板に藁束を敷きつめた座席には、いつからのものかわか

らない、綿のはみ出たぼろ座布団が敷いてあることもある。こうした小屋が村の低地に点点としてあるのだった。

(東野辺薫・和紙)

(121) 検案記録には「第十五号掃海艇上ニ於テ（…中略）検案スルニ」とあるが、田淵軍医長はこの時十五号掃海艇には乗っておらずブインで遺骸の到着を待っていたのであって、その場にいない者が検屍が出来るわけがない。それから「死後推定六十時間ヲ経過ス」は、初め「七十時間」と書いてあったのを「一字訂正」として印を捺し、「七」を「六」にあらためてある。実際にこの死体検案記録がとられたのは山本の戦死から約七十二時間後で、これも「一字訂正」をしない前の方が多分正しいのである。つまり上からの命令で体裁をととのえるための作為がなされているのであって、「戦史に関して公式記録を頭から信用してかかることは非常に危険だ」と高木惣吉が言う、これはその顕著な一例であろう。　(阿川弘之・山本五十六)

　タイプ①②③の「してある」文がさししめす対象的な内容はいずれも、視覚的にとらえられることがらであるとのべた。とくに地の文において、タイプ①②③の「してある」文はいずれも、かたり手（ばあいによっては登場人物）が文連続*38によって構築される、ある空間のなかで視覚的にとらえたことがらをさししめしている。タイプ①と②のばあいは、一時的な配置をふくむ、ものの存在をさししめし、基本的に、文にに格補語「N_2に」があらわれ、ありかをしめす。タイプ③がさししめす対象的な内容は、かたり手（登場人物）がまさに目の前にある、視覚的にとらえられるものの存在からはなれ、目の前にある、視覚的にとらえられるものの特徴をしめすようになる。

2.1.4　タイプ④「(N_4が) N_5を〜してある。」(「N_4が」は動作主主語)

　タイプ④「(N_4が) N_5を〜してある。」は、文のさししめす対象的な内容や、つかわれる「してある」動詞の種類、文の構造や文の

成分間の関係など、さまざまな面において、これまでのべてきたタイプ①②③の「してある」文と大きくことなる。この種の「してある」文は、出発点的なタイプであるタイプ①「（N_2に）N_1が〜してある。」のさししめす「（視覚的にとらえられる）具体的なものが人為的なはたらきかけをうけた結果、変化した状態、あるいは出現した状態での存在」のような具体的なことがらからはなれ、抽象的なことがらを文の対象的な内容とする。タイプ④は「してある」文のなかにおいて特別な存在であるといえる。タイプ④の「してある」文は、「特定化されている動作主が、設定時点において効力をもつ（もっている）ような動作を設定時点以前にあらかじめおこなった」をさししめす。例をみてみよう。

(122) セヴリーヌ「（フランス語で）鏡さん、どうして今まで独身だったの？」竜太郎「（セヴリーヌを瞶め、フランス語で）それは、キミに会うためかも知れない」セヴリーヌ「（ポワンとなる）……」竜太郎「（フランス語で）子供が出来たら名前を決めてある。愛情の愛と書いてめぐみ。愛情に恵まれるように……」セヴリーヌ「（竜太郎を瞶め、フランス語で）素敵な名前ね」

（伴一彦（脚本）・パパはニュースキャスタースペシャル3）

(122)の述語「決めてある」は、「「こどもの名前をきめた」という竜太郎の過去のある時点でおこなった行動によって、「こどもの名前をきめた」という事実ができ、その事実によって、もたらされたなんらかの影響や効力が、後続し、竜太郎とセヴリーヌとの会話がなりたつ時点までおよんでいる」をあらわす。

タイプ①②③の「してある」文につかわれる《第1「してある」動詞》が基本的に「（視覚的にとらえられる）具体物が人為的なはたらきかけをうけた結果、変化した状態、あるいは出現した状態での存在」をあらわすのにたいし、タイプ④の文につかわれる《第2「してある」動詞》は「特定化されているだれかが、設定時点において効力、あるいは意義をもつ（もっている）ような動作を設定時点以前にあらかじめおこなった」ことをあらわす。つかわれる「してある」動詞の種類のちがいと関連して、タイプ①〜③の「してあ

る」文にあらわれない動作主主語の出現が、タイプ④「(N_4が) N_5を〜してある。」の文を、タイプ①〜③の「してある」文から区別させる特徴でもある。

　タイプ④「(N_4が) N_5を〜してある。」は、動作のし手（動作主）をあらわす主語「N_4が」、動作のうけ手、あるいは対象物をあらわす補語「N_5を」、述語の「してある」動詞の成分によって、文がくみたてられている。採集した例文は、主語のあらわれない1人称文（主に話し合いの構造にある）と3人称文がほとんどであるが、主語のあらわれない1人称文のほうがおおい*39。そのため、代表形（「(N_4が) N_5を〜してある。」）の表示において、動作主主語「N_4が」を括弧つきにする。

　（123）と（124）は、それぞれ主語のあらわれない文とあらわれる文である。（127）は話し合いの構造にある1人称文であり、動作主をあらわす主語「N_4が」は文にあらわれていない。（128）のばあいはかたりの構造にある3人称文であり、述語の「（〜五千円を）送ってある」にたいして、「彼は」が動作主をあらわす主語である。

（123）紀子「エステ・シャシャの被害の実態を取材して明らかにする」矢島「資料に目を通して頭に叩き込め。被害者とコンタクトしろ。インターネットの掲示板にエステ被害を書き込んでた数人に取材依頼のメールを送ってある」紀子「……はい」矢島「俺は出かける」紀子「取材ですか？」
　　　　　　　　　　　　　　　（伴一彦（脚本）・ストレートニュース）

（124）再掲：海外興業会社にして見れば移民が一人でも多ければそれだけ社業殷盛だし、地方代理人山田さんにしても自分の扱った移民については歩合が貰える訳だ。孫市よりもうまいのは物知りの勝田さんだった。彼は移民会社に託して五千円をブラジルに送ってある。そして現に懐中に三千円を持っている。これだけ財産が有っては渡航費補助は貰えない。
　　　　　　　　　　　　　　　　　　　　（石川達三・蒼氓）

　タイプ④の「してある」文は、タイプ①〜③の「してある」文とちがって、ある設定時点に関係する、それより以前の意図的な動作

をさししめす。これがタイプ④につかわれる《第2「してある」動詞》がもつパーフェクト的な意味・機能である。すでに紹介したように、タイプ④につかわれる《第2「してある」動詞》は人間のさまざまな、伝達や準備、約束、交渉、所有権の移動などをあらわす動詞から派生し、このようなひとの意図的な動作が、設定時点よりまえにおこなわれているという事実が設定時点において意味をもっていることをあらわす。たとえば、「たのんである」「よんである」「わたしてある」などがそれである。したがって、タイプ④につかわれる「してある」動詞がもつ意味・機能は継続相「している」が派生的にもつパーフェクトの意味・機能にちかい。しかし、タイプ④につかわれる「してある」動詞は限られており、さししめす動作も動作主体による意図的な動作であることから「している」のもつパーフェクトの用法とはことなる。

(125)「まったくお察し申します。そこで、わたしの調べたところじゃあ、お福の先の亭主は次郎吉という男で、今は浅草の聖天下にくすぶっているのだが、お福は時々そこへたずねて行くようなことはありませんかえ」それに対して、要助はこう答えた。お福は正直に勤める女といい、その宿も遠くない根岸にあるので、月に一度くらいは実家へ立ち寄ることを許してある。　　　（岡本綺堂・半七捕物帳）

(126) ミスター・ミラーは愛嬌のある奴だ。私の役所へぶらりとやってきて、チー・ウエイ・チュー・ホエに招待したいといった。酒会はわかるが鶏尾がわからなかった。だされた招待状に鶏の絵があってCook Tailとしてあるから分ったのだ。まあ直訳だろうが、私がアメリカ人のミスター・ミラーから中国語を教わったというめぐりあわせが、おもしろかった。「孫先生と小川さんをよんである。それに私の他の友人たちと十四、五人になる」とミスター・ミラーはいった。　　　（大城立裕・カクテル・パーティー）

(127) 知り合いなら誰しもそうだろうが、搭乗者名簿に名前が載っていても、何かの都合で乗らなかったこと、乗ったとしても奇蹟的に助かったこと、その二つの可能性を思

う。特に ぼく は、向田さんとの最後の話題が南米の少女だったのだ。ホストだから、対談のあとに後記を書く。酒場での会話も楽しかったことを記した原稿をすでに渡してあった。校了日までに向田さんの悲報は確定的になったので、無闇に悲しい後記をもう一つ書かなければならなくなった。　　　　　　　　　　（向田邦子・向田邦子対談）

(128) 岸本は愛子の口から——節子から言えば年長の従姉妹にあたる「根岸の姉さん」の口から、こうした噂を聞くように成ったことを楽しく考えた。それに 岸本は この根岸の姪に自分の末の女の児を頼んであった。愛子の大阪行には種々な話が出た。　　　　　　　　　（島崎藤村・新生）

(129) 「さてと、どうかな？　せっかくだから、夕飯を食べて帰ったら。さっきの婆さんだが、あれでなかなか料理がうまい」「ああ、いえ」 宇多山 は腕時計を見て、「実家の方に妻を待たせてありまして。実はその、妊娠しているもので、ちょっと心配で」　　　（綾辻行人・迷路館の殺人）

(130) 学校の先生たち がどんなに苦心しても、一朝一夕では突き破ることのできない、厚い壁がここにも立っているのだった。父兄と教師との懇談会がひらかれたのは一月の十五日だった。父親の出席に都合がいいように夜の時間をえらんで、六時半から、PTA会長の浦野曇海さんの寺の客間を借りてあった。しかし集まった人たちは定刻を過ぎてようやく三十人ばかりだった。父親は六人しか来ていなかった。　　　　　　　　（石川達三・人間の壁（下））

(131) 人形の胴中に左手を入れて、頭と衣裳の重みをがっしりと支えて歳月を過せば、誰でもこうなる。そして、名人と謂われる人形遣いたちは、この腕を撫でながら、「みい、鬼の腕や」と云って自慢するのである。玉次郎は悄然と右手で太い左腕を擦りながら、窓辺を離れた。人形遣いたちとは別に、大夫三味線に一部屋を借りてあった。柳大夫たちは寝ただろうかと、そちらへ歩いて行くと、暑気に入口は開けたままで、眠っている者もある中に、向

うの窓辺で何か書きものをしている大きな背中は柳大夫だった。
(有吉佐和子・人形浄瑠璃)

＊タイプ④によくつかわれる《第2「してある」動詞》

> （許可を）とってある、（承諾を）とってある、（約束を）してある、（了解を）えてある、（話を）してある、（工夫を）してある、あずけてある、あたえてある、いってある、えらんである、（手紙を）おくってある、かってある、かりてある、きめてある、しらせてある、たのんである、（手紙を）だしてある、都合してある、ゆるしてある、用意してある、よんである（まねいてある）、わたしてある…

派生的な、二次的な意味・機能をもつ《第2「してある」動詞》のなかで、実物の移動をともなう所有権の移動をあらわす「する」動詞から派生した、たとえば、「買ってある」「おくってある」「あずけてある」「わたしてある」などにおいて、あたかも目の前にある、視覚的にとらえられるようなことがらをあらわしているようにとれるばあいがある。しかし、それでもやはり、《第2「してある」動詞》としてとらえられる。

(132) どうだ、図星か……ふ、ふふ。そう何も、がたがたふるえるにはおよぶまい。主を裏切り、おのれが孕ませた子を若殿に押しつけようという、いやはや、あきれ返った痩せ狐だ」まさに、堀米吉太郎であった。堀米は大刀を、不二楼の刀部屋へあずけてある。そこで、差しぞえの小刀を引きぬきざま、「きゃあっ！！」(池波正太郎・剣客商売)

(133) 彼には、この矛盾を解決するには悪魔の力を借りるより他ないだろうと思えた。卒業式が迫っているというのに、就職先はまだきまらなかった。ひどい就職難だった。現在二、三の二流会社へ願書を送ってある。返事はまだ来ない。もし書類選考で落とされてしまったら……。
(筒井康隆・筒井康隆四千字劇場)

(134) 盲人の子らしくない大きな眼だと思った。ようやく涙が出てきた。蹌踉として邦枝は客席に入り、自分の席に着いた。父の演奏を譲治と並んで聴くつもりで、一階席の前方に席を買ってあった。何時から来ていたのか譲治は

もう坐っていて、席に着いた邦枝を見返ったが、何も云わずに舞台に目を返した。夫の隣に憩えて、邦枝は声もなく泣き続けていた。　　　　　　　　（有吉佐和子・地唄）

（135）そんな時、文太はこれ以上苦い顔はないといった苦い顔をして、終始黙っていた。洪作が祖父の文太の小言を聞いているところへ伯母がやって来て、「何もありませんが、向うでおひるを上がって下さい」そう言ってから、「洪作もおじいさんと一緒に食べなさい。おすしをとってあります」と、洪作に言った。「うわあっ、――すし！」

（井上靖・夏草冬涛）

さらに「してある」文が存在する文連続の性格（具体的な場面を描写しているか否か）によって、実際、を格補語があらわす「動作のはたらきかけをうける対象物」があたかも目の前にあるようにかんじるばあいがある。しかし、それでもタイプ④の「してある」文がさししめす内容は視覚的にとらえられることがら（「具体的なものの、ある状態での存在」あるいは「具体的なものの特徴」）ではなく、「(特定化されているだれかが) 設定時点において効力をもつ（もっている）ような動作を設定時点以前にあらかじめおこなった」ということがらである。

（136）春子が習い覚えたばかりの中国語で礼を云うと、永宝斎の主人は喜び、「お上手ですね、中国語がお出来になるとは嬉しいと云っています」永宝斎の包み紙は白く、緑色で永宝斎という文字と難かしい漢詩と、簡単な模様を印刷してあった。新中国は紙が払底しているらしく、東安市場でもどこでも碌な包装紙がなかったのに、さすがにこの店には独自のものを用意してあった。（有吉佐和子・墨）

（137）纏縛という言葉が、ちらと私の頭を掠めて過ぎた。しかし、私は眼の前の会席膳の食品の鮮やかさに強いて念頭を拭った。季節をさまで先走らない、そして実質的に食べられるものを親切に選んであった。特に女の眼を悦ばせそうな冬菜は、形のまま青く茹で上げ、小鳥は肉を磨り潰して、枇杷の花の形に練り据えてあった。そして皿

の肴には、霰の降るときは水面に浮き跳ねて悦ぶという琵琶湖の杜父魚を使って空揚げにしてあるなぞは、料理人になかなか油断のならない用意のあることを懐わせた。

(岡本かの子・河明り)

(138) 竜太郎「今晩は、鏡竜太郎です。今週の"ニュースチャンネル"は、ここニューヨークからお送りしています。ニューヨークは日本から13時間遅れの朝、爽やかに晴れた秋の空が広がっています。さて、シリーズ"日米経済摩擦を考える"、今日も日米双方からゲストをお招きしてあります。スタジオの米崎さん（と、呼び掛ける）」□ニューヨークのスタジオ　みゆきが登場する。

(伴一彦(脚本)・パパはニュースキャスタースペシャル)

　これらの例文をみるとわかるように、述語につかわれる《第2「してある」動詞》は「してある」文の存在する文連続（前後する文脈）によって、視覚的な、非結果存在的なことがらをあらわすばあいがある。いわば、文脈にしばられた《第2「してある」動詞》の用法ともいえる。

　さらに「用意してある」のような「してある」動詞は、「テーブルに朝ご飯が用意してある。」と「（あなたに）もう席を用意してある。」のように、もともと《第1》と《第2》の性格を同時にもちあわせる「してある」動詞ともいえる。数はすくないが、《第1「してある」動詞》と《第2「してある」動詞》とのあいだに両方の性格をもった動詞の存在もみとめられる。

2.1.5　タイプ⑤「(N_4が)〜してある。」(「してある」動詞のもととなる「する」動詞は自動詞)

　このタイプは「してある」文のなかでもとりわけ数がすくなく、先行研究によっては例外あつかいとするばあいもある。本書において、暫定的ではあるが、1つの文タイプとしてとりあげる。

　タイプ①〜④の「してある」文とちがって、タイプ⑤は文学作品からとれる用例の数がすくなく、分析データのほとんどがインターネットのサーチエンジンをつかってひろったものである。誤用とさ

れるばあいもあるこのタイプの「してある」文は、まだきちんと言語的に定着していないようにもおもわれるが、今後の発展に注目したい。

　このタイプの「してある」文のおおくは１人称文であり、タイプ④の「してある」文と部分的にちかい内容をあらわす。ある設定時点に関係する、それより以前の意図的な動作をさししめす、いわゆるパーフェクトの意味・機能をはたす。

　（139）1998年5月25日（月）雨「携帯電話」
　　　　最初、携帯を買ったころは常に通信機器を身に付けていることにストレスを感じた。自分の家には今も電話がないので重宝はしている。特に仕事では必要なのだが、場所によって音を消したり、何かと気を使わねばならない。今朝、音を消したまま忘れてて、そのうちバイブレーションに気が付いた。今日はお休み、という知らせだが、すでに自分の体は休みに入っていた。風邪なのか、喉や体のふしぶしが痛い。携帯電話といえば、必ずタイミングの悪い電話がある。トラクターではまった田植え機を引っ張り上げていたり、車で走っていたり。番号が残っていても、知らない番号だとかけにくいもんだ。トラクターを運転したり騒音の中で仕事中の場合、音よりもバイブで気づく事が多いが、機械の振動もあるので、電話でもないのに電話をさわってみたりすることもある。今から普及所で会議だ。やっぱり０時ごろまでかかるんだろうが、今日はすでにたっぷり寝てある。
　　　　（http://www.hayashisanchi.co.jp/diary-n/data/n199805.html）

（139）の例は、ある個人のブログからとったものである。ブログのかき手＝動作主（わたし）である人物が、今日（1998年5月25日）はすでにたくさんねておいたので、これから参加する会議が長びいても大丈夫だ、というこころがまえができていることを「してある」文が表現している。

　つぎにとりあげる（140）の例もやはり個人のブログから採取し

（140）「そろそろ休んだ方がいい。ずっと、寝てないだろ？」「それはお兄さんも同じだろうに。」「<u>私</u>は普段からたっぷり<u>寝てある</u>からね。
（http://webmania.jp/~innt/kuon/read-12.html）

そして、例（141）はタイプ⑤のなかで現時点で唯一文学作品から採取した貴重な一例である。

（141）再掲：茂造の爪を切ったことがない。姑が死んでそろそろ半年になるというのに、茂造の手の爪、足の爪はどうなっているのか。夫の見ている前だと、茂造の面倒を見るのも甲斐があるような気がするので、早速爪切りを持って舅の傍に寄った。「お爺ちゃん、爪を切つてあげましょうね」<u>連休で充分休養してある</u>ので、こんな優しい声も出る。茂造は黙って<u>昭子</u>に手を取らせた。舅の爪を切る嫁の親切などというロマンティックな幻想が、茂造の爪を見た瞬間に消しとんでしまっていた。

（有吉佐和子・恍惚の人）

つぎの例（142）も（143）もやはり個人のブログから採取したものである。文に主語があらわれていないが、前後の文脈から、述語「走ってある」にたいして、主語はブログのかき手の愛車であることがわかる。

（142）2006/11/20　　20:35
　　　　3週間振りに何もない一日。
　　　　あ、愛車を車検に出したのだった。
　　　　丸9年で<u>129921Km走ってある</u>。
　　　　あと79Kmで13万だ。
　　　　これで車検を通して、もうしばらく乗るぞ。
（http://crane.hobby-web.net/hitokoe/koe2006-11.htm）

（143）ロータリーはオーバーホール周期が短かったりプラグが3千キロぐらい<u>7万5千km位走ってある</u>ので、またすぐに貯金始めてO/Hはするつもりでいます。プラグとオイルはREの生命線なので、気を使っていかなければなりませ

んよね。3千kmおきにプラグ交換するのも大変そうなので、純正ではなくFD用のプラチナかレーシングプラグでも使おうと思います。
(http://furuhashi.fec.co.jp/initiald/GUEST/GEO116.htm)

　このばあいの「してある」文には、バイクや車を人間にたとえたような比喩的なニュアンスが付随している。述語の「走ってある」は「走らせてある」におきかえてもよい気がする。となると、こういう「してある」文の例もやはりひとの意図的な動作が、設定時点よりまえにおこなわれているという事実が設定時点において意味をもっていることをあらわすととらえていいだろう。

　このタイプの「してある」文について、現段階ではまだ十分な言語事実をつかめていないので、ひきつづき追跡調査が必要である。

　以下の例は、タイプ⑤の「してある」文とおなじく自動詞由来の「してある」動詞がつかわれているが、性質はかなりことなる。おなじく自動詞由来の「してある」が述語につかわれているが、これらの「してある」文は効力や影響の現存をあらわしているのではなく、《第1「してある」動詞》のように、「視覚的にとらえられる具体的なものの、ある状態での存在」をあらわしている。これらの「してある」文は、むしろタイプ①の「してある」文がさししめす（文の）内容とちかい。これらの文には作者独自の表現、あるいは、なんらかの表現性（比喩など）がつきまとっているとかんがえられる。

（144）「待っていましょう。」熊本君は、泰然としていた。「ここは、女の子がいないから、気がとても楽です。」やはり、自分の鼻に、こだわっている。「ビイルを飲めば、いいじゃないか。」佐伯は、突然、言い出した。「そこに、ずらりと並んである。」見ると、奥の棚にビイルの瓶が、成程ずらりと並んである。私は、誘惑を感じた。ビイルでも一ぱい飲めば、今の、この何だかいらいらした不快な気持を鎮静させることが出来るかも知れぬと思った。

(太宰治・乞食学生)

（145）しかし、なぜか私は、再び会った時には余計な挨拶など

せず、心から喋りたいことだけを喋り合えるに違いないという親愛感を、長野に対してずっと抱きつづけていたのだ。王子駅の改札口を出て、都電の線路沿いにしばらく歩き、踏切を渡るとジムの建物が見えてくる。建物の二階に広い練習場があり、その横に事務室が並んである。長野はそこにいるはずだった。階段を上がって入っていくと、長野は笑顔で出迎えてくれ、「去年はスペインから素敵な絵葉書をどうもありがとう」（沢木耕太郎・一瞬の夏）

(146) そう低いものじゃないのよ。良くして行こうとしているの」芽柳の枝が垂れているのが、ショウウィンドウの硝子に映っていた。もと何の店だったのか、大きな窓の中に、無器用に本を並べてあるのが、達三の話していた店開きしたばかりの古本屋であった。「ここだ」と、覗いて見て、「君も寄って行くかね」店は開いてあるが、まだ片付いていないで、若い男たちが踏台を置いて棚の本を整理していた。「藤原君、来ていますか」父親がこう尋ねる間に、伴子は、こちらを振り向いた青年の中に、知っている顔を見出して微笑した。（大佛次郎・帰郷）

(147) 予は意外な所へ引張り込まれて、落つきかねた心の不安が一層強く募る。尻の据りが頗る悪い。見れば食器を入れた棚など手近にある。長火鉢に鉄瓶が掛かってある。台所の隣り間で家人の平常飲み食いする所なのだ。是は又余りに失敬なと腹の中に熱いうねりが立つものから、予は平気を装うのに余程骨が折れる。（伊藤左千夫・浜菊）

2.2 「〜されてある」文

明治〜大正の文学作品に、「〜されてある」の例がおおくみられるといわれているが、筆者が採取した用例の分布をみるかぎり、現代の作品からもそれなりの数がみつかる。

本書では、「〜されてある」文の分析および位置づけまでおよばないが、収集した例文の一部を紹介しておく。

(148) 洪作は梯子段を上って行った。二階はまっ暗だった。洪

作は手探りで南側の窓の戸を開けた。階下は板敷だが、二階には畳が敷かれてある。鉄の格子のはまっている窓からの光線で、部屋全体が浮かび上って来た。ここもきれいに拭き掃除されてある。二階は二つの部屋に分れていて、四畳半と六畳ぐらいの広さであるが、いまは仕切りが取り除かれてあるのでひと間になっている。

(井上靖・夏草冬涛)

(149) くるまは停まった。都立M病院という表札が大きな石の柱に架けられてある。「君、病院につき当ったじゃないか」「失敗しました」 (井上靖・北国の春)

(150) 洪作は玄関の土間で、若い女性に挨拶した。挨拶したと言っても、ただ頭を下げただけである。相手の正体がはっきりしていれば挨拶のしようもあったが、夫人であるか、親戚の娘であるか、そのへんのところが見当つかなかった。洪作は二階に上った。宇田の書斎らしく、窓際に机が一つ置かれ、書棚が三つ壁に沿って置かれてある。書棚にぎっしりと書物が詰まっているところが教師の部屋らしい威厳を作っている。洪作は窓際に立った。

(井上靖・北の海)

(151) 耳の後ろ側を飛んでいた虫の羽音だった。蠅よりも小さな虫は、目の前をしばらく旋回して暗い部屋の隅へと見えなくなった。天井の電球を反射している白くて丸いテーブルにガラス製の灰皿がある。フィルターに口紅のついた細長い煙草がその中で燃えている。洋梨に似た形をしたワインの瓶がテーブルの端にあり、そのラベルには葡萄を口に頬張り房を手に持った金髪の女の絵が描かれてある。グラスに注がれたワインの表面にも天井の赤い灯りが揺れて映っている。テーブルの足先は毛足の長い絨毯にめり込んで見えない。 (村上龍・限りなく透明)

(152) 二つに一つ、そのどちらかを取れ──。（いっそのこと、首をくくりたいな）そう思った。やがてリストをみせられた。九重親方が引き連れて出る力士と年寄の名前がず

らりと書かれてある。驚いた。力士では北海道出身者だけではなく、東京は台東区御徒町出身の幕内義ノ花までいる。
　　　　　　　　　　　　　　（石井代蔵・千代の富士一代）

3. 連体形の《第1「してある」動詞》

　本書は動詞にかんする分析においてよくもちいられる方法論として、まず、いいおわり文の述語（終止的な述語）につかわれる言語事実から確認するという基礎的な手法にしたがい、「してある」を調査してきた。自動詞派生の「してある」*40をのぞけば、「してある」動詞が終止的な述語につかわれるいいおわり文（「してある」文）には4つの文タイプがある。

　そのうちのもっとも典型的な文タイプとは、タイプ①「（N_2 に）N_1 が～してある。」である。《第1「してある」動詞》は、この文タイプからとりだされ、一般化されたともいえる。自動詞化した《第1「してある」動詞》はタイプ①のほかに、タイプ②、そしてタイプ③にもつかわれる。

　一方で、タイプ④「（N_4 が）N_5 を～してある。」はタイプ①②③の「してある」文とちがって、文の主語は動作主主語であり、《第2「してある」動詞》がつかわれる。

　《第1「してある」動詞》が終止的な述語につかわれる文において、（述語のほかに）ありかをあらわす「に格」補語と存在の主体をあらわす「が格」主語が（主要な）文の構成メンバーとしてあらわれる。ゆえに、タイプ①「（N_2 に）N_1 が～してある。」のような文構造が基本である。

　しかし、一方で、用例の数はかなりすくないが、タイプ②「（N_2 に）N_1 を～してある。」のような主語のない文構造をもつ文の存在は無視できない。このばあい、一般的に「Nが」によってしめされる（存在の）主体が「Nを」によってしめされることになる。

　この節では、《第1「してある」動詞》に焦点をあて、終止形と連体形の使用における相違についてのべる。

　「机（に）」「コップ（が）」「おいてある」、という3つの単語に

第2章「してある」　　95

よって構築されるいいおわり文（基本的な、典型的な文タイプ）を出発点とし、《第1「してある」動詞》がつくる連体動詞句と名詞によってくみたてられる構築物には、まず、連体動詞句と名詞とのかかわり方のちがいによって、以下のような、2通りの構造がある。

　　　「机に　コップが　おいてある。」（いいおわり文）→
　　　　　　　　　　　「机に　おいてある　コップ」構造A
　　　　　　　　　　　「コップが　おいてある　机」構造B

　構造Aでは、「机に」と「おいてある」がひとまとまりとなって、「コップ」にかかって規定する。構造Bでは、「コップが」と「おいてある」がひとまとまりとなって、「机」にかかって規定する。「コップ」（存在の主体）を規定するのか、「机」（ありか）を規定するのかによって、この2つの構造がなりたつ。

　つぎに、「机」（ありか）を規定する連体動詞句をもつ構造Bには、さらに以下のような下位構造がある。

　　　「コップが　おいてある　机」→「Nがしてある＋N」構造$B_{が}$
　　　「コップを　おいてある　机」→「Nをしてある＋N」構造$B_{を}$
　　　「コップの　おいてある　机」→「Nのしてある＋N」構造$B_{の}$

　連体動詞句の内部構造にみられるこのちがいに注目したい。いいおわり文、つまり、終止形の《第1「してある」動詞》の使用とくらべ、おもしろいことに、「Nをしてある＋N」構造$B_{を}$と「Nのしてある＋N」構造$B_{の}$の採取できた用例の数はおおく、それぞれが「Nがしてある＋N」構造$B_{が}$の2倍以上ある。

　以下の（153）～（156）はそれぞれ、採集した構造A、構造$B_{が}$、構造$B_{を}$、構造$B_{の}$にあたる例文である*41。

（153）「明日は？」「メイビー、明日はオーケーね」内藤は黙って頷いた。スパーリングがなくなったことで、練習の時間が拘束されなくなった。内藤は、事務所の横の**テーブルに**置いてある**雑誌**を取り上げると、リングの前のソファに深く腰を落として読みはじめた。

　　　　　　　　　　　　　　　　　　　　（沢木耕太郎・一瞬の夏）

（154）「そろそろ、帰るか」私は利朗に声をかけた。利朗はコーヒー・カップをテーブルに置き、こちらに顔を向けて頷

いた。陽はすでに傾いていた。利朗の**車**が**置いてある道路際**まで、内藤は理亜を抱き、裕見子と共に見送りにきてくれた。　　　　　　　　　　　　　（沢木耕太郎・一瞬の夏）

(155) 風雨の衰えぬまま夕闇は早々と訪れた。掘割の先の寺の鐘も今日ばかりは聞えてこない。午後から炊き出しをし、二日分の握り飯を作って夕方からは全員が二階へ上った。**不断**は**蚕だけ**を**置いてある二階の部屋**は人々で溢れた。道灌堀の堤が決壊したのはその夜、五つを過ぎてからであった。白い濁流が邸の左右を街道に向けて渦巻いていくのが、夜目にもはっきりと見えた。　（渡辺淳一・花埋み）

(156) 内藤は、ぜんぜんと笑い飛ばし、ぜひにと誘った。二階の内藤の部屋は真っ暗だった。裕見子はまだ仕事から帰っていないらしい。私と利朗はコーヒーを呑ませてもらうことにした。**大きな鳥籠**の**置いてある玄関**から台所を通って部屋に入ると、狭い二間を一部屋に打ち抜いた快適そうな空間が広がっていた。　（沢木耕太郎・一瞬の夏）

いいおわり文において、主たる文の構成メンバーである「N（が）」、「N（に）」「してある」が、連体動詞句と名詞とのくみあわせを構築する際においても、たがいに密接な関係をもってあらわれることが使用例の観察でわかる。

これまで筆者がおこなってきた調査の結果、ありかをあらわす「Nに」をもとめるvalenceをあらたに獲得したことが《第1「してある」動詞》を一種の派生動詞とし、「する」動詞からきりはなす根拠の1つとしている。

そして、今回の調査を通し、連体形をとる《第1「してある」動詞》に前後する名詞（「してある」とともに連体句を構築する名詞と連体句がかかって規定する名詞）は、いいおわり文のそれと対応するかたちで、主体をあらわす名詞「N（が）」と、ありかをあらわす名詞「N（に）」があらわれている。

3.1　ありかを規定する構造Bの下位構造について

前節で紹介した通り、

「机に　コップが　おいてある。」（いいおわり文）→
　　　　　　　　　　「コップが　おいてある　机」構造B

には、連体句を構築する、「してある」のまえにくる名詞の格表示のちがいにより、すくなくとも、

「コップが　おいてある　机」→「Nがしてある＋N」構造B$_{が}$
「コップを　おいてある　机」→「Nをしてある＋N」構造B$_{を}$
「コップの　おいてある　机」→「Nのしてある＋N」構造B$_{の}$

の３つの下位構造がある。そして、構造B$_{が}$の用例の数はすくなく、構造B$_{を}$と構造B$_{の}$のそれぞれの半数にみたないという分析結果がでている。

実例をみてみよう。

（157）「写真が　置いてある　事務室」（構造B$_{が}$）をひっくりかえすと「事務室に（は）写真がおいてある。」のようないいおわり文に対応し、《2.1「してある」文》において紹介したもっとも基本的な、典型的な文構造であるタイプ①「(N$_2$に) N$_1$が〜してある。」にあてはまる。

（157）長野は十五歳で姿を現わした大場という少年に夢を託し、ジムに引き取り、注意深くボクサーとして育て上げ、ついに世界チャンピオンにまですることに成功した。しかし、不意の自動車事故が、大場の命を奪ってしまった。二年前の冬、私は長野から大場の話を聞かせてもらうため何度も帝拳ジムに通った。長野は厭な顔ひとつせず辛いはずの話をしてくれた。大場の等身大の**パネル写真が置いてある事務室**で、ガスストーブにあたりながら何時間でも付き合ってくれた。　　　　　　（沢木耕太郎・一瞬の夏）

一方で、（158）「テレビを　おいてある　部屋」（構造B$_{を}$）は「部屋に（は）テレビをおいてある。」に対応し、用例数のすくないタイプ②「(N$_2$に) N$_1$を〜してある。」の文構造にあてはまる。

（158）「芳子は、紀州の話しとったら、楽しいものなあ」義兄は、また眠気がさしたらしくむずかりはじめた男の子を抱えた。話声が、大きく聞こえた。トラックをそのままにして、家に入った。母と、義父が待っていた。母は、「よう

来た、よう来た」と、名古屋の家族をひとわたりみまわし、義兄の腕の中で、眠った久志のために、<u>テレビを置いてある部屋</u>に蒲団を敷いた。「えらい遅いなあと心配してたんや」母は言った。芳子がわらった。　　（中上健次・岬）

さらに、(159)「（大きな）鳥籠の　置いてある　玄関」（構造Bの）のばあいは、「玄関に（は）（大きな）鳥籠が置いてある。」あるいは、「玄関に（は）（大きな）鳥籠を置いてある。」の両方になりうる。

(159) 内藤は、ぜんぜんと笑い飛ばし、ぜひにと誘った。二階の内藤の部屋は真っ暗だった。裕見子はまだ仕事から帰っていないらしい。私と利朗はコーヒーを呑ませてもらうことにした。<u>大きな鳥籠の置いてある玄関</u>から台所を通って部屋に入ると、狭い二間を一部屋に打ち抜いた快適そうな空間が広がっていた。五年前とはかなり様子が違っていた。畳の上に絨毯が敷きつめられ、右奥に大きなベッドが据えられている。　（沢木耕太郎・一瞬の夏）

いいおわり文の構造とつきあわせると、以下のようになる。

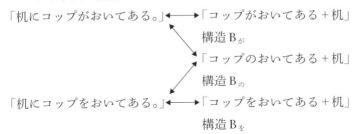

このうち、構造Bを「Nをしてある＋N」の例文の数がもっともおおく、《第1「してある」動詞》が連体形をとる際におきるこの現象は終止形のばあいと相反している。既述している通り、いいおわり文の分析作業において、採集した用例の全体の7割以上をしめるタイプ①「(N₂に) N₁が～してある。」にたいして、タイプ②「(N₂に) N₁を～してある。」は全体の1割にもみたない。タイプ②は数が非常にすくなく、タイプ①のバリアント（変種）として位置づけることができる。

この現象について、筆者は自動詞化していく「してある」のもと

となる「する」動詞（他動詞）のなごりとしてとらえ、《第1「してある」動詞》は他動詞派生の自動詞化した派生動詞の一種であるというたちばにたつが、「してある」はもととなる動詞があらわす動作から独立して、「視覚的にとらえられる具体的なものの、ある状態での存在」をあらわすようになっても、もととなる動詞からの影響はのこるとかんがえている。タイプ②「（N_2 に）N_1 を～してある。」の存在がそれを示唆している。もともと「を格」名詞とくみあわさる能力をもつ動詞から派生した《第1「してある」動詞》は、実際の使用の中で、タイプ①「（N_2 に）N_1 が～してある。」》の文構造のように「他動性」から「自動性」へ完全には移行しきれず、タイプ②「（N_2 に）N_1 を～してある。」のようなものが発生したのだろう。

　しかし、連体形をとる《第1「してある」動詞》の使用事実から、終止形のばあいと連体形のばあいにおいて、（文と句のちがいはあるものの）、主体をあらわす名詞の格表示の分布がおおきくことなることがわかった。

　ちなみに、つぎのようなBを構造である連体句と名詞とのくみあわせは、いいおわり文にひっくりかえすと、いいおわり文のタイプ③「N_3 は N_1 を～してある。／N_3 は N_1 が～してある。」になる。おなじ「Nをしてある＋N」のかたちをとっているが、いいおわり文にひっくりかえしてみると、その名詞と名詞、そして、《第1「してある」動詞》とのあいだの意味的な関係のちがいに気づく。ただし、採集できた用例の数は非常にすくない。

（160）二人は建物を一つ一つ見て廻った。相模はポケットから見取図を出して、傍から建物の大きさを説明した。門をはいってすぐ右手にある建物は百七十坪で、クレーン（移動式起重機）が内部に取り付けられたままになっていた。突き当りには更に大きい建物があった。<u>**トタンで周囲**を覆ってある二百五十坪程の大きな**箱**</u>で、この内部には筵と木片が土間にちらばっているだけで何もはいっていなかった。そこを出ると大きな煙突があった。二人はその煙突を暫く見上げていた。相模によれば百二十

フィートの高さを持っているということだった。この建
　　　物と並んで、やはり同じくらいの大きさの長方形の建物
　　　があった。ここが一番確かりした建物で、土間の一隅に
　　　コンクリートで造った人間でも泳げそうなやけに大きい
　　　水槽があった。このほかに、七十五坪と五十坪の二棟の
　　　倉庫風の建物があった。　　　　　　（井上靖・射程）

「～（トタンで）周囲をおおってある箱～」→「箱は（トタンで）周囲をおおってある。」あるいは「箱の周囲は（トタンで）おおってある。」

（161）大治郎が、近江屋の階下奥の部屋へ入って間もなく、廊
　　　下をわたって来る足音が、となりの部屋へ入った。これ
　　　は、すでに入っていた客が風呂から部屋へもどって来た
　　　ものらしく、これを迎える女の声がきこえた。（夫婦づ
　　　れか……）大治郎は何気もなく、そうおもったのだが、そ
　　　の瞬間に、隣室の声がぴたりと熄んだ。熄んだかとおも
　　　うと、二つの部屋を仕切ってある襖の向うに微かな気配
　　　が起った。常人ならばともかく、すぐれた剣士である大
　　　治郎の鋭敏な聴覚が、これをとらえずにはおかぬ。襖が
　　　音もなく、細い隙間をつくった。　（池波正太郎・剣客商売）

「二つの部屋を仕切ってある襖（の向うに）」→「（ここととなりは）襖で二つの部屋を仕切ってある。」

（162）それから数日して、和夫が夜勤の夜、マイクの部屋から
　　　ナースコールがあった。和夫は妙な胸さわぎがして、受
　　　話器を取る前に走り出した。勢いよくドアを開けると、
　　　マイクはベッドの上にあぐらをかいて肩を大きく上下さ
　　　せていた。カーテンを開け放してある広い窓は、深い森
　　　の闇への入口に見えた。就寝用の小灯だけがともる病室
　　　の入口に立つと、マイクがそのままの姿勢ですべるよう
　　　に森の闇に消えて行くような錯覚にとらわれた。たしか
　　　に、マイクの背中は驚くほど小さく、軽そうだった。
　　　　　　　　　　　　　　　　　（南木佳士・ダイヤモンドダスト）

「カーテンを開け放してある（広い）窓（は）」→「窓はカーテン

を開け放してある。」

　それと、一例しか発見できなかったとりたての「～も」がつかわれている例もあげておこう。「葺きもし囲いもしてある一軒屋（だ／である）」→「（あの）一軒屋は葺きもし囲いもしてある。」

（163）谷を下ると其処がもう番小屋で、人々は狭い部屋の内に集っていた。灯は明々と壁を泄れ、木魚の音も山の空気に響き渡って、流れ下る細谷川の私語に交って、一層の寂しさあわれさを添える。家の構造は、唯雨露を凌ぐというばかりに、**葺きもし囲いもしてある一軒屋**。たまさか殿城山の間道を越えて鹿沢温泉へ通う旅人が立寄るより外には、訪う人も絶えて無いような世離れたところ。炭焼、山番、それからこの牛飼の生活——いずれも荒くれた山住の光景である。
　　　　　　　　　　　　　　　　　　　　（島崎藤村・破戒）

3.2　「～と　してある＋N」の構造について

　「Nをしてある＋N」、「Nのしてある＋N」よりはすくないが、「Nがしてある＋N」とおなじくらいの数で、「～と　かいてある」と名詞とのくみあわせの実例がある。この「～と」は格表示ではないので、構造Bの下位分類とは別にかんがえておく必要があるとおもい、本書では別項にしておく。

（164）ぼくが原島久三に連れられて初めてこの印刷会社にきたときも、横内兄はところどころで何か意味不明の悪態をつきながら、「とにかくそれじゃあまあ新入りの為に一杯やりますか」と言った。仕事が済んだあとにどこか近くの居酒屋にでも行くのかと思ったらそうではなくて、植字工の若い社員に命じて近所の酒屋から清酒とスルメ、そして柿の種を買ってこさせた。そして**三ツ矢サイダーと書いてあるコップ**に清酒を注いで、「さあ、やんなよ」と言った。まだ夕方にもなっていない時間なので一瞬たじろいだのだが、原島はかまわずコップを取ってぐいと呷った。
　　　　　　　　　　　　　　　（椎名誠・新橋烏森口青春篇）

（165）女中はいささかめんくらったていで、それでも「じゃ、

こちらへ」と、廊下を横にきれて、案内された一間にはいると、座蒲団にすわって、女中がそばで中腰になりながらなにかいいかけようとするのを、ふりむきもせず、ポケットに入れておいたハトロンの厚い封筒を抜き出して、それを向うの膝もとにどさりと投げた。「それだけ預けておく。しかるべく頼む。」女中は封筒をひろいあげて、無意識に中みの目方を引いているような手つきである。名うての貧棒書生の、もとより金銭に縁のあるはずがないとはいえ、めずらしくまわらぬ筆で無用の本を一冊書きとばして、ついきょうの昼、本屋からうばい取ったばかりの金一封、<u>なんとか社と印刷してある封筒入</u>のまま、すなわちこれっきりの全財産で、ヤミ屋の財布にくらべてはひどく軽いだろうが、今夜のところはどうやらそれで間に合うだろう。　　　　　　　　（石川淳・かよい小町）

(166) ブンと名乗ったそいつはにやりと笑った。それから立ち上がって、ぶるぶる、妙な腰つきをした。するともうそこにはひとりの若い女が立っていたのである。しかもはだかで——。（このへんのくだりを、読者諸君のお母さん方に読まれると困る。ここだけを読んで、この本全体を誤解される危険があるからである。「ならば書かなきゃいいじゃないか」と諸君はいうかもしれないが、そうはいかないのだ。このことはこの本全体にとってたいへん重要な事実なのであるから。そこで、賢明な読者諸君よ。このページの端の<u>「のりしろ」と印刷してある部分</u>にのりをつけ、ページをはりつけてほしい）「いまんところは男ですよ、と申しあげたわけがおわかりになりまして？」そいつは、かわいい声でいった。フン先生は、かりにも小説家であるから、若い女がはだかで立っていようが、寝そべっていようが動じない。　　（井上ひさし・ブンとフン）

この「～と　してある＋N」のくみあわせをつくりだせるのは、特定の《第1「してある」動詞》であり、書記活動動詞から派生する「してある」しかできない特殊な構造ともいえる。実際、いま手

第2章「してある」　103

元にある用例には「～と　かいてある＋N」と「～と　印刷してある＋N」のみである。いいかえれば、この種の《第1「してある」動詞》は、(167)のような構造A「Nにしてある＋N」での使用のほかに、基本的に「～と　してある＋N」につかわれる。

(167)「あいつだった」と栄二が云った、「さぶのやつだったんだ」「なにがですか」「綿文の金襴の切よ」と栄二は顔をしかめながら云った、「これを読んでみろ」栄二は糊瓶の蓋の裏を指さした。おすえは覗きこんで、<u>そこに書いてある文字</u>を読み、それから怯えたような眼で栄二を見た。「わかったう」と栄二が云った。おすえはかぶりを振った。

(山本周五郎・さぶ)

数のすくない「Nをしてある＋N」と「Nのしてある＋N」の構造につかわれる例をあげておく。

(168)葬儀がすんだ翌日であった。私は、父の机の引出しを整理していて、<u>男女の名を十ずつならべて書いてある</u>一枚の<u>便箋</u>をみつけた。私はそれを母に示して、これは捨ててもいいかと訊いた。母は、私を仰いで寂しくわらった。

(三浦哲郎・初夜)

(169)食欲はなかった。頭の中は園子とのことでいっぱいだった。その宮村を女中はなにもかも心得たような顔で眺めながら、「いっこう召し上らないのね」そういってから、ふところから<u>宿の所番地と電話番号の印刷してある</u>一通の<u>封筒</u>を出して宮村に渡した。宛名も差出人も書いてなかった。「あの方がお帰りになるときに……」

(新田次郎・孤高の人)

なお、筆者は「(Nに)　～と～してある。」のようないいおわり文を、《2.1.1 タイプ①「(N_2に) N_1が～してある。」》のなかで処理し、とりあげている。「かいてある」を例にすると、まず以下のようなタイプ①「(N_2に) N_1が～してある。」にあたる用例がみつかる。

(170)顔に傷はなかった。肌がろう人形のように透いて半びらきした眼が哀れだった。稲富は上着をぬいで少女の体に

かけた。片足に運動靴をはいていた。<u>内側にＮ高女名と姓が書いてある</u>。稲富は手拭いを裂き焼跡の炭を水にしめして、少女の姓を書いた。しっかり少女の手首に結んだ。
　　　　　　　　　　　　　　　　　　（林京子・祭りの場）

　「かいてある」のような、人間の認識活動や言語活動の内容を、「文字」を通して物質化してあらわす書記活動動詞から派生した《第１「してある」動詞》は、その物質化された文字（文字列）そのものの存在と同時に、その文字（文字列）によって表現される「内容」をあわせてあらわしている。そのため、「（Ｎに）〜と　かいてある。」のような「主語のない文」も実際の使用の中にみられると筆者は位置づけている。

（171）再掲：土蔵の内部を見まわしているうちに修吉と正の視線は、向う側、洋館へ出るガラス戸の横に並べて置いてある二つの茶箱の上にとまった。<u>茶箱にはそれぞれ墨で大きく「小松レコード鑑賞会」「置賜クラブ」と書いてある</u>。〈レコードと野球道具だ。きっとボールもある〉修吉の膝がふるえだした。　　　　　（井上ひさし・下駄の上の卵）

（172）再掲：生かぼちゃを食べたからだと思っていたが、放射能症害である。<u>長崎医大原子爆弾救護報告書</u>によると、早発性消化器障害である。――その翌日頃より口内炎を発生し次第に体温上昇し、口痛のため飲食困難となるも末だ全身症状良で安心しているとやがて食欲不審、腹痛等の胃腸障害が現われて来、ついに下痢が起って来た。この下痢は水様便で粘液を混ずることもあり稀に血液を混じえた。<u>発病以来一週間乃至一〇日後にあらゆる対症療法の効果空しく一〇〇％死亡したのである――と記録してある</u>。　　　　　　　　　　（林京子・祭りの場）

　以上のことをふまえ、あらためて終止形をとる《第１「してある」動詞》と連体形をとる《第１「してある」動詞》の事情がかなりことなることがわかる。

　すくなくとも、いいおわり文において、「（Ｎに）Ｎが〜してある。」の文構造が基本的、典型的であるのにたいして、《第１「して

ある」動詞》の連体動詞句と名詞とのくみあわせの構造において、（存在の）主体をあらわす名詞を規定する「Nにしてある＋N」（どこどこに～してある＋なになに）のような構造（構造A）をのぞき、ありかをあらわす名詞を規定する「N（が・を・の）してある＋N」（構造B）のうち、一番典型となるのは、「コップをおいてある＋机」のような、構造B_をである。

　連体動詞句の内部構造にかんして、連体形のかたちをとる《第1「してある」動詞》の前にくる名詞（「してある」とともに連体句を構成する名詞）の格表示は、「～に」が一番おおく、つぎに「～を」と「～の」、最後に「～が」の順であらわれる。そのほか、格表示でない引用の「～と」が「～が」とおなじくらいある。

　以上のことから、《第1「してある」動詞》を分析する際に、機能的なカテゴリーを無視して分析するのは危険である。すくなくとも、「してある」の前にくる名詞の格表示のちがいだけで「してある」を分類することはできないだろう。

4．まとめ

　この章では、「してある」を「カテゴリカルな意味特徴」によってグループ化される、動詞という品詞の下位の種類であるとみなし、動詞の第2中止形「して」＋補助動詞「ある」の構造をなす動詞のことを「してある」動詞とした。他動詞が「他動性」というカテゴリカルな意味特徴によってグループ化されるのと同様に、《第1「してある」動詞》は「結果存在性」、《第2「してある」動詞》は「パーフェクト性」によってグループ化される動詞の下位の種類（語い＝文法的な種類）である、ととらえている。

　「してある」動詞のもつもっとも基本的な、典型的な意味・機能は、「視覚的にとらえられる具体的なものが、ある動作のはたらきかけをうけた結果の状態で、あるいは、はたらきかけによって出現した状態で、一定の場所に存在する」ことをあらわすことである。

　「してある」動詞は、もととなる動詞の第2中止形と補助動詞「ある」とのくみあわせによってできあがった分析的な構造をなす

派生動詞である。「してある」動詞は、主に、ものにはたらきかけて、それを変化させる人間の意志的な動作をあらわす他動詞や、人間が文字や記号をもちいて通達活動をおこなう言語活動動詞（かく、記述するなど）、図形や記号をもちいて創作する表現活動動詞（えがく、（絵柄を）ほるなど）などから派生したものであり、視覚的にとらえられる「具体的なの、ある状態での存在」をあらわすことがほとんどである。そのほか、基本的な、典型的な「してある」動詞（→《第1「してある」動詞》）からはなれ、二次的な、派生的な意味・機能をもつ「してある」動詞（→《第2「してある」動詞》）の種類がある。

　ある設定時点に関係する、それより以前の意図的な動作をさししめす《第2「してある」動詞》は、たとえば、人間のさまざまな、伝達や準備、約束、交渉、所有権の移動などをあらわす動詞から派生し、このようなひとの意図的な動作が、設定時点よりまえにおこなわれているという事実が設定時点において意味をもっていることをあらわす。「動作主が意図的におこなった動作が設定時点において意味をもち、なんらかの効力や影響をおよぼす」ことをあらわす、いわゆるパーフェクト的な意味・機能をもつ「してある」動詞の種類なのである。

　一方で、「してある」動詞が終止的な述語につかわれる文には、5つのタイプがある。タイプ①「（N_2に）N_1が〜してある。」は、「してある」文のなかの、もっとも基本的な、典型的なタイプであり、用例ももっともおおく採取できる。タイプ②と③は、文のさししめす対象的な内容や「してある」動詞の種類の点において、タイプ①との共通点がみられる。タイプ①〜③には《第1「してある」動詞》がつかわれるが、文の構造やほかの文の成分との関係などから、独立したタイプとみなす。タイプ①〜③には共通点がみられるのにたいし、タイプ④と⑤は、文のさししめす対象的な内容や、述語につかわれる「してある」動詞の種類がタイプ①〜③と大きくことなる。タイプ④には《第2「してある」動詞がつかわれ、タイプ⑤には自動詞由来の「してある」動詞がつかわれる。ただし、タイプ⑤のばあい、文学作品から採取できた用例は数がすくなく、タイ

プ①〜④と対立するタイプとして完全に確立しているといえるかどうか、まだ検討する必要がある。

　さらに、連体形をとる《第1「してある」動詞》の調査をとおして、いいおわり文において、タイプ①「（Nに）Nが〜してある。」の文構造が基本的、典型的であるのにたいして、《第1「してある」動詞》の連体動詞句と名詞とのくみあわせの構造において、（存在の）主体をあらわす名詞を規定する「Nにしてある＋N」（どこどこに〜してある＋なになに）のような構造（構造A）をのぞけば、ありかをあらわす名詞を規定する「N（が・を・の）してある＋N」（構造B）のうち、「コップをおいてある＋机」のような構造B$_を$が一番典型であることがわかった。連体動詞句の内部構造にかんして、連体形の《第1「してある」動詞》の前にくる名詞の格表示は、「〜に」が一番おおく、「〜を」「〜の」、最後に「〜が」の順であらわれる。そのほか、格表示でない引用の「〜と」もあり、それが「〜が」とおなじくらいある。

　以上のことから、あらためて「してある」の研究には機能的なカテゴリーを無視した分析ができないことがわかる。すくなくとも、「してある」の前にくる名詞の格表示のちがいだけで「してある」を分類することはできない。

＊1　ここでいう具体的なものとは、具体的にかたちの有する物体のほかに、文字や記号、図形などを介して、物質的な側面をもちあわせる人間による創作物もふくむ。このばあい、視覚によって知覚できる物質性を有するものにかぎる。
　　　例）「この字が何と云ふ句から出てゐるか知つてゐるかい。」座敷に戻つた先生は肱枕をし乍ら頤に額をさして云つた。そこには「仁壽」と云ふ二字が太く書いてあつた。　　　　　（長与善郎・竹沢先生という人）
＊2　この「場所」は、空間や（狭義の）場所以外に、ものの一部や人体の一部もふくむ。「腕に　リボンを　まいてある。」のように、「腕に」という格補語もここでいう「一定の場所」である。
　　　例）こわごわ目をあげると、広い背中が遠ざかって行くところだった。軍服の左腕には緑色の腕章が巻いてある。右手には胴がふくらんで底の方が狭まった瓶を持っていた。　　　（井上ひさし・下駄の上の卵）

*3 工藤（1995）の分類において、これらの動詞はもっとも動詞らしい動詞である「主体動作・客体変化動詞」に属する。

*4 工藤（1989）では、パーフェクトについて、「ある設定された時点において、それよりも前に実現した運動がひきつづき関わり、効力を持っていること」、と規定している。

*5 もちろん、先行研究のおおくは、自動詞や無意志動作をあらわす動詞が「してある」のかたちをとることもみとめているが、ここでは、まず、もっとも基本的な意味・機能をもつ「してある」動詞をさしている。

*6 積極的に「してある」文での動作主（agent）の存在（文をくみたてる１つの文成分として）をみとめるかんがえ方も存在し、そのたちばで論を展開する先行研究はおおい。益岡（2000）はその代表である。

*7 『連語論（資料編）』において、この種のとりつけ動詞は、みずからの語い的な意味を具体化するために、「を格」名詞と「に格」名詞に結合する能力（valence）をもち、「なにかを　どこかにＶする」のような３単語による連語の構造ができる、とする。しかし、このばあいの「Ｎに」はありかをあらわさず、第１の対象をあらわす「Ｎを」にたいして「Ｎに」は第２の対象であり、とりつけ先をあらわす。

*8 先述したとりつけ動詞とちがって、この種のもようがえ動詞は「なにかをＶする」のような２単語による連語の構造をつくり、「Ｎに」あるいは「Ｎから」「Ｎより」（＝第２の対象）を必要としない。

*9 いわゆるパーフェクト（パーフェクト性）とよばれている意味・機能にあたる。なお、《第２「してある」動詞》はコンテクストによって、「しておいた」（「しておく」動詞の過去形）のあらわす内容と非常にちかくなるばあいがある。

*10 『文法教育』での「すがた」とは、おなじ動作のいろいろなことなるありかたをとらえるカテゴリーである。「すがた」は、のちにアスペクトとよばれるようになるのであるが、当時の「すがた」というカテゴリーには、レベルのことなる表現手段がまだ明白に区別しないでまとめられていた。

*11 高橋（1989b）は「アスペクト」というくくりのなかで「してある」や「しておく」「してしまう」「していく」「してくる」などをあつかう。

*12 吉川は、他動詞は〔＋t〕、自動詞は〔－t〕、意志的な動作をあらわす動詞は〔＋v〕、というように、動詞がもつさまざま意味特徴に記号をあたえてくわしく分析する。

*13 4.2 対象が変化した結果の状態をあらわす「してある」。
　　　例）（あたたかく）する──あついくにのどうぶつは、さむさによわいので、へやをあたたかくしてあります。　　　（一下46）(p.264)

*14 「〜必ず「ダレソレハ」という行為の主体者が主語として現われる文型である。この「〜ハ」の主語にはふつう人間が立ち（それも多く話し手か聞き手）、たとえ文面に現われなくとも、文外に予想される。」(p.182)
　　　例）（小使さんは）裏門をあけてある。

*15 なお、益岡（2000）はつぎのような例文をつかって、Ｂ型（能動型）の「してある」文はばあいによって、自動詞がつかわれてもかまわないとしている。
　　　例）夜ばかり続く冬の間に寝だめしてあるのかと思うほどだ。

(本多勝一「カナダ・エスキモー」)(益岡(2000) p.227)
*16　益岡(2000)が「してある」を「第2継続相」として認める4つの理由とは、「①シテアル(シテアッタ)は、継続(具体的には、結果継続)の意味を表す。②シテアル(シテアッタ)は、派生的な意味としてパーフェクト性を表すことができる。③継続の意味を表す受動形式「ラレテアル(ラレテアッタ)」が「ラレテイル(ラレテイタ)」と交替でき、またパーフェクト性を表す「シテアル(シテアッタ)」が「シテイル(シテイタ)」と交替できる。④「シテアル」は「シテイル」と同様に、連体修飾表現の修飾部において「タ」と交替できる。」である。(p.100)
*17　「してある」文のなかで、もっとも基本的なタイプ、本書でいうタイプ①「Nが～してある。」をさす。このタイプの「してある」文は動作主があらわれないという特徴をもつ。
*18　以下「してある」文と略称する。
*19　用例にくわえられている下線について：棒線のほかに、「ありか」をあらわす文の部分(あるいは文脈において意味的にそれにあたる部分)には二重線をそれぞれひく。「してある」文に、あるいは、前後の文脈にあらわれる、(意味的に)存在の主体や動作の主体をあらわす文の部分には囲み線をひく。
*20　すでにのべたように、本書は「してある」動詞が終止的な述語につかわれる文を主要な研究対象としているが、収集した用例の都合により、以下の例文のように、参考としてとりあげる場合もある。

　例) 茂造の爪を切ったことがない。姑が死んでそろそろ半年になるというのに、茂造の手の爪、足の爪はどうなっているのか。夫の見ている前だと、茂造の面倒を見るのも甲斐があるような気がするので、早速爪切りを持って舅の傍に寄った。「お爺ちゃん、爪を切ってあげましょうね」連休で充分休養してあるので、こんな優しい声も出る。茂造は黙って昭子に手を取らせた。舅の爪を切る嫁の親切などというロマンティックな幻想が、茂造の爪を見た瞬間に消しとんでしまっていた。
(有吉佐和子・恍惚の人)

*21　「対象的な内容」について、奥田(1985)では、「文の意味的な内容にうつしとられた現実の世界の出来事のことを、それが《主体によってつくりかえられた客体》であるという意味で、《対象的な内容》とよんでおこう。」と規定している。なお、「対象的な内容」とは根本的に、本質的にことなっており、きびしく区別する必要はあるが、それにちかいものとして、「命題」という用語がある。
*22　くりかえしになるが、この「一定の場所」とは、空間や(狭義の)場所以外に、ものの一部や人体の一部もふくむ。たとえば、「腕に　リボンを　まいてある。」のばあいは、「腕に」という「に格」補語がそれである。
*23　この種の「してある」文には、主語「Nが」があらわす具体物のありかが文の成立に関与するため、「に格」補語が文の成分として文にあらわれなくても、かならず前後の文脈から「具体物のありか」をよみとることができる。

　例) 半年ばかりの間に内部を模様替えし、置き物、小物、数はすくないけれど本のコーナーもあって、女流詩人Gの詩集と並んで、だいぶ前に出版した私の短篇集が置いてある。それから二年ぶりに復刊した詩の

雑誌も。　　　　　　　　　　　（吉行理恵・小さな貴婦人）
　　例）降りるのを待ち兼ねて、与次郎は美禰子を西洋間の戸口の所へ連れて
　　　来た。車力の卸した書物が一杯積んである。　　（夏目漱石・三四郎）
＊24　タイプ①の「してある」文によくつかわれる「してある」動詞を、「を格の名詞と動詞とのくみあわせ」（『連語論・資料編』所収）の分類にしたがえば、以下のようにわけることができる。
　《もようがえ：たたんである、ならべてある、（糸が）まいてある、（穴が）ほってある》／《とりつけ：いれてある、うえてある、おいてある、（魚が）飼ってある、かかげてある、かけてある、かざってある、かぶせてある、しいてある、しつらえてある、しまってある、すえてある、そえてある、そなえてある、たててある、つけてある、つっこんである、つるしてある、つんである、はさんである、はってある、ぶらさげてある、のせてある、（ペンキが）ぬってある、（かみにリボンが）むすんである》／《うつしかえ：すててある、（机が）だしてある、（車が）とめてある》／《結果的なむすびつき（および筆記的な生産活動）：印刷してある、えがいてある、（判が）おしてある、（文字が）かいてある、（絵柄が）きざんである、（棚が）くんである（＝くみたててある）、つくってある》
＊25　連語論では、核となる動詞と、を格の名詞やに格の名詞などとのあいだのむすびつき方のちがいによって、「物にたいするはたらきかけをあらわす連語」のなかに「もようがえのむすびつき」や「とりつけのむすびつき」などをみとめる。そして、それぞれのむすびつきをささえる動詞の語い的な意味のちがいによって、典型的な動詞は、もようがえ動詞やとりつけ動詞などのグループに分類される。
＊26　このように、文をくみたてるもっとも基本的な（一次的な）単位である「単語」以外に、「連語」という（おおくは）2単語や3単語からなりたつ文の構成単位がみとめられている。奥田（1985）「言語の単位としての連語」および『日本語文法・連語論』を参照。
＊27　しかし、実際「から格」補語があらわれるタイプ①「（N2に）N1が〜してある。」の用例はわずかであり、「に格」補語のほうが圧倒的におおい。
　　例）二タ間続きの離れには、不必要に大きな二間の廊下、と言うよりはホールが有り、体操用のマットが敷かれ、太い梁からサンドバッグが吊してある。彼女はそれを叩いてみた。　　（石原慎太郎・太陽の季節）
＊28　ここでの「生産的」と「非生産的」はかならずしも対立している概念ではない。
＊29　鈴木（1972）では、これらの文を「内容のうけみ」とにた表現として、とりあげている。（pp281〜282を参照）
＊30　たとえば、連語論で「もようがえ動詞」とよばれるグループの動詞から派生した「してある」動詞があらわれる「してある」文には、「に格」補語があらわれないことがおおい。
＊31　文脈によって推測できるばあいやよみとれるばあいもふくめ、「してある」文の成立にかんして、動作主は一切関与しない。
＊32　高橋（1969）では、もくろみについて、「動詞のあらわす動作がなんのためにおこなわれるかをあらわす文法的な意味をもくろみという。」としてい

る。
*33　鈴木（1992）では、主語のない文として11のタイプをとりあげている。ここでは、参考として二つだけをとりあげることにする。
　　a）天候、環境や、時間をあらわす文（無人称）「もう12時です。／いい天気ですね。／夕方からしぐれるでしょう。」
　　e）決意表明の文、意志表明の文（一人称）「こんどこそタバコをやめよう。／これ最後までやりとげるぞ。」
*34　ただ、もともと収集できたタイプ②「（N_2に）N_1を〜してある。」の例文の総数は、タイプ①「（N_2に）N_1が〜してある。」の例文の総数よりはるかにすくなく、何倍もの差があるので、対比させることの妥当性にはなお問題がのこる。
*35　「N_1を　してあるN_2」
　　例）母は、「よう来た、よう来た」と、名古屋の家族をひとわたりみまわし、義兄の腕の中で、眠った久志のために、テレビを置いてある部屋に蒲団を敷いた。　　　　　　　　　　　　　　（中上健次・岬）
　　「N_1が　してあるN_2」
　　例）大場の等身大のパネル写真が置いてある事務室で、ガスストーブにあたりながら何時間でも付き合ってくれた。　（沢木耕太郎・一瞬の夏）
*36　有名な「象は鼻が長い。」の文において、主語の「象は」にたいする述語は「長い」ではなく「鼻が長い」の部分である。「鼻が長い」は2単語からなりたつ合成述語となる「象」は「長い」のではなく「鼻が長い」という特徴をもつ生物であり、「鼻が長い」という2単語による述語によって、主語「象は」があらわす「象」のある一定の特徴をあらわしている。鈴木（1992）では、このような述語を「連語述語」や「合成述語」とよんでいる。本書では鈴木のこの規定にしたがう。
*37　このばあい、「N_3も」というとりたてのかたちをとる主語もふくまれる。
*38　文連続とは、問題とする文が実現＝存在するための条件となる、その問題とする文をふくむ前後の文の連続（体）のことをさす。なお、「文連続」については、第4章「してしまう」の《1.2「文連続」という単位》を参照。
*39　タイプ④の「してある」文のおおくは1人称文と3人称文であって、まれに以下のような2人称文（質問文）もみられる。
　　例）或朝、千代子は義雄の帰宅するを待ちかまへて、『あなた、清水を原田さんのところへ置いてあるんですか？』『置かうが、置くまいが、お前の知つたことかい！』渠はわざとそらぞらしく答へた。が、もう、感づかれてゐるだらうとは、お鳥がその友達に見付けられたと云つた時から覚悟してゐたのである。　　　　　　　　（岩野泡鳴・発展）
*40　《2.1.5 タイプ⑤「（N_4が）〜してある。」》
*41　用例にくわえられている下線について：《第1「してある」動詞》がつかわれる連体句節には波線、連体句節がかかっている名詞（名詞句）にはふとい棒線をそれぞれひく。なお、「してある」動詞の前にくる名詞の格形式に囲み線をひく。

第3章
「しておく」

1. 「しておく」をめぐって

1.1 「しておく」動詞について

　「しておく」は、単語の構成・構造からみて、動詞の第2中止形「して」＋補助動詞の「おく」のくみあわせによってできあがった、2単語による実質1単語相当の単位であり、分析的な構造をもつ。「しておく」動詞は、「する」動詞から派生し、分析的な構造をもつ派生動詞（語い＝文法的な種類）であると規定する。すでに論じた「してある」動詞と同様に、「しておく」動詞は「しておく」動詞がもつ「カテゴリカルな意味特徴」によってグループ化された動詞の下位の種類（「語い＝文法的な種類」）の1つである。

　これまでの「しておく」動詞に関する研究において、「しておく」には、アスペクト*1ともくろみにかかわる意味・機能があるとおおかたみとめられている。たとえば、高橋（1969）では「しておく」を「すがた動詞」の側面と「もくろみ動詞」の側面をもちあわせた単位としている。

　しかし、一方でおなじく言語学研究会の理論を土台にする笠松郁子（1993）は、「しておく」を2つの側面をあわせもつ単位とする高橋の論とは対照的に、「しておく」動詞をもっぱら「もくろみ動詞」とする論を展開している。ただし、笠松のとらえる「しておく」動詞をきめつける「もくろみ性」とは、アスペクト的な側面をきりすてたものではない。笠松の「しておく」動詞がもつ「もくろみ性」にはアスペクト的な側面がふくまれ、それを前提としている。「動作の結果的な状態あるいはその効力が持続していることをともなわずには、成立しない意味特徴」であり、「（筆者注：「しておく」がもつ）もくろみ性はアスペクトの意味をふくみこんでいる、前提

にしている」と笠松は規定している。笠松は「しておく」の意味・機能を「アスペクト」と「もくろみ」とにわけて規定する高橋の分析方法を批判して 2 つの側面をきりはなして分析すべきではないとし、『にっぽんご 4 の上』での「しておく」の規定に回帰すべきだと主張する。

そのほか、「してある」との関係をセットにして「しておく」をとりあげる研究が多く、あとでとりあげる高橋（1999b）がその代表といえる。

本書は、あらためて採集した用例の分析とてらしあわせた結果、基本的に笠松（1993）の見解をうけいれ、「しておく」動詞を「もくろみ性」というカテゴリカルな意味特徴をもつ動詞グループであるとみとめる。笠松の「しておく」にたいする記述とちがう部分もあるが、笠松でははっきりとされなかった「しておく」の（形態論においての）位置づけを「してある」との比較を通して明らかにしていく。筆者は、「しておく」動詞は、「（動作のし手が）あとにおこることにそなえて、まえもっておこなう動作」をあらわす動詞グループであり、動詞に属する下位の種類（語い＝文法的な種類）であると規定する。

(1) キキは受けとるといそいであけました。「風のように飛ぶというあなたのおうわさをききました。少々遠いのですが、一つ運んでいただきたいものがあるのです。ぼくの小屋はヤママ夕山にあります。目じるしに凧をあげておきます。よろしく、ミズナ」「えーと、ヤママ夕山って……どこ？」

（角野栄子・魔女の宅急便その 2 キキと新しい魔法）

「しておく」動詞の本質規定となる「もくろみ性」というカテゴリカルな意味特徴の規定は、高橋（1969）において以下のようにある。

「動詞のあらわす動作がなんのためにおこなわれたかをあらわす文法的な意味をもくろみという。」　　　　　　　(p.141)

なお、一般的にもくろみ動詞には、「しておく」のほかに「してみる」と「してみせる」があるとみとめられている。たとえば、高橋（1969）では「してみる」を「ためしにする動作をあらわす動

詞」とし、「してみせる」を「てほんやみせびらかしのためにする動作をあらわす動詞」としている。本書では、「してみる」と「してみせる」を対象としないが、もくろみ動詞の全体像をとらえるためにも、今後「してみる」と「してみせる」の分析を行いたい。鈴木（1972）では、高橋（1969）のもくろみ（性）、もくろみ動詞の規定をおおかたうけいれたかたちであるが、高橋の分類とはことなり、『文法教育』のそれにちかい。

1.2 「しておく」にかんする先行研究

すでにとりあげた「してある」動詞と同様に、「しておく」動詞は「して＋補助動詞」という、2単語による実質1単語の単位であり、分析的な構造をもっている。「しておく」も「してある」とともにこれまでの研究史において、「している」とならんで、もっぱら動詞の文法形式としてあつかわれ、なかには「してある」と「しておく」を対にして分析する先行研究もある。

1.2.1 『文法教育　その内容と方法』（1963）

『文法教育』において「しておく」は、「解決態」として「すがた」というカテゴリーでとりあげられ、「している」や先述した「してある」とともに動詞の語形変化のようにあつかわれている。「しておく」を「意志的な動作を表わす動詞が用いられる」と規定し、2つの下位タイプがあると記述している。

1　つぎにおこることがらのための準備的な動作としておこなわれる動作を表わす。
(2)　そして　屋台の　うまいと　いう　すし屋を　<u>教わっておいた</u>。　　　　　　　　　　　　　　　　（「小僧の神様」）
2　さしあたっての解決としての動作を表わす。
(3)　おれは　むろん　いらないと　言ったが、ぜひ　使えと　言うから　<u>借りて　おいた</u>。　　　（「坊っちゃん」）(p.156)

『文法教育』でのこの規定と分類は、ずっとあとになるが、笠松（1993）にうけつがれる。

1.2.2　高橋（1969）「すがたともくろみ」

高橋は「すがたともくろみ」（1969）において、「しておく」をすがた動詞ともくろみ動詞の側面をもちあわせているとみなし、それぞれの部分をすがた動詞の項目ともくろみ動詞の項目とにわけて記述している。

すがた動詞としての「しておく」の用法には2つがあるとしている。

①対象を変化させて、その結果の状態を持続させることをあらわす。

②対象にはたらきかけないで、そのままの状態を持続させることをあらわす。

（4）　それから部屋はこのままにしといてください。

（暗夜行路）（p.133）

一方、もくろみ動詞としての「しておく」の用法には以下の3つがあるとする。

①つぎにおこることがらのために準備的な動作としておこなう動作をあらわす。

②体験する動きをあらわす。

（5）　学生時代に富士山にのぼっておいた。

③ことさらにする動作、しかたなくする動作をあらわす。

（6）　せいぜいなごりをおしんでおきましたよ。

（音楽の友56年10月）（p.146）

高橋（1969）では「しておく」を、すがた動詞であると同時に、もくろみ動詞であるととらえている。

1.2.3　鈴木（1972）『日本語文法・形態論』

鈴木（1972）での「しておく」動詞にたいするかんがえは、基本的に『文法教育』にしたがっているようである。ただし、「しておく」をもくろみ動詞の範疇とするのは高橋（1969）からけついだものである。

鈴木（1972）は「しておく」を、「あとのことを考えにいれて、動作をおこなうことをあらわす」としながら、「とりあえずの処置

としておこなう動作をあらわすこともある。」としている。
　(7)　めんどうくさいから、いいかげんに　こたえて　おいた。
(p.399)

1.2.4　吉川（1973）「現代日本語動詞のアスペクトの研究」

　吉川（1973）での記述は基本的に高橋（1969）のかんがえを継承したかたちではあるが、「しておく」動詞は基本的にアスペクトをあらわす一形式であるとみなし、さらに分類される「しておく」の下位タイプに「もくろみ性」という意味特徴が付加されたりするというとらえ方をしている。

①対象の位置を変化させ、その結果の状態を持続させることをあらわす。

(8)　わたしの家では、見かねて、このあいだ、「ごみをすてないでください。」と、立てふだを立てておきました。

②対象を変化させ、その結果の状態を持続させることをあらわす。

(9)　「加藤さんは奥さんに鍵をあずけておいたんです。」

③ある時までに対象に変化をあたえることをあらわす。

(10)議題を予告し、資料があれば配っておく。

④放任をあらわす。

(11)「ほっておけばいいんだよ！」

⑤準備のためにする動作をあらわす。

(12)……わしが人民どもの恭順をためそうとここに掛けておいた帽子に、敬礼を拒んだのか。

⑥一時的処置をあらわす。

(13)「……それじゃまァ、あの絵はいただくか、お返しするか、一応預っておこう」

⑦いくつかの特例。

(14)「一寸飲んでいるようやからおビールにしとこ」

　吉川のこの分類は、おもに「する」動詞（「しておく」動詞のもととなる動詞）の性格に着目しながら、「しておく」文のあらわす対象的な内容のちがいにも配慮してできあがった分類であるが、無原則に文レベルと単語レベルの分類基準を同レベルのようにあつか

い、体系性を無視しているといわざるをえない。たとえば、①と②はおもに「する」動詞の性格による分類であるが、⑤はおもに文の対象的な内容による分類である。結果として「しておく」の本質をみいだすことに成功しなかった。しかし、吉川の詳細な作業による「しておく」動詞のもととなる動詞の分析から、「しておく」に関する興味ぶかい数おおくの現象が提示されたことはおおきい。

1.2.5　高橋（1989b）「動詞・その8」、高橋（1999a）『日本語の文法』、高橋（1999b）「「シテオク」と「シテアル」の対立について」

高橋（1989b）はアスペクトとのかかわりのなかにある「しておく」をとりあげた論文であり*2、「してある」との対比がくわしくおこなわれている*3。

「「しておく」は、基本的には、対象にはたらきかけて、あたらしい状態をつくりだし、その状態を維持させることをあらわす形式である。」　　　　　　　　　　　　　　　　　　（p.46）

「「しておく」の意味は、基本的には、状態つくりの過程と状態維持の過程とからなりたつのであるが、そのどちらかの過程をもたなかったり、不完全にしかもたなかったりする、ふたつの変種がある。そのひとつは状態つくりの過程だけあって、状態維持の過程をかくものである。（…中略）もうひとつは、状態維持の過程だけあって、状態つくりの過程をかくものである。」（p.46）

「「しておく」は、基本種でも変種でも、その動作をまるごとさしだす。」　　　　　　　　　　　　　　　　　　　　（p.47）

以上のように、高橋（1989b）では「しておく」動詞があらわす動作は、状態つくりの過程と、状態維持の過程からなりたつものとしてとらえ、典型的な用法と2つの変種があるとしている。例は以下のとおりである。

(15) 七時までに／7時まで　戸をあけておけ。（状態つくりと状態維持、両方の過程をあらわしている）

(16) 七時までにめしをつくっておけ。（状態つくりの過程だけ

を）

（17）七時までうっちゃっておけ。（状態維持の過程だけを）

「（ごはんを）つくる」、「（いえを）たてる」などのような生産的な動作をあらわす動詞からできた「しておく」動詞のばあいは、状態維持の過程がかけていて、維持・放任をあらわす動詞からできた「しておく」のばあいは、状態つくりの過程がかけている、ということである。このようにして、高橋（1989b）においては「しておく」を完成相相当のアスペクト形式であると規定し、「マークされた完成相のアスペクト動詞」とする。

高橋のこのかんがえをいっそう展開したかたちで論じたのは、「「シテオク」と「シテアル」の対立について」（1999b）の論文である。

とくに「しておく」動詞のもつ「もくろみ（性）」という意味特徴については、「…〈もくろみ〉といわれたものは、アスペクト性をすてて、〈もくろみ〉にかわったのではなく、アスペクト性のうえに〈もくろみ性〉がのっかっているのである」とのべている。

高橋（1999b）は、もくろみ動詞としての「しておく」は、アスペクト動詞としての「しておく」のバリエーションとし、最終的に、「しておく」のもつもくろみ動詞の意味・機能は、ほとんど、アスペクト動詞の範囲におさまるという結論にいたる。よって、「しておく」のもつもっとも基本的な意味・機能はアスペクト動詞の側面のほうであるとしている。

しかし、一方で、高橋（1999a）では「しておく」を「してみる」「してみせる」とともに、もくろみ動詞[*4]として位置づけ、以下のような5つに下位分類する。

　①対象に変化させて、その結果の状態を持続させることをあらわす。
　②対象にはたらきかけないで、そのままの状態を持続させることをあらわす。
　③つぎにおこることがらのための準備的な動作をあらわす。
　④積極的に体験することをあらわす。
　⑤ことさらにする動作、しかたなくする動作をあらわす。（無

意志動詞）

これをみるかぎり、高橋（1999a）は、高橋（1969）で「しておく」について、すがた動詞ともくろみ動詞とにわけて記述したものを、あらためて「もくろみ動詞」と位置づけ、つぎにとりあげる笠松（1993）のかんがえにちかいかたちの論考となっている。

1.2.6　笠松（1993）「「しておく」を述語にする文」

　笠松（1993）は、まず、『にっぽんご４の上』と鈴木（1972）での「しておく」動詞にかんする記述にふれ、高橋（1969）と吉川（1973）のと比較したうえ、『にっぽんご４の上』での「「しておく」はもくろみ動詞である」というたちばをとるとしている。すでに紹介した高橋のよる一連の論考と吉川（1973）の論とは対照的に、笠松（1993）では、「しておく」動詞をもっぱらもくろみ動詞とする論を展開しており、以下のように自身の論文をこう位置づけている。

　　「この論文にあたえられた課題は、「しておく」を《もくろみ動詞》とみる、『にっぽんご４の上』の考え方のただしさをあきらかにすることである。」　　　　　　　　　　　　　　(p.120)

　笠松のいう「しておく」動詞がもつ「もくろみ性」とは、「動作の結果的な状態あるいはその効力が持続していることをともなわずには、成立しない意味特徴」であり、「（筆者注：「しておく」がもつ）もくろみ性はアスペクトの意味をふくみこんでいる、前提にしている」と笠松は規定している。笠松自身のことばによると、笠松は、高橋のようなアスペクトの側面ともくろみ的な側面をきりはなして、「しておく」をみていない。笠松は、高橋の「しておく」を「アスペクト動詞」（の用法）と「もくろみ動詞」（の用法）に二分化することを否定的に指摘する*5。そのほか、吉川のかんがえ、「しておく」の基本はアスペクトであることも否定し、「しておく」は話し手の態度ではなく、動作主の態度をあらわしているとあらためた。

　　「動作のし手は、みずからの動作そのものではなく、その動作が完了したあとに生じてくる、なんらかの《結果的な状態》を

つぎの場面にやくだてるために、意図的に動作をおこなっているのである。」

さらに、高橋や吉川が指摘する、もっぱら、アスペクト的な意味しかあらわさない、「ほうっておく」や「うっちゃっておく」*6などは語い的な意味にずれをおこしていて、「しておく」動詞のなかでも異質なものととらえることにより、「しておく」のもくろみ性は「しておく」のすべてをおおっているが、アスペクト性はばあいによってはぬけおちることがある」という結論に達する。

項目だてはしていないが、笠松（1993）の記述をまとめると、以下のような、A～Dまでの下位タイプがあるとおもわれる。

A. 話の流れにしたがい、おこなわれた動作。
B. 話の流れより前におこった動作。その場合、時間的な状況語（いつおこわなったかをしめすもの）がよくつかわれる。
C. 次の場面にやくたてるのではく、いま現在の場面からぬけるために。
D. 「ほっておく」「うっちゃっておく」や「しないでおく」などのものは語い的な意味にずれがおき、つねにこの形でしかつかわれない。

このような論の展開によって、笠松は「もくろみ性」こそが「しておく」動詞を性格づける意味特徴であり、『にっぽんご４の上』でのかんがえに回帰すべきであると主張する。

笠松の論文において、もっとも注目すべきところは、おそらく、「しておく」がもつ「もくろみ性」とは、つねに、限界達成（限界到達）・動作の完了（動作の実現）、笠松がいう「アスペクト的な意味」を前提にしていることである。はっきりと明言はしていないが、笠松はすでに「しておく」を動詞（「する」動詞）からの派生動詞であり、動詞という品詞の下位種類であるとみなしてるようである。しかし、明白な規定はおこなっていない。

1.3 「してある」動詞との関係について

「しておく」動詞を論じる際に、よく問題になるのは、先述した「してある」動詞との関係である。両者ともにアスペクトとのつよ

いかかわりをもつ単位として先行研究であつかわれてきた事実がある。

　高橋（1969）では、「してある」と「しておく」の個別的な記述をしたうえ、たがいの関係について、それぞれの記述のところに、以下のようにつけくわえている。

　　「すがた動詞としての「しておく」の（1）の対象を主語にすると、「してある」の（1）になる。また「しておく」の（2）の対象を主語にすると、「してある」の（2）になる。すがた動詞としての「しておく」は、「してある」という状態をつくりだし保持するうごき―状態をあらわすのである。」（p.135）

「しておく」のすがた動詞としての用法（1）とは、「対象を変化させて、その結果の状態を持続させることをあらわす。」であり、「してある」の（1）は「目にみえるような形での状態をあらわす。」の用法である。例文でたとえると、「壁にはり紙をはっておく。」→「壁にはり紙がはってある。」のように、「しておく」文での補語（動作のはたらきかけをうける対象物）を「してある」文の主語（主体）におきかえることである。そして、「しておく」のすがた動詞としての用法（2）「対象にはたらきかけないで、そのままの状態を持続させることをあらわす。」と「してある」の（2）「放任の状態をあらわす。」の関係もたがいの（1）のようであると高橋はいう。「しておく」文での補語が「してある」文の主語としてあらわれるように*7。

　一方で、もくろみ動詞としての「しておく」動詞は「してある」動詞と、以下のように対応するとかかれている。

　　「もくろみ動詞「しておく」の（1）と（2）は、「してある」の（3）と対応する。
　　　たのんでおく……………たのんである
　　　そのひととあっておく……あってある
　　もくろみ動詞「しておく」の③は、「してある」と対応しない。これは、無意志動詞は「してある」にならないからである。」
（p.148）

　高橋（1969）はもくろみ動詞の「しておく」の用法（1）「つぎ

におこることがらのために準備的な動作としておこなう動作をあらわす。」と（2）「体験する動きをあらわす。」は「してある」の（3）「準備のできた状態をあらわす。」と対応するとしている。

　このような、高橋がかんがえる「しておく」と「してある」の関係については、ずっとあとになっても継承されている。

　高橋（1989b）「アスペクト（その2）」では、（1969）でのかんがえをさらにすすめ、「しておく」と「してある」を、対立する2つの形式としてうちだす提案をしている。高橋（1989b）は、（1969）で規定したように、「しておく」には「もくろみ動詞」の側面と「アスペクト動詞（＝すがた動詞）」の側面があるとしているが、「してある」とかかわりをもつのはもっぱら「しておく」がもつアスペクト動詞の側面であるとした。

　高橋（1989b）によれば、アスペクト的な側面において、「しておく」と「してある」は「完成相―継続相」相当の対立のし方をしつつ、ヴォイス的な側面において、両者は「能動―受動」の対立をなしている。

　「①「しておく」が状態つくりの過程をとりだすばあい、「してある」は、そのつくりだされた状態の維持過程をあらわす。その状態は、状態つくりの結果としてできたものであるので、「しておく」と「してある」の対立のありかたは、アスペクト的な側面においては、変化動詞の完成相「する」と継続相「している」の対立のありかたとおなじである。ただし、ヴォイス的な側面は、能動と受動の対立になっている。②「しておく」が状態維持の過程をとりだすばあい、「してある」も状態維持の過程をとりだすので、両者がおなじ過程をとりだすことになる。「しておく」は、これをまるごとのすがたでとりだし、「してある」は、これを持続のなかにあるすがたでとりだす。完成相と継続相の対立である。ヴォイス的な側面は、能動と受動の対立になっている。」　　　　　　　　　　　　　　（pp.48〜49）

　この①にしめされている「しておく」と「してある」の関係について、作例でしめすとつぎのようになる。

「太郎が　壁に　張り紙を　はっておく。」→「壁に　張り紙が　はってある。」
　　　（状態つくりの過程）　　　　　　　　　　（状態維持の過程）

②にかんしては、高橋に以下の例をもって説明をおこなっている。
　　a-1「みせを三日間しめておいた。」——a-2「みせが三日間しめてあった。」
　　b-1「みせを三日間しめた。」——b-2「みせを三日間しめていた。」
　　c-1「みせが三日間しまった。」——c-2「みせが三日間しまっていた。」

それぞれペアになって、おなじ事実（できごと）をあらわしているが、述語につかわれる動詞のかたちは、完成相と継続相として対立する、と高橋はいう。しかし、第二章「してある」の分析においてあきらかにしたように、a-2の「してある」文は動作のし手のたちいりが用意されていない自動詞化構文であるのにたいし、a-1の「しておく」文は他動詞構文で、ここでは省略されているが、「みせをしめる（しめておく）」動作のし手が文の成分として文の成立に関与する。ことなる文の構造をもつa-1とa-2の述語につかわれる「しておく」動詞と「してある」動詞はことなる種類の動詞であり、形態論的な形として対立しない。

やはり問題となるのは、高橋（1989b）でのアスペクトとヴォイスはどのレベルのことをさしているのかということである。おそらく、これらは形態論的なものではないことが推測できる。すくなくとも、ヴォイスにかんして、高橋（1989b）は、意味的なものをイメージしているようである。

　　「「してある」は、ひとつの文のなかで動作主体と共存しないけれども、このばあいは意味的には、動作主体も考慮のなかにはいっている。」　　　　　　　　　（p.49）（＊波線は筆者）

高橋のいう意味的な動作主体の考慮は、「してある」動詞の分析において規定したように、「してある」動詞があらわす「だれかによっておこなわれた動作の結果生じた状態での存在」には、つねに「だれか」という動作のし手の存在を前提にしていることをいっているのではないだろうか。

「してある」文の分析においてあきらかになったように、「してある」動詞が終止的な述語につかわれる文において、「してある」動詞があらわす（もっとも基本的な意味・機能である）「具体物（主体）の、ある状態での存在」とは「だれか」によっておこなわれた動作の結果生じたものであるが、その「だれか」については特定する必要がないし、つねに無関心であり、決して文の成分にもあらわれない。かりに「してある」文の前後する文脈から、「してある」動詞があらわす「だれかによっておこなわれた動作の結果生じた状態での、ある主体の存在」の「だれか」について、よみとれるばあいがあったとしても、「してある」動詞の文での使用において、そのことは（文の）成立条件ではない。この「だれか」という動作のし手の存在は（あくまで）前提であり、「してある」動詞の（語い的な意味の）意味特徴の１つとして意味特徴のたばにはいっているのである。

　高橋（1989b）は「してある」に、「意味的に考慮する動作主の存在」によって、「しておく」が「完成相」かつ「能動態」であるとし、「してある」は「継続相」かつ「受動態」でもあるとした。しかし、実際、すべての「してある」と「しておく」の関係において、この（拡大された）「能動―受動」の対立にならないことを高橋自身も指摘している。

　　「動作の結果として生じてできた、あたらしい状態は、ひとりあるきして、動作主体から解放される。そうすると、主体をあらわす、文の部分が、意味とともにうしなわれて、ヴォイスから解放される。つまりこれは動作の結果としての対象の状態をあらわすものからモノの状態をあらわす用法にかわったのである。」　　　　　　　　　　　　　　　　　　　　　　　（p.49）

　となると、もくろみ性をもつ動作（動作＋もくろみ性）がおこなわれた結果、生じた（動作のむけられたあるものの）状態にかぎって、「しておく」と「してある」のあいだに、「完成相」＝「能動態」と「継続相」＝「受動態」の対立がなりたつことになる。

　　「つぎのような文に、かかりのひとが一定の意図をもって、それをおいたのだということがはっきりよみとられる。

・申し込み書は、受付けの窓口においてあります。
　この文の「おいてあります」に対立するのは、「おいておきました」であって、「おきました」ではない。」　　　　　　(p.49)
　そのほかのばあいの「してある」と対立するのが、やはり「する」動詞であると高橋はいう。結局、高橋の論は、矛盾をかかえるかたちになる。

　1989年の論文をさらにすすめたかたちで、「してある」と「しておく」をとりあげたのは、高橋（1999b）である。高橋（1999b）は、「しておく」に、アスペクト動詞としての側面ともくろみ動詞の側面があることをみとめつつ、「しておく」のもつもっとも基本的な意味・機能を、一貫して従来の記述にちかいかたちで、アスペクト動詞の側面のほうであるととらえ、以下のようにのべている。

　　「…大勢（筆者注：「しておく」をさしている）において、もくろみ動詞としての意味は、アスペクト動詞としての意味にのっかっていて、そこから積極的にはみだしていると判定しなければならないものがないからである。」

　高橋（1999b）でおこなわれたそれ以前の高橋自身による「しておく」研究の総括をつぎの表にまとめる。

アスペクト動詞	もくろみ動詞
①対象を変化させて、その結果の状態持続させる 例）そろそろあちらへお床をのべておきましてもよろしゅうございますか。	①つぎにおこることがらのために準備の動作としておこなう動作 例）これをおわたしておくわ、車代よ。 ②体験する動作 例）おれも一度その人にあっておこう。
②対象にはたらきかけないで、そのままの状態を持続させる 例）部屋はこのままにしといてください。	③とりあえずの動作、しかたなくする動作、故意にする動作 例）せいぜいなごりをおしんでおきましたよ。 ④「しておいて」「しておきながらのかたちで「したにもかかわらず」の意味をあらわす 例）あれだけの衣装をきた女を殺しておきながら、頭のものに気づかないとは

表の右側の3つタイプは、左側の「**対象を変化させて（る）**」におさまる。しかし、右側の「②体験する動作」というのは、あきらかに対象を変化させることではない。

　高橋（1999b）は最終的に、「しておく」のもつもくろみ動詞の意味・機能のほとんどはアスペクト動詞の範囲におさまる、という結論にいたる。

　高橋は「…〈もくろみ〉といわれたものは、アスペクト性をすてて、〈もくろみ〉にかわったのではなく、アスペクト性のうえに〈もくろみ性〉がのっかっているのである」とのべ、もくろみ動詞としての「しておく」は、アスペクト動詞としての「しておく」のバリエーションとみる。「してある」をアスペクト動詞とみなして「しておく」のアスペクト動詞としての側面と比較し、対立させているようである＊8。高橋は、「してある」の意味（アスペクト動詞としての意味）を、「対象に変化を生ずるうごきがおわったあと、その対象を主語にして、結果の状態を述語としてあらわしたものである」と規定した。それは、高橋が「してある」を、「しておく」などとならべて（部分的に・副次的に）アスペクトの意味（アスペクト的な意味）をになう一形式としてみているからだろう。

　高橋のかんがえとことなり、本書は、「してある」動詞と「しておく」動詞は、それぞれ「する」動詞からの派生であるというたちばにたっており、「してある」と「しておく」のあいだには一定の関係（性）があるものの、対立しあう単位ではないととらえている。「しておく」動詞と「してある」動詞について論じるとき、つねにもととなる「する」動詞をなかだちにして、分析する必要がある。本書のこのようなかんがえ方にちかいのは笠松（1993）である。笠松は「しておく」を派生動詞（動詞の下位種類、語い＝文法的な種類）とまではしなかったものの、「もくろみ（性）」というカテゴリカルな意味特徴による「しておく」の一般化作業をおこなった。

　なお、本章の3節《「してある」と「しておく」の接近》において、過去のかたちをとる「しておく」動詞と非過去のかたちをとる《第2「してある」動詞》の対応についてとりあげる。

2.「しておく」動詞が終止的な述語につかわれるばあい

「しておく」の意味・機能を考察するにあたり、その出発点として、まず、「「しておく」動詞が終止的な述語につかわれる文」（以下「しておく」文とよぶ）をとりあげる＊9。

(18) テストのあったときなどはなおさらだ。おかあさんは、毎日の次郎の成績によって、ひどく大げさに、喜んだり悲しんだりした。だから、次郎は、その日、算数のテストに0点をとったことがとてもユウウツだった。（ああ、あ、また、おかあさまに泣かれるのか。）次郎は、テストの答案を、かばんの奥ふかくしまっておいた。けれども、だめだ。おかあさんは、いつものように、次郎のかばんを自分であけた。

(岡本良雄・三人の0点くん)

この文、「次郎は、テストの答案を、かばんの奥ふかくしまっておいた。」のさししめす対象的な内容は、「算数のテストで0点をとってしまった次郎が、テストの点数をみたときの母親の反応を事前に予想して、母親に答案用紙をみられないように、かばんの奥にしまった」である。主語「次郎は」があらわす動作主の「次郎」は、経験的に母親の反応をある程度予測し、それ（おかあさんのおちこむ反応）の発生をふせぐために、まえもって、「かばんの奥ふかくに答案をしまう」という動作をおこなった。述語の「しまっておいた」は、「おかあさんのかなしむ反応の発生をふせぐために、まえもって、かばんの奥ふかくに答案をしまう」という動作（活動）をあらわしている。文の部分と、文の部分がさししめす内容（ことがら）をわけて確認すると以下のようになる。

	「次郎は	テストの答案を（かばんの奥ふかく）	しまっておいた。」
文の部分	主語	を格補語	述語
内容	動作主	対象物	動作＊ （なにかのためにおこなう動作）

しかし、動作主の「次郎」はなにを判断材料として、母親のかなしむ反応を予想したのだろうか。「しておく」文のすぐまえに、「お

かあさんは、毎日の次郎の成績によって、ひどく大げさに、喜んだり悲しんだりした。」と「だから、次郎は、その日、算数のテストに０点をとったことがとてもユウウツだった。」という２つの文があるが、その２つの文によってあらわされていることがら（母親が過去におこったそのような行動）から、今回の「算数のテストで０点をとった」という事実は母親にマイナス的な反応をおこさせる可能性があると次郎は判断したのである。つまり、先行する２つの文がさししめす内容が、後につづく「しておく」文の内容をささえ、「しておく」文の成立にかかわっている。次郎は自分にとって不都合な結果をまねくようなことがらが発生したと判断し、それに対処すべき行動（「テストの答案をカバンにしまう」）をおこなった。次郎のとったそのような行動をさししめしているのが「しておく」文である。

「しまっておいた」という述語がさししめすのは、タダの動作ではなく、動作主の「次郎」が一定の事実（過去の経験）をもとに、あとにおこることにそなえて、まえもっておこなう動作である。このばあい、次郎にとっての「あとにおこること」とは、母親になかれる、かなしまれる、というようなことがらであると推測できる。

「しておく」動詞は基本的に、「(動作のし手が) あとにおこることにそなえて、まえもっておこなう動作」をあらわす動詞グループであるとさきに規定したが、２つの下位タイプがみとめられる。

(19) その手記を受けとってから、石中先生は、毎日、地方新聞の記事に注意していた。すると、五日目の新聞の三面欄に「芸者の厭世自殺」というミダシで、——Ａ温泉の芸者、千代香こと坂本トキ（四十二歳）は、三日午後九時ごろ、魔の淵と言われる裸島付近の海中に投じて自殺した。原因は病気と孤独から世をはかなんだ結果とみられている——花蝶と千代香では、名前がちがっているが、手記のほうには、最後まで用心して偽名を用いたのであろう。石中先生は、その記事を切りぬいて、手記の封筒の中に入れておいた。いつか、多勢の読者の前に、その暗い内容の手記を紹介する機会もあるだろうと考えて……。

（石坂洋次郎・石中先生行状記　完結編）

(20) もう一月余り前の事であった。夫が或る日横浜から帰って、みやげに蝙蝠の日傘を買って来た。柄がひどく長くて、張ってある切れが割合に小さい。背の高い西洋の女が手に持っておもちゃにするには好かろうが、ずんぐりむっくりしたお常が持って見ると、極端に言えば、物干竿の尖へおむつを引っ掛けて持ったようである。(筆者注：お常が日傘を) それでそのまま差さずにしまって置いた。その傘は白地に細かい弁慶縞のような形が、藍で染め出してあった。たしがらやの店にいた女の蝙蝠傘がそれと同じだと云うことを、お常ははっきり認めた。　　　　　　　　(森鷗外・雁)

「石中先生は、その記事を切りぬいて、手記の封筒の中に入れておいた。」の文において、つぎにつづく文「いつか、多勢の読者の前に、その暗い内容の手記を紹介する機会もあるだろうと考えて……。」がさししめす内容によって、述語の「しておく」動詞があらわす「いれておく」という（石中先生の）動作が「あとにおこることにそなえて、まえもって（石中先生が）おこなった」ことがしめされている。

一方で、「（お常が日傘を）そのままささずにしまっておいた。」の文がさししめす「お常の（日傘をつかわずに）しまう」という動作は、お常がとりわけあとのことをかんがえ、まえもって、おこなったのではない。めったにプレゼントをくれることのない夫から自分にあわない日傘をもらい、目下つかう予定はないが、すてるわけでも、だれかにあげるわけでもなく、とりあえずの処置として、「（差さずに）しまっておいた」のである。

これにかんして、笠松（1993）ではすでに以下のように「しておく」には2つのタイプがあることを提示している。

「このように、「しておく」を述語にする文は、基本的には、／あとにおこる事態をそなえて、まえもっておこなう動作／をいいあらわしていると規定しておいていいのだが、なかには、／その場の状況をきりぬけるために、意図的に動作をおこなって、あとの事態にそなえる／というような意味を実現するばあいがある。」

(p.130)（＊波線は筆者）

笠松（1993）では、『にっぽんご4の上』のかんがえを再確認したうえ、高橋や吉川の見解（「しておく」はアスペクト動詞である）を指摘し、あらためて「しておく」は「もくろみ動詞」であることを論じた。笠松は、「しておく」は「動作のし手の意図的な動作」をさししめす意味・機能をもち、それを「もくろみ性」とよぶ。なお、笠松が規定する「しておく」のもつもくろみ性は、「アスペクト的な意味」を排除したものではなく、前提にしている。

　　「「しておく」のもくろみ性は、動作の結果的な状態あるいはその効力が持続していることをともなわずには、成立しない意味特徴である。もくろみ性はアスペクトの意味をふくみこんでいる、前提にしている。」　　　　　　　　　　　　　　(p.121)

　以下、「（動作のし手が）あとにおこることにそなえて、まえもっておこなう動作」と「とりあえずの処置」の2つのタイプにわけて、記述する。

2.1　（動作のし手が）あとにおこることにそなえて、まえもっておこなう動作

　「あとにおこることにそなえ、動作のし手がまえもってある動作をおこなう」ことをさししめす「しておく」文の前後する文脈には常に、動作のし手がなにかにそなえて、まえもって「しておく」であらわされる動作をおこなうことについての説明となるような文が配置される。会話文のばあいと地の文のばあいの現象はすこしことなるが、述語につかわれる「しておく」動詞の一般化作業において、とくに区別する必要性がみられないので、一緒にあつかうことにする。まず会話文の例をみてみる。

　　(21)「そう、駅で買おうかと思ったけど、あなたが持っていられるんなら、ちょっと後で貸して下さい」喜和は早足に歩きながら言った。「今日は、老齢者年金のことで労働省の人と話し合わなければならないから、これから直ぐ出かけるけれども、午後には帰っていますから、私の机の上に置いといて下さいな」「そうですか。じゃあ、お机の引出しに入れて置きます。他の人が見るといけませんから……」和子は

気にして言ったが、喜和は、「いくら課の人に隠して見ても、あれだけ大々と書かれていれば、誰れだって面白がって読むでしょう。　　　　　　　　　　（円地文子・食卓のない家）

「（和子が）お机の引出しに　いれておきます。」の文がさししめす対象的な内容は、「（和子が）ほかの人にみられないように、なにかの書類を（喜和の）机のひきだしにいれる」である。述語につかわれる「いれておく」は動作のし手の和子がおこなう動作がなんのためにおこなうかについて、あとにつづく文、「他の人が見るといけませんから」にはっきりと、説明されている。

　もう１つ会話文の例（「（筆者注：純一朗＝僕は）明日にでも駅長と話しておく（か）。」）をみてみよう。

(22)土地の視察の件は二週間前に話してるのに、あの先生コロッと忘れてるんです、アルツハイマーに片足かかってるような人だから」純一朗「来週、東京までお迎えに行く。車じゃなく電車で来てもらいたいからな」　広務「歌で盛大に歓迎しましょう」　純一朗「明日にでも駅長と話しておくか（と、支度のできたダイニングへ）」広務「誌織、お土産（と本屋の紙袋を）」誌織「（受け取る）……」

　　　　　　　　　　　　　　（野沢尚（シナリオ）・青い鳥）

この文がさししめす内容は、「先生を迎える際に歌で歓迎するために、純一朗がさきに（明日にでも）駅長とその件についてはなす」ことである。（「しておく」文の）話し手＝動作主である「純一朗」は、（会話）相手の「広務」とのはなしあいのなかで、「（先生を）東京まで迎えにいく」こと、「電車できてもらう」こと、「（先生を）歌で歓迎する」ことをきめた。そして、それらの行動（出来事）を問題なくはこぶために、まえもって（それらのことについて）駅という施設の責任者となる駅長と話しをするのがよいと判断し、「純一朗」が「はなしておく」という動作をおこなうのである。

　述語の「話しておく」は、「理想的な未来の現実を実現させるために、純一朗が駅長とまえもって話しをするのがよいという判断のもとでおこなわれる（純一朗の）動作」をあらわす。さきにある、純一朗の発言、「来週、東京までお迎えに行く。車じゃなく電車で

来てもらいたいからな」と、広務の発言、「歌で盛大に歓迎しましょう」の2つの文からわかるように、先生に電車できてもらい、また、歌による盛大な歓迎を駅でおこなう。その予定された未来の現実を問題なくスムーズに実現させるためには、事前に駅という施設の責任者となる駅長とはなしをすべきだと純一朗は判断して行動をおこない、それによって、「先生を盛大に迎える」という未来の現実の実現がよい方向にむかうのである。

例（21）も（22）も、「しておく」文に前後するほかの文や節によって「しておく」文がさししめす内容がささえられ、述語につかわれる「しておく」動詞によってあらわされる動作が具体的に、あとにおこるなんらかのことにそなえて、（動作のし手による）まえもっておこなう動作であることがしめされる。

つぎに地の文の例文をみてみよう。

(23) ここにあつまってくる前記の人種は、ひまさえあると賭博をやっていた。殊に麻雀がさかんだった。全国麻雀大会などという会があちこちで催されているくらいだから、現在の日本に麻雀人口がどれくらいいるのか、たぶんそれはたいへんな数にのぼるだろう。修一郎はこの店に去年の夏頃から通っていた。ウイスキーを一本買ってそこに自分の名前を書き、棚においておく。好きなときに好きなだけウイスキーをのむ仕掛である。修一郎は麻雀が強かった。

(立原正秋・冬の旅)

(24) 折角、かの深山蒼海の間に養はれた尊い心持をむざむざ亡ぼして了ひはせぬかと心痛してゐる。思ひ出のために、本書に縁ある写真三葉を挿入しておいた。父の写真は死ぬる前々年あたりのものである。平常極めて健康な人であつたが、昨年の夏七月急に病くなつて床についた。

(若山牧水・若山牧水歌集)

(25) 早朝虎吉は布川と君子をジープに乗せて立った。出掛けに布川は厚夫に「じゃたのむぜ。最低二人、できれば四人はほしい」と言い置いた。来年中学を卒業する者を、四人ほど布川モータースで雇いたく、その求人を厚夫に頼んだの

だ。厚夫の小学校の同級生で中学の先生をしている原崎雄次には東京から連絡をつけておいた。念のため電話すると一時間目があいているというので、朝食もそこそこに厚夫は家を出た。　　　　　　　　　　（秋山駿・湿原）

(26)いうまでもなく、市川扇十郎には、相応の自信があって、再演に踏み切ったのだから、悪くないに決まっている。牧野も、明後日の初日には行くつもりだった。招待券が二枚来たので、A興行のプロデューサー・山崎をさそっておいた。しかし、舞台稽古で、扇十郎とは格段に見劣りする杉代を見たくなかった。　　　　　　　　　（池波正太郎・原っぱ）

　このように、「しておく」文に前後する文脈には、つねに、「しておく」動詞があらわす動作のし手が、あとにおこるなんらかのことにそなえるか（おこなう動作にたいする動作主のなんらかの意図）をしめす文や文の成分が存在する。事実、「～のために、～しておく。」のような、動作のし手の意図をはっきりとうつしだす文構造をもつつきそい・あわせ文の使用例がよくみられる。

(27)しかしそのころ山本と小熊の将棋は次第に粗雑になって来、一回が十五分くらいで片がつき、やがてどちらからともなく、「オイ、あっちの方が面白そうだなあ」と言い出したのが、ちょうど十一時で、始めてから正味二十六時間後、結局双方倒れないままの七十五番で打切りとなり、二人とも花札の仲間入りをしてしまった。小熊は、八八の手がつかなくて下りている間に、ちょっと仰向けになった、それきり死んだように寝こんでしまったそうである。また、話はちがうが、そのころ森村勇は、寄宿先が便利な場所にありすぎて、皆の寄合い部屋にされ勉強が出来なくて困るので、ドアに、「土曜日曜以外、訪客お断わり」と貼り紙を出しておいた、山本が来て、「何だ、馬鹿な、こんなもの」と、一と晩で破られてしまったことがあるそうである。

　　　　　　　　　　　　　　　（阿川弘之・山本五十六）

(28)よくもまあきましたねえ。こんな時でなかったら、島中を案内するんですが。わたしたち、最後に、こんな形で戦え

るとは思ってもいなかったんですよ。百人もの仲間とともに戦える、それだけでわたしたちは十分ですよ。これから先、きっとガンバさん、あなた方にお礼をいう機会はこないと思うので、今いっておきますが、よくきてくだすった、ありがとう」「おやじさんの言葉に続けていわしてもらうが、ガンバ、おれたちのことも、うらみっこなしだぜ。高倉の中でびくびくして毎日暮すよりゃあ、ここでびくびくして、それでも戦う方が、どうやらましだ。

(斉藤淳夫・冒険者たち)

(29) 老人はいつの間にやら、青玉の菓子皿を出した。大きな塊を、かくまで薄く、かくまで規則正しく、刳りぬいた匠人の手際は驚ろくべきものと思う。すかして見ると春の日影は一面に射し込んで、射し込んだまま、逃れ出ずる路を失った様感じである。中には何も盛らぬがいい。「御客さんが、青磁を賞められたから、今日はちとばかり見せようと思うて、出して置きました」「どの青磁を——うん、あの菓子鉢かな。あれは、わしも好じゃ。　　(夏目漱石・草枕)

(30) 相見綾子が魔法壜を取って急須に熱い湯を注いでいる間に、彼は風呂敷包の中から百貨店の包装紙の上からリボンを掛けた紙箱を三つ取り出し、からになった風呂敷を畳んだ。そして殆ど同じくらいの大きさの矩形の薄い紙箱を二つ並べて、丁寧に調べていた。「それは何？」「クリスマス・プレゼント。ゲンちゃんのは大きいからすぐ分るけど、この二つは区別がつきにくいから間違わないように印しをつけておいた。このＡとあるのが綾子さん、Ｍの方が素子さんのです。ゲンちゃんのはクリスマスになったら渡して下さい。」

(福永武彦・死の島)

(31)「あの赤い酒は？」「兄の平左衛門は、弟の酒を盗む悪い癖を知っていた。それに、弟が自分の命を狙っていることも知っていた。弟が邪魔になって仕様がないので、一か八かで、秘蔵の和蘭渡りの赤い酒に、手に入れた南蛮物の毒を入れて置いた。——そうでしょうね、恵斎先生」「まさにそ

の通り、この赤い酒の中には、香も匂いも何んにもない、恐ろしい毒が入っている、たぶん昇汞というものだろうと思うが」　　　　　　　　　　（野村胡堂・銭形平次捕物控（八））

(32) 洪作はそんな最初の言葉を口から出した。すると、「驚く、驚かないは、君の勝手だがね」それから、「君のお母さんから来た手紙を持って来た。読んでおくがいい。上着と一緒に寺の人に渡しておいた。僕は帰る」宇田はそれだけ言うと、門の方へ歩き出した。　　　　　　（井上靖・北の海）

(33) 「食事は、食べられますか」「まあ、あまりおいしくはないがね」「それは仕様がありませんね」「うむ、仕様がないと思っている」「昆布の佃煮を持って来て刑事さんに渡して置きました」「うむ、有難う。二、三日うちに拘置所の方へ移されることになると思う。　（石川達三・七人の敵が居た）

(34) 三回目の時は、伯母の声は悲痛な調子を帯びて、有無を言わさぬ切迫したものが加わっている。「洪作や、大変！　大変！　五時半を廻ってしまった。玄関にお弁当を出しておきますよ。顔は洗わんでもいいが、口だけはぶくぶくしてお行き！」この伯母の声で、洪作は寝床から飛び起きる。
　　　　　　　　　　　　　　　　　　　（井上靖・夏草冬涛）

(35) 細君は言ったが、これから遠山をここに運ぶとなるとたいへんだった。今夜ここへ連れて来ても、どうせ寝かせておくだけのことである。ただ寝かせておくだけなら、ここに連れて来ても、道場に寝かせておいても同じことであった。「あしたにしましょう」洪作が言うと、「じゃ、部屋をあけておきますから間違いなく、──じゃ、お待ちしております。ありがとうございました」細君は嬰児を抱いたままおじぎをした。　　　　　　　　　　　（井上靖・北の海）

2.2　とりあえずの処置としての動作

(36) その夜は叔母の家でおそくまで、母と叔母と私と三人、水入らずで、話をした。私は、妻が三鷹の家の小さい庭をたがやして、いろんな野菜をつくっているという事を笑いな

がら言った、それが、いたくお二人の気に入ったらしく、よくまあ、のう、よくまあ、と何度も二人でこっくりこっくり首肯き合っていた。私も津軽弁が、やや自然に言えるようになっていたが、こみいった話になると、やっぱり東京の言葉を遣った。母も叔母も、私がどんな商売をしているのか、よくわかっていない様子であった。私は原稿料や印税の事など説明して聞かせたが、半分もわからなかったらしく、本を作って売る商売なら本屋じゃないか、ちがいますか、などという質問まで飛び出す始末なので、私は断念して、まあ、そんなものです、と答えて置いた。どれくらいの収入があるものです、と母が聞くから、はいる時には五百円でも千円でもはいります、と朗らかに答えたが、母は落ちついて、それを幾人でわけるのですか、と言ったので、私はがっかりした。本屋を営んでいるものとばかり思い込んでいるらしい。　　　　　　　　　（太宰治・帰去来）

(37)「先達ても一寸話したんだが、新聞へでも這入ろうかと思ってる」「口があるのかい」と代助が聞き返した。「今、一つある。多分出来そうだ」来た時は、運動しても駄目だから遊んでいると云うし、今は新聞に口があるから出ようと云うし、少し要領を欠いでいるが、追窮するのも面倒だと思って、代助は、「それも面白かろう」と賛成の意を表して置いた。平岡の帰りを玄関まで見送った時、代助はしばらく、障子に身を寄せて、敷居の上に立っていた。門野も御附合に平岡の後姿を眺めていた。　　　　（夏目漱石・それから）

これらの「しておく」文のあらわす対象的な内容は、動作主が理想的な未来を実現させるために（まえもって）おこなう動作、とはいいがたい。おおくの先行研究でも指摘されているように、これらの「しておく」文の動作主は、さきにとりあげた、典型的な、あとのことをかんがえにいれて行動するというよりも、「ある時点において、動作のし手が自身をとりまいている状況・場面から脱出するために、当面の打開策としての動作をおこなう」、ととらえるほうが妥当である。明白な目的で、あとのことをかんがえにいれておこ

なう動作とはいえないが、しかし、「当面の打開策」とは、はっきりしない、あとにおきるなにかにそなえるためであると解釈することによって、すでにとりあげた「(動作のし手が)あとにおこることにそなえて、まえもっておこなう動作」のタイプの派生としてとらえることができる。このばあい、動作のし手にその動作へとかりたてた動作への動機づけは、明確に想定できるあとにおきることではなく、現に動作のし手自身をとりまいている状況・場面である。しかし、現にある状況から脱出して、はじめて、つぎのあたらしい状況にふみこめるのであり、やはり、この種の「しておく」動詞は、典型的な、基本的な「(動作のし手が)あとにおきることにそなえて、まえもっておこなう動作」をあらわす「しておく」動詞の派生タイプである。

(38)その日は宿直の当番として、丑松、銀之助のふたりが学校にいのこることになった。もっとも、銀之助はよんどころない用事があるといって、でていって、日暮れになっても、まだかえってこなかったので、日誌と鍵を丑松があずかっておいた。　　　　　　　　　　　　　　（島崎藤村・破戒）

(39)これはずっとあとのことであるが、金を三円ばかりかしてくれたことされある。なにも、かせといったわけではない。むこうでへやへもってきて、「おこづかいがなくて、おこまりでしょう。おつかいなさい。」と、いってくれたんだ。おれはむろん、「いらない。」といったが、「ぜひ、つかえ。」というから、かりておいた。　　　　　（夏目漱石・坊っちゃん）

(40)その中に芳沢三延が入っていたんですか。それはいいときに来合せたものだ」「先生が次々と御予定が変ったからですわ」「やあ、本当に悪いことをしてしまった。まあ釈明の仕様もないことだから、黙って頭を下げておきます。すみませんでした」「あら、いいえ、そんなつもりで言ったんじゃございませんよ」　　　　　　　　　（有吉佐和子・木瓜の花）

(41)どの汽車が間に合うか駅へ行って聞けばいい」油谷にそういわれて、加藤は、やっとわれにかえったようだった。加藤はナッパ服を脱ぎ背広に着がえた。そばで油谷がいちい

ち注意を与えていた。「会社の方へは、明日ぼくから電話をかけて置く。チチキトクの電報が来たのだから、会社だってあなたの立場を了解してくれるでしょう。なにも心配することはない」
（新田次郎・孤高の人）

(42) われわれはおなじ問答を三たびくりかえした。「そうか。」早瀬は口もとにうすらわらいをうかべてうなずき、それから他の五人の方をむいて、おだやかにいった。「いま、きいたとおりだ。俺はこれ以上、張を追及しない。ただ、これだけいっておく。張はきょう、朝から大豆のそばにいた。そして、張の物入れには大豆がたっぷりはいっていた。
（三浦哲郎・驢馬）

(43) う云って笑いながら、ワールド・カーレント・ニュースという英字雑誌の巻いたので丈夫な方の腿をたたいた。「いや、どうか自信をもって生きて下さい。脚の片方ぐらいなくたって、人間は幸福になれるんだという信念で、明るく生きて下さい。決して卑下するんじゃありません。わたしもこの年までいろいろな経験をして来たが、これだけはお願いしておきます」そう、白絹のシャツが改って云った。
（宮本百合子・播州平野）

3.「してある」と「しておく」の接近

すでに第二章において、明らかにしたように、「してある」には、valenceのことなる２種類の「してある」動詞があり、本書ではそれぞれ《第1「してある」動詞》と《第2「してある」動詞》とよびわける。

《第1「してある」動詞》は「してある」の中心部分をしめており、いわば、基本的な、典型的な「してある」といえる。一方で、《第2「してある」動詞》は数的に《第1「してある」動詞》よりおとっていて、おもに（小説においての）会話文から用例を採集した経緯がある。《第2「してある」動詞》の範囲は《第1「してある」動詞》よりはるかにせまいことがわかる。ともに「を格」の名詞を

支配する能力をもつ他動詞から派生した動詞グループではあるが、しかし、《第1「してある」動詞》と《第2「してある」動詞》はたがいにはりあうような関係にはない。いいかえれば、「Nを」を支配する他動詞のうち、《第1「してある」動詞》にならなかった残りの「する」動詞が《第2「してある」動詞》になるということではない。

　《第1「してある」動詞》は、「視覚的にとらえられる具体的なもの、ある状態での存在」をあらわす動詞であり、そのもととなる「する」動詞は、主として、具体的にものにはたらきかけてそれを変化させる人間の意志的な動作をあらわす他動詞（「おく」、「いれる」、「かける」など）のほかに、人間が文字や記号をもちいて通達活動をおこなう言語活動動詞（「かく」、「記述する」など）と、図形や記号をもちいて創作する表現活動動詞（「えがく」、「（絵柄を）ほる」など）があげられる。

　一方で、《第2「してある」動詞》は、人間のさまざまな伝達、準備、約束、依頼、交渉、所有権の移動をあらわす「する」動詞から派生し、「（特定化されているだれかが）設定時点において効力をもつ（もっている）ような動作を設定時点以前にあらかじめおこなった」ことをあらわす。いわゆるパーフェクトとも。

　(44) 再掲：紀子「エステ・シャシャの被害の実態を取材して明らかにする」 矢島 「資料に目を通して頭に叩き込め。被害者とコンタクトしろ。インターネットの掲示板にエステ被害を書き込んでた数人に取材依頼の<u>メールを送ってある</u>」
　　　紀子「……はい」　　　　　　　（伴一彦（脚本）・ストレートニュース）

　先述したように、《第1「してある」動詞》と《第2「してある」動詞》はともに「に格」補語をもとめるが、その性質がまるっきりちがう。たとえば、《第1「してある」動詞》の「かいてある」「記述してある」などは、《第1「してある」動詞》の特徴、「ありか」をしめす「に格」補語をもとめるのにたいし、「つたえてある」「はなしてある」などの《第2「してある」動詞》は、直接対象（なになにを）をしめすを格補語のほかに、間接対象（だれだれに）をしめすに格補語をもとめる。おなじ「に格」の名詞との結合能力をも

つが、その「Nに」のしめす内容はまったくことなる。

(45) 再掲：部屋の中を見廻すと<u>真中に</u>大きな長い樫の<u>机が置いてある</u>。その上には何だか込入った、太い針線だらけの器械が乗っかって、その傍に大きな硝子の<u>鉢に水が入れてある</u>。

（夏目漱石・三四郎）

(46) 再掲：海外興業会社にして見れば移民が一人でも多ければそれだけ社業殷盛だし、地方代理人山田さんにしても自分の扱った移民については歩合が貰える訳だ。孫市よりもうまいのは物知りの勝田さんだった。<u>彼は</u>移民会社に託して<u>五千円を</u><u>ブラジルに送ってある</u>。そして現に懐中に三千円を持っている。これだけ財産が有っては渡航費補助は貰えない。

（石川達三・蒼氓）

《第1「してある」動詞》は他動詞派生ではあるが、自動詞化した派生動詞の種類である。一方で、《第2「してある」動詞》も他動詞派生であるが、他動詞のままである（典型的な他動詞ではないが）。なお、おなじく人間の通達活動や認識活動をあらわす動詞から派生したにもかかわらず、「かいてある」などは《第1「してある」動詞》として位置づけられ、「つたえてある」などは《第2「してある」動詞》として位置づけられる。人間が文字や記号をもちいて通達活動をおこなうことをあらわす言語活動動詞（書く、記述するなど）と、表現活動動詞（描く、えがくなど）から派生した《第1「してある」動詞》は、視覚的にとらえられる状態（なんらかのかたちで、具体的な痕跡がのこっている状態）での具体的なものの存在をあらわすのにたいして、「つたえてある」のような《第2「してある」動詞》は、特定化されているだれかが現在において有効となるような動作を以前におこなったこと（事実）をあらわす、という根本的なちがいがある。

　一方で、前節で規定したように、「しておく」動詞は「（動作のし手が）あとにおこることにそなえて、まえもっておこなう動作」をあらわす派生動詞（もくろみ動詞）である。「しておく」が終止的な述語につかわれる文の前後する文脈には常に、動作のし手がなにかにそなえて、まえもって「しておく」であらわされる動作をおこ

なうことについての説明となるような文（理由づけ、根拠づけとなる文）が配置される。

(47)再掲：「そう、駅で買おうかと思ったけど、あなたが持っていられるんなら、ちょっと後で貸して下さい」喜和は早足に歩きながら言った。「今日は、老齢者年金のことで労働省の人と話し合わなければならないから、これから直ぐ出かけるけれども、午後には帰っていますから、私の机の上に置いといて下さいな」「そうですか。じゃあ、お机の引出しに入れて置きます。他の人が見るといけませんから……」和子は気にして言ったが、喜和は、「いくら課の人に隠して見ても、あれだけ大々と書かれていれば、誰れだって面白がって読むでしょう。　　　（円地文子・食卓のない家）

「（和子が）お机の引出しに　いれておきます。」の文がさししめ内容は、「（和子が）ほかの人にみられないように、なにかの書類を（喜和の）机のひきだしにいれる」である。述語につかわれる「いれておく」は動作のし手の和子がおこなう動作がなんのためにおこなうかについて、あとにつづく文、「他の人が見るといけませんから」にはっきりと、説明されている。

　なお、「しておく」は、文中（文脈中）でのことなる使用のしかたによって、2つの下位タイプがみとめられるが、しかし、「してある」の分析結果とちがって、「しておく」動詞の種類がちがうとまではみとめられない。

(48)再掲：もう一月余り前の事であった。夫が或る日横浜から帰って、みやげに蝙蝠の日傘を買って来た。柄がひどく長くて、張ってある切れが割合に小さい。背の高い西洋の女が手に持っておもちゃにするには好かろうが、ずんぐりむっくりしたお常が持って見ると、極端に言えば、物干竿の尖へおむつを引っ掛けて持ったようである。（筆者注：お常が日傘を）それでそのまま差さずにしまって置いた。その傘は白地に細かい弁慶縞のような形が、藍で染め出してあった。たしがらやの店にいた女の蝙蝠傘がそれと同じだと云うことを、お常ははっきり認めた。　　　（森鷗外・雁）

このばあい、「(お常が日傘を) そのまま さ さずにしまっておいた。」の文がさししめす「お常の (日傘をつかわずに) しまう」という動作は、お常がとりわけあとのことをかんがえ、まえもって、おこなったのではない。めったにプレゼントをくれることのない夫から自分にあわない日傘をもらい、目下つかう予定はないが、すてるわけでも、だれかにあげるわけでもなく、とりあえずの処置として、「(差さずに) しまっておいた」のである。動作のし手にその動作へとかりたてた動作への動機づけは、明確に想定できるあとにおきることではなく、現に動作のし手自身をとりまいている状況・場面である。しかし、現にある状況から脱出して、はじめて、つぎのあたらしい状況にふみこめるのであり、消極的なもくろみ性としてとらえる。

　本書は、とりわけ《第2「してある」動詞》とそれに対応する「しておく」動詞がそれぞれ、終止的な述語につかわれる文のあらわす内容がきわめて類似するばあいがあることに注目したい。

　これまでのべてきたように、それぞれの派生動詞グループを特徴づけている、カテゴリカルな意味特徴がことなっており、それぞれの動詞が文中につかわれる際に、典型的に、基本的にあらわす意味とはたす機能もことなっている。しかし、つかわれる言語的な環境 (文構造・文脈) によって、いいかえれば、一定の (言語的な) 条件がそろったとき、2つの文のあらわす内容が近づく。

3.1　《第2「してある」動詞》とそれに対応する「しておく」

　本節では、非過去のかたちをとる《第2「してある」動詞》とそれに対応する、過去のかたちをとる「しておく」動詞の現象に限定して、とりあげる*10。

　まず、(49)「～いってある。」と (50)「～いっておいた。」の例文をみてみよう。

(49) そこへ、ひんやりと迷路に澱む空気を伝ってカンカンと靴音の反響が聞こえてき、ほどなく島田潔と林宏也が到着した。島田は黒いトレーナーにジャージーといったスタイル、

林は縞模様のパジャマ姿だ。誰もが寝ているところを叩き起こされたらしい。「桂子は？」気になって宇多山が訊くと、「さっき私が部屋へ行ってきました」鮫嶋が答えた。「起こしたんですけど、ここへは来ない方がいいだろうと思ったので、着替えたら広間で待っているようにと云ってあります」「そうですか。どうも……」「それより、早く部屋の中の様子を」島田が云って、ドアの方へ進み出た。「本当に、ここで須崎さんが？」「本当ですよ」と、清村が答えた。

　　　　　　　　　　　　　　　（綾辻行人・迷路館の殺人）

　(49)の「いってある」の文が存在する文脈について説明する。とある登場人物（須崎）が死体で発見され、そのほかの登場人物（島田、林、宇田山、鮫嶋）がその現場となる部屋のドアの前に集合している場面である。その際に、宇田山は、自分の妻である桂子という登場人物の行方・様子について、事件の第一発見者であり、自分をふくむほかの登場人物をここ（殺人現場となる部屋のドアの前）によびあつめた鮫嶋に「桂子は？」とたずねる。

　宇田山にきかれている「いま・ここ」（＝設定時点・設定場所）より以前、そしてここでない別の場所において、鮫嶋は桂子に殺人現場をみせないほうがいいだろうという判断から、「(起こしたんですけど、ここへは来ない方がいいだろうと思ったので、) 着替えたら広間で待っているように (と云ってあります)」と鮫嶋が彼女にいった。そして、「いま・ここ」でそのことを（夫である）宇田山につたえる。

　「いってある」の文が存在する文脈における、「いま・ここ」において、「いってある」の文があらわす内容は、いま（・ここ）より以前におこなわれたことがらを内容としている。が、文の述語につかわれる「してある」動詞のテンス形式は非過去である。

　一方で、それに対応する「しておく」が述語につかわれる文、(50)をみると、「いっておいた」のように、動詞のテンス形式は過去である。

　(50) この六根書房の社長は、時間励行にかけては（いやその他のもろもろの点にかけても）すこぶるつきのやかまし屋だ。

彼はなるべく目立たぬように部屋を横切り、外套を衝立の帽子掛けに吊し、自分の机へと滑り込む。(…中略) ¶ 編集長はにべもなく言い、机の上の校正刷を彼の方へ滑らせる。彼は再校を、ついで初校を、取り上げて大封筒の中に入れる。踵を返そうとすると、相手は素早く声を掛ける。「相馬君。」「はい。」「あんまり遅刻するな。今朝は社長の点呼があった。君は印刷所へ廻っていると言っておいた。」彼は、急に人のいい微笑をちらりと浮べたシンマに、無言の感謝をこめて軽く首を下げる。社長は時々（どの日かという点はまったく気紛れだ。社長は易にも通じているから、何かそういう計算に基くのかもしれない）午前九時きっかりに、編輯と営業の全員を集めて訓辞を垂れる。何しろ老人だから午前八時半までには必ず出勤し、社長室で仏典なんぞを読んでいる。点呼に遅れた社員はボーナスに影響する。彼は自分の机に戻る。
　　　　　　　　　　　　　　　（福永武彦・死の島）

　(50)の「いっておいた」の文が存在する文脈における「いま・ここ」（＝設定時点・設定場所）は、登場人物の相馬君と編集長のシンマがいる六根書房のオフィスである。「いま(・ここ)」より以前に編集長のシンマが、相馬君について、社長に「君は印刷所へ廻っていると言っておいた」。なぜなら、「今朝は社長の点呼があった」のだが、相馬君は遅刻していなかったからである。

　(50)の「いっておいた」の文が存在する文脈における、「いま・ここ」において、「いっておいた」の文があらわす内容は、(49)の「いってある」の文と同様に、いま（・ここ）より以前におこなわれたことがらを内容としているが、「しておく」のテンス形式は過去であることに注目。

　以上の2つの文（「～いってある。」と「～いっておいた。」）があらわすできごとはともに「だれだれが　だれだれに　なになにという」という動作がはなし手（＝動作のし手）が発話時点（＝設定時点）より以前におこなわれたことがらであり、ほぼおなじ内容をあらわしているといえる。しかし、《第2「してある」動詞》が述語につかわれる文（非過去）において、過去におこなわれた動作

（発話時点＝設定時点より以前におこなわれた動作）そのものをあらわしているのではなく、その過去におきた動作が現在（発話時点＝設定時点）において、有効である（なんらかの意義や効力をもつ）ことをあらわす。一方で、「しておく」動詞が述語につかわれる文（過去）において、「いっておく」というもくろみ的な動作（もくろみ性の付随している動作）が過去（発話時点＝設定時点より以前）におこなわれたことをあらわす。

　（49）「いってある」の文と（50）「いっておいた」の文に、それぞれ《第2「してある」動詞》と「しておく」という、ことなる種類の動詞が述語につかわれ、テンスのかたちもことなる。しかし、2つの文があらわす内容が類似し、述語動詞をおたがいにおきかえても違和感はさほどない。

　（49）の「いってある」の文を（49*）「いっておいた」、（50）の「いっておいた」の文を（50*）「いってある」のようにおきかえてみても、違和感を感じないだろう。

（49*）　「起こしたんですけど、ここへは来ない方がいいだろうと思ったので、着替えたら広間で待っているようにと<u>云っておきました</u>。」　　　　　　　　　　　（作例）

（50*）　「あんまり遅刻するな。今朝は社長の点呼があった。君は印刷所へ廻っていると<u>言ってある</u>。」　　　　（作例）

「してある」の分析作業において、採集した《第2「してある」動詞》の使用例にかんしては、非過去形のほうがおおい（これは《第1「してある」動詞》にも通じていえることであるが）。《第1「してある」動詞》はおもに地の文から採集できるのにたいして、《第2「してある」動詞》は、おもに会話文から採集され、1人称文がおおい。このばあい（1人称で会話文）の「してある」の過去と非過去の使用が、（51）と（52）のように、おなじことがらをあらわしているように感じられる例がある。

（51）雨音が驚いて顔を上げる。雨音「今度の日曜日ですか？」──終業後。<u>小西課長</u>「<u>言ってあったでしょ</u>、<u>パソコンの研修</u>」めぐみ「聞いてません」祐子「急に言われても困ります」小西課長「端末のシステムが更新されるんだ、誰か

一人は受けてもらわないと困るんだ」

(伴一彦・尾崎将也（脚本）・WITH LOVE)

(52) 誠がファミコンをしていたのはこの部屋だ。文子「（怒って）なにしてるの！」誠、ビックリ振り返る。文子「この部屋に入っちゃダメだって言ってあるでしょ！」誠「ファミコンやらせてくれたっていいじゃないか！」文子「ダメ！」文子、誠の耳をつまみあげる。

(伴一彦（脚本）・結婚ごっこ)

　「しておく」の分析作業では、採集できた会話文の数が若干地の文の数より上まわっており、そのうち、《第2「してある」動詞に対応する「しておく」にかんしては、さらに会話文（1人称文）がおおいことが特徴的である。

　「してある」のばあい、過去よりも非過去のかたちをとる例文が圧倒的におおく採集できるのにたいして、「しておく」のばあい、そのようなかたよりはない。

　つぎの（53）「～いっておく。」のばあいは、述語動詞「いっておく」があらわすのは、（動作主の）これからおこなわれる（まだおこなわれていない）もくろみ的な動作であり、さきにとりあげた(49)「いってある」の文と（50）「いっておいた」の文があらわす類似する内容とだいぶことなる。

(53) 翌日、「バービーちゃんが欲しいです。黄色いドレスを着たのです。サンタさんへ」と書いた手紙を渡した。「ちゃんと、サンタさんにいっておくね」お母さんはこういうことを、とっても楽しんでいるようだった。「ユカちゃんが、いい子にしていれば、サンタさんは買ってきてくれるわよ」

(群ようこ・膝小僧の神様)

　(49)「いってある」と（50）「いっておいた」のほかにも、いくつかペアの例をあげておく。(54)「かんがえてある」と（55）「かんがえておいた」、(56)「わたしてある」と（57）「わたしておいた」、(58)「よんである」と（59）「よんでおいた」、それぞれ、典型的な《第2「してある」動詞》（非過去のかたち）とそれに対応する「しておく」動詞（過去のかたち）が述語につかわれる用例で

ある。

(54) 東京オペラシティ・ふたば銀行・店内雨音、おばあちゃん（佐々木富子）の相手をしている。隣の窓口のめぐみは、学生風の男に笑顔で商品説明。おばあちゃん「ホントに最近の若い子は言葉が汚いわねえ。うちの孫もあたしが叱ったら"死んじまえ、クソババア！"」雨音「（何と答えていいのやら）あらァ」おばあちゃん「ま、本当のことだからしょうがないんだけどね（と、笑う）」雨音「（愛想笑い）……」おばあちゃん「あたしの定期、あと半年で満期だよね」雨音「（端末を操作して）ええ、○月○日に」おばあちゃん「（紙を見せて）200万円の使い道、もう考えてあるの。憎たらしい孫にはマウンテンバイクでしょ、これまた憎たらしい嫁には喪服。あたしの葬式にはみっともない恰好してもらたくないからね」雨音「（明るく）葬式なんて……お元気じゃないですか」おばあちゃん「だからクソババアって言われちゃうんだ」雨音「（微苦笑）……」

（伴一彦・尾崎将也（脚本）・WITH LOVE）

(55)「母上様」と声をかけると、姑の咳払いがきこえて、障子があいた。杉は座敷にはいって床の間に拝領の藁苞と徳利をすえ、もう一度、「母上様」と声をかけてから、御目付の言葉をつたえた。「それでは、家のうちを清めねばなりませぬ」ききおわると姑はそれだけ短く答えておいて、「召使いたちへのあたえものは、細かく考えておきましたよ」と、手箪笥の抽出しから美濃紙の書付けをとり出して杉にわたした。召使いの者たちの名前と、絹一匹とか、脇差一振とか、銀幾枚とかと書きつけた達筆の文字が、その美濃紙にかきつらねてあった。

（田宮虎彦・末期の水）

(56)『どうせ別れるのださうぢやアないか？』から、渠はさツきからゑぐツて見たかツたのである。『さう、さ。』かの女も意地になツて、息を大きく呼吸し出して、張ツた胸の両方の乳のあたりまでも衣物の上へ動悸を打たせながら、『別れたけりや今からでも別れてやる——直ぐ病気を直せ、直

せ！』『ふん！それにやア、薬りを渡してある。医者にも行かしてある。』『それが少しも利かんぢやないか？』『さうやきやきするから、さ。』

　　　　　　　　　　　　　　　　　　　（岩野泡鳴・発展）

(57) 再掲：「食事は、食べられますか」「まあ、あまりおいしくはないがね」「それは仕様がありませんね」「うむ、仕様がないと思っている」「昆布の佃煮を持って来て刑事さんに渡して置きました」「うむ、有難う。二、三日うちに拘置所の方へ移されることになると思う。　（石川達三・七人の敵が居た）

(58) 再掲：ミスター・ミラーは愛嬌のある奴だ。私の役所へぶらりとやってきて、チー・ウエイ・チュー・ホエに招待したいといった。酒会はわかるが鶏尾がわからなかった。だされた招待状に鶏の絵があってCookTailとしてあるから分ったのだ。まあ直訳だろうが、私がアメリカ人のミスター・ミラーから中国語を教わったというめぐりあわせが、おもしろかった。「孫先生と小川さんをよんである。それに私の他の友人たちと十四、五人になる」とミスター・ミラーはいった。　　　　　　　　　（大城立裕・カクテル・パーティー）

(59) 王。「よし、よし、わかっています。昔の学友たちと会いたくなったのでしょう。わしにも打ち明けられぬ事が出来たのでしょう。そんならウイッタンバーグまで行く必要は、いよいよありません。ホレーショーを、わしが呼んで置きました。」ハム。「ホレーショーを！」王。「うれしそうですね。あれは、君の一ばんの親友でしたね。わしも、あれの誠実な性格を高く評価して居ります。もう、ウイッタンバーグを出発した筈です。」ハム。「ありがとう。」

　　　　　　　　　　　　　　　　　　（太宰治・新ハムレット）

　本書では、《第2「してある」動詞》とそれに対応する「しておく」に限定し、その間にあるなんらかの関係性について検証してみた。

　《第2「してある」動詞》がもつ意味・機能とは、一般的にいわれている「パーフェクト」であり、《第2「してある」動詞》は、特定化されているだれかが現在（設定時点）において有効になるよ

うな動作を以前におこなったことをあらわす。つまり、《第２「してある」動詞》は、実現した動作そのものだけではなく、その動作の有効性までさしだす。

　一方で、「しておく」動詞は、おもに「（動作のし手が）あとにおこることにそなえて、まえもっておこなう動作」をあらわし、「してみる」「してみせる」とともに、もくろみ動詞とよばれる。設定時点（発話時点）より以前に、おこなわれたもくろみ的な動作をあらわす、過去のかたちをとる「しておく」動詞は、結果的に、《第２「してある」動詞》（非過去）があらわす内容と類似するようになるが、しかし、それはいくつかの条件がととのったときにおきる現象であり、それぞれの動詞グループがもつ基本的な、典型的な用法ではない。

　しかし、本書であつかったような、設定時点（発話時点）より以前に成立したもくろみ的な動作をあらわす「しておいた（しておきました）」は、「しておく」動詞がとる「した」のかたちであり、いわゆる「完成相・過去形」である。「完成相・過去形」をとる「しておく」には、一定の言語的な条件（コンテクスト）がそろったときに、《第２「してある」動詞》があらわすような、パーフェクト的な意味をあらわすことになるとしてとらえることができる。

4．まとめ

　この章では、「しておく」からとりだされるカテゴリガルな意味特徴「もくろみ性」によって、「しておく」を動詞の下位の種類、「語い＝文法的な種類」の１つとして規定する。

　これまでの先行研究でもずっと議論がかわされていた、「しておく」動詞の本質規定を「アスペクト」にもとめるか、それとも「もくろみ（性）」にもとめるかについて、筆者は笠松にしたがい、アスペクト的な意味を前提とするもくろみ性をもつ動詞グループであるというたちばにたつ。

　採取した例文を観察し、「しておく」文にたいする具体的な分析作業をおこなった結果、笠松（1993）があきらかにした言語事実

と、あまりかわらない結果となった。笠松の規定記述とちがい部分もあるが、本書では、「しておく」動詞は「(動作のし手が)あとにおこることにそなえて、まえもっておこなう動作」をあらわす動詞グループであると規定する。「しておく」は動詞（「する」動詞）の語形変化（形態論的な形）ではなく、動詞一般（「する」動詞）からの派生であり、動詞（という品詞）の下位種類であるというたちばをとっている。この部分は笠松（1993）において記述されていないことである。笠松のおこなった作業や記述からみて、笠松は決して「しておく」を動詞の1形式とみているわけではないが、笠松はそれ以上ふみこまなかった。

　「する」動詞があらわす動作は、（動作主による）もくろみ（性）には無関心である。一方で、「しておく」動詞があらわす動作には、動作主がその動作にたいするなんらかのもくろみ（性）がプラスなりマイナスなり付随している。「しておく」動詞は、動作とともに動作主による動作にたいするもくろみ的な意図性がさしだされている。「しておく」動詞があらあす、動作主による動作にたいするもくろみ的な意図性は、「しておく」文に前後する文脈から、かならずといっていいほどよみとれる。「しておく」文のみではよみとれない、動作のし手がなにかのためにその動作をおこなうということがらが「しておく」文に前後する文脈に表現される。それはいわば、「しておく」文の成立条件ともいえるだろう。

　「する」動詞のばあい、文脈（コンテクスト）の条件がそろったときに、「しておく」動詞のような使用例もあるが、しかし、それは「する」動詞が文につかわれる際の必須条件ではなく、いわば、一定の文脈の構造にしばられ、あらわれる現象である。本来の「する」動詞の用法ではない。

　そして、もう1つ重要な指摘をこの章でおこなった。「しておく」動詞と「してある」動詞は（意味的に）関係する単位であり、対立する（文法的な）単位ではない。ともに「する」動詞からの派生した派生動詞であり、両者の関係を論じる際に、つねに、もととなる「する」動詞をなかだちとしたかたちでおこなう必要がある。

*1　このばあいの「アスペクト」はかならずしも厳密に形態論的なカテゴリーとしての「アスペクト」をさしているわけではない。
*2　高橋（1989b）は「アスペクト」というくくりのなかで「しておく」動詞を論じるゆえのことだとおもわれるが、結果として「しておく」のもくろみ動詞としての特徴をきりすてたかたちになる。
*3　「してある」動詞とのかかわりについては、後述する《1.3.「してある」動詞との関係について》を参照。
*4　「なにかのためにおこなう動作をあらわす動詞をもくろみ動詞という。」(p.100)
*5　ただし、笠松（1993）は、高橋の（1969）、および、（1989b）をうけてかかれたものであり、その後の高橋（1999a）や（1999b）について笠松は論じていない。
*6　つまり、「ほうっておく」や「うっちゃっておく」のような「しておく」動詞のばあいは、なにもしないままにすること、（対象物に）はたらきかけずにそのままにすることが、もくろみ性ゼロであり、このばあい、アスペクト的な意味しかあらわさない。
*7　しかし、高橋（1969）において、「しておく」と「してある」の、たがいの（2）の用法の関係性を反映できるような適切な例があげられていないので、検証が不可能である。
*8　それにちかい記述は高橋（2003）でもみられる。
　「完成相（広義）のなかに、完成相（狭義）「する」や状態つくり相「しておく」などがある。一方、不完全相のほうには、継続相「している」や「してある」などがある。」　　　　　　　　　　　　　　　　(p.203)
*9　用例にくわえられている下線について：棒線のほかに、「しておく」文がさししめす内容をささえ、「しておく」文の成立にかかわる、「しておく」文の前後する文や文の部分には波線をひく。「しておく」文に、あるいは、前後の文脈にあらわれる、（意味的に）動作の主体をあらわす文の部分には囲み線をひく。
*10　自動詞派生である「休養してある」と「休養しておいた」、「ねだめしてある」「ねだめしておいた」のようなペアにかんしては、今回あつかわない。

第4章
「してしまう」

1.「してしまう」をめぐって

1.1 「してしまう」動詞について

　単語の構成・構造からみて、すでにとりあげてきた「してある」「しておく」と同様に、「してしまう」は動詞の第2中止形「して」＋補助動詞の「しまう」のくみあわせによってできあがった、2単語による1単語相当の単位であり、本書では、こういった単位を分析的な構造をもつ派生動詞（語い＝文法的な種類）と規定している。「してしまう」は、動詞の1語形ではなく、動詞一般（「する」動詞）から派生したのであり、「する」動詞にたいして、「してしまう」動詞がある。『文法教育』においては「してしまう」も、「してある」「しておく」と同様に、アスペクト的な意味・機能をになう単位として、「している」と同列にあたかも動詞の1つの語形変化のようにあつかわれていた。しかし、序論でのべたように、アスペクトにかんする研究の発展により、形態論的なカテゴリーとしてのアスペクトをより一層厳密に見なおすことによって、「する―している」（完成相と継続相）の対立から排除された単位の位置づけの再検討がされはじめている。筆者は、すくなくとも、これらの単位は、動詞の語形変化ではなく、形態論的なカテゴリーとしてのアスペクトから排除すべきものだというたちばにたつ。

　研究史において、「してしまう」を動詞のアスペクトの語形変化の1つとしてみるのと同時に、「してしまう」に副次的に、いわゆる「残念や不都合」のような、モダリティー的な意味・機能をもちあわせているともみとめている。たとえば、鈴木（1972）には以下のような記述がみられる。

　　「予期しないこと，よくないことが実現するというニュアンス

がつくようである。」　　　　　　　　　（鈴木（1972）p.384）

　鈴木のこのような記述は、高橋（1969）の「③〔期待外〕予期しなかったこと，よくないことが実現することをあらわす。」をうけついだのであり、吉川（1973）においても、継承されている。しかし、具体的にだれにとっての「残念や不都合」あるいは、「期待外」についてなのかは、いずれにおいても、はっきりとふれられていない。「（文の）はなし手」か、あるいは、「「してしまう」動詞があらわす動作のし手＝動作主」か、についてはふれていなかった。このことをはじめて指摘したのは藤井由美（1992）である。藤井は「してしまう」があらわす感情・評価を「話し手の態度の表明」*1と一般化し、規定した。

　ひとまず、藤井の論をうけいれて検証してみたところ、「してしまう」があらわす「話し手の現実に対する感情・評価的な態度」は会話文において確認できるが、地の文においてはかならずしも確認できてはいない。とりわけ、藤井（1992）のみならず、先行研究やテキスト、教材などにおいて、一般的によく指摘されている、「マイナス的な評価（残念や不都合）」は地の文の使用例においてはみられない。藤井（1992）は、会話文も地の文も観察したうえ、「してしまう」が「話し手の現実に対する感情・評価的な態度」をあらわすと一般化しているが、実際、つかわれる用例の大半が会話文であり、地の文をあまりあつかっていない。ということから、藤井（1992）での検証はかならずしも十分とはいえない。すくなくとも、地の文での「してしまう」の使用をもう一度検証する必要があった。

　筆者は、まず、地の文における、終止的な述語につかわれる「してしまう」動詞に対象をしぼり、分析した。その結果、「してしまう」動詞には、「登場人物がおこなった動作の実現にたいするかたり手（登場人物）の強調」をあらわす意味・機能があることにたどりつく。この「してしまう」動詞があらわす（かたり手・登場人物による）強調は、動作の実現にたいするものであり、登場人物のおこなった動作の実現なしではなりたたない。

　藤井（1992）の記述によると、藤井はおもにいいおわり文*2の

述語（述語が終止節であったり、あるいは終止のかたちをとるばあい）*3 につかわれる「してしまう」にしぼってしらべたそうで、つきそい文の述語につかわれる「してしまう」にかんしては今後の研究がまたれるとのことであった。

　先行研究のほとんどは、実際、文の中につかわれる位置によって「してしまう」動詞がことなる機能をなしていることを、あまり気にせずに分析をおこなっている。徹底的に、いいおわり文の述語につかわれる「してしまう」動詞に対象をしぼったのはおそらく藤井（1992）がはじめてである。したがって、藤井の「話し手の現実に対する感情・評価的な態度」という「してしまう」の意味規定は、「してしまう」の終止のかたちにかぎることであり、このことについては、藤井（1992）の最後にこう記している。

　　「一般的にいって、つきそい文の述語の場合であっても、「してしまう」は話し手の感情・評価を表現している。したがって、「してしまう」がもっぱら動作の終了をあらわすのは、タクシス＝アスペクト的な関係の表現がもとめられている場合にかぎられるだろう。だが、今回の私の論文では、つきそい文の述語の「してしまう」については、まだ調査不十分である。さまざまなつきそい・あわせ文の研究の進展とともに、「してしまう」の研究も深まっていくにちがいない。」　　　　　(p.39)

　以上のことをうけ、地の文における、終止的な述語につかわれる「してしまう」動詞のほかに、本書では「してしまう」動詞が条件形「すると」をとるばあい（「～してしまうと、～。」の文）をとりあげる。

　「してしまう」動詞が条件形「すると」のかたちをとり、つきそい文の述語につかわれる、あわせ文「～してしまうと、～。」の分析において、おもしろい発見があった。「～してしまうと、～。」の文において、「マイナス的な評価」どころか、藤井のいう「話し手の感情・評価的な態度」を「してしまう」からみいだすことはできない。

　小説の地の文につかわれる「してしまう」文と「～してしまうと、～。」の文の分析結果をみると、いいおわり文の述語につかわれる

「してしまう」動詞と、つきそい文の述語につかわれる「してしまう」動詞は、たんに文につかわれる際の位置でことなる機能をなしているのではなく、両者のあいだに、質的なちがいがあるようにおもわれる。すくなくとも、「してしまう」が終止形をとるばあいと、「してしまう」が条件形「すると」をとるばあいのちがいは、タイプのことなる「してしまう」動詞として規定する必要があるかもしれない。典型的な「してしまう」動詞にたいして、派生的な意味・機能をもつ「してしまう」動詞（の1タイプ）として規定できる。おそらく、つきそい文の述語につかわれる「してしまう」動詞は、いいおわり文の述語につかわれる「してしまう」動詞よりも、補助動詞の「しまう」がもつ語い的な意味（おわりまでおこなう、完了）がよりつよくのこっているとおもわれる。

そのほか、「してしまう」動詞には、継続相「している」のかたちをとることが可能であり、本書でとりあげる、おなじく分析的な構造をもつ派生動詞である「してある」動詞、「しておく」動詞との特徴的なちがいでもある。

(1) ¶邦枝が呆気にとられて、やがて寿久が何をしているのかを理解した時、彼は胸を張って高調子に改めた琴の上を、まるで挑戦するように、幾度も幾度も掻き鳴らしていた。追い出されるように、突き出されたように、邦枝は部屋の外へ出ていた。¶人通り慌ただしい楽屋の廊下を逃れて、薄暗い舞台裏に立った。大道具の古ぼけた石地蔵が転がっている一隅で、彼女は涙を流さずに泣いた。**喉が、奥まで乾いてしまっている**。呼吸がこれで止るのだろうかと思った。腹の底が何度も大きく波をうった。　　（有吉佐和子・地唄）

(2) 青山はさらに口ごもっていると、「言うとおりにせよ」¶信長は、頭の地を掻きながら、いらいらした声でいった。青山は怖れた。それ以上抗弁すると、このたわけ殿は、とびかかってきて頸を絞めあげてくるかもしれない。「承知つかまつってござりまする」¶**と青山が平伏したときは、信長の姿は奥に消えてしまっている**。「お濃、お濃」¶と廊下をよびながら歩き、濃姫の部屋に入ると、「蝮から使いがきた

ぞ」¶といった。¶濃姫は、多少不愉快だった。

(司馬遼太郎・国盗り物語)

　しかし、終止的な述語に継続相をとる「してしまう」動詞の使用例は、数的にすくないうえ*4、かぎられた「してしまう」動詞にしかつかわれない。一部の動詞、たとえば、「死んでしまう・忘れてしまう」をのぞいて、そのおおくは、(だれかによる)具体的な動作ではなく、ひろい意味での「変化」をあらわす「してしまう」動詞である。たとえば、「違ってしまう・過ぎてしまう・消えてしまう・乾いてしまう・慣れてしまう・失ってしまう…」*5などである。現段階での、継続相のかたちをとる「してしまう」動詞の分析がまだ完全でないため、本書では、「〜してしまっている（してしまっています）。」文については、これ以上ふかいりしない*6。

1.2　文連続という単位

　われわれ人間は言語をもちいて、おたがいになにかをつたえたり、はなしあったり、意思疎通する、いわゆる言語活動をおこなう。こういった人間の言語活動によって生産されるのは文であり、文は言語活動のもっとも小さな単位でもある。言語活動の所産である物語（小説）の骨格をくみたてるのは、物語に設定されている時間的なながれにそって、登場人物がアクチュアルにおこなう動作や行動を描写する文（動詞述語文）である。

　　けさ、太郎はいつもよりはやく6時におきた。顔をあらい、歯をみがいたあと、朝食もとらずに学校にむかった。バス停についてまもなくバスがきて、太郎はすこし緊張気味でバスにのりこんだ。今日は定期試験の日だ。太郎はドキドキハラハラしながら、まだだれもきていない教室にはいっていった。7時だった。

(作例)

　「今日は定期試験の日だ。」、「7時だった。」の2つの文をのぞけば、これら一連の文がおもに描写しているのは、「太郎」という登場人物がある朝、6時から7時のあいだ、家から学校までのあいだに、「太郎」がおこなった動作・行動、あるいは「太郎」におきた（動的な）出来事である。

このように構築される、いくつかの文のあつまり＝文連続によって、物語が構築されるのだが、このような、登場人物による一連の具体的な動作や行動を描写する文のあつまりのほかに、登場人物をとりまく状況、登場人物にかかわる説明（登場人物の性格や特徴）や、物語（小説）においておきた出来事の説明（背景描写）を内容とする文のあつまりもある。

　　太郎の家は当時まずしかった。ほとんど白いごはんをたべられないくらいまずしかった。ごはんといえば、もっぱらサツマイモにすこし塩をかけたようなお粗末なものだった。しかしそれでもまわりよりはマシであった。　　　　　　　　　　（作例）

　文は言語活動のもっとも小さな単位であるが、ふつう言語活動はいくつかの文の連続によるものである。特殊なばあいをのぞいて（地の文でも会話文でも）文はいくつかの文による文連続のなかに存在し、つねに（前後する）文脈をともなう。ゆえに文の分析にはつねに文が存在する文脈（コンテクスト）の配慮が必要である。「してしまう」文の分析において、このような配慮はとりわけ、重要である。「してしまう」文の分析において、「してしまう」文が存在する１つ、あるいは前後するいくつかの段落をとびこえた観察がつねに要求されている。完結する１つの「してしまう」文は、このような、一連の文の連続のなかで、意味をあらわし、機能をはたす。このことを念頭におかなければ、「してしまう」文を分析することができない。

　文連続*7とは、問題とする文が実現＝存在するための条件となる、その問題とする文をふくむ前後の文の連続（体）のことである。文連続ははっきりとしたはじまりとおわりをもつ単位ではない。１場面をとらえるものもあれば、複数の場面をとらえるものもある。よって、文連続はかならずしも段落（形式段落でも意味段落でも）と一致するものではない。ここで規定する文連続とは言語学的な単位である。しかし、段落や文脈はかならずしもそうではない。たとえば、文学作品をよむ際に文連続を意識する必要はない（むしろ、意識しないといった方が正確かもしれない）が、文脈は意識してよんでいるはずである。言語研究のばあいも、分析対象となる単語や

文が存在する文脈（コンテキスト）の配慮が必要であるが、そのばあいのコンテキスト・文脈を厳密に言語学的に規定したものが文連続という単位となる。

　さきに結論をのべさせていただく。地の文である「してしまう」文をふくむ一連の文によって登場人物の一連の動作が語られるが、そのなかで「してしまう」文がさししめす、（ある登場人物の）動作の実現にたいして、かたり手がなんらかの意義づけ＝強調をあたえ、よみ手につたえる。小説の地の文における、「する」文（「する」動詞が終止的な述語につかわれる文）と「してしまう」文のもっとも大きなちがいは、「してしまう」文のばあい、「してしまう」文が存在する文連続において、「してしまう」文がさししめす対象的な内容は、「（かたり手によってなんらかの意義づけがあたえられ）強調されている」ことがよみ手によみとれるように、文連続が構築されていることである。終止的な述語につかわれる「してしまう」動詞は、ある文連続のなかではじめて「（かたり手による、登場人物＝動作のし手の）動作の実現の強調」にもちいられる。

　例（3）を例にしてみてみよう。まず、文連続を無視して、「してしまう」文のみとりあげてみる。

　　太郎が何も言わないのに、久男は、大蒜の一かけをとって、小さくたたき、それを汁用の鍋に入れてしまった。

　ごくふつうにこの文をよむと、登場人物である「久男」がもう1人の登場人物の「太郎」にことわりなしに「一かけの大蒜」を「汁用の鍋」にいれたとよみ手は理解する。その「ことわりなしに」には、いろいろと想像ができる。たとえば、「太郎」はにんにくがきらいであることをしらずに、「久男」はいれたとか、ほかにもっといれるべき材料があったのに、「久男」は「太郎」に確認せずににんにくをいれたなどと想像される。しかし、実際、この文が存在する文連続にたちもどって検証すると、このような想像はまったくの検討外であることがわかる。

　（3）「それにしても、腹がへった」¶と、太郎が現実に還った。
　　　「僕もだ」「青山さんという人が、帰って来るのを待っていたら遅くなっちまうなあ」「われわれで作るか」「そうしよ

う」「何を作ろうか」¶ 言いながら太郎は、冷蔵庫を開けてみて、「しけてやがるなあ」と、呟いた。¶ めざしの焼きざましが二本入っているくらいで材料らしいものは、ろくになかった。「何しろ、青山さんが買って帰ることになっているんだ」「今日は、土曜日だぜ、どこをふらついているんだろう。あんまりあてにしないほうがいいと思うよ」¶ そう言いながら、太郎は、すばやく、あたりの戸棚を開けて、いくつかの缶詰を掘り出した。「鮭缶とコンビーフがあるじゃないか」¶ 野菜かごの中には、人参と、ジャガイモと玉葱、それと、ひからびた長葱が二、三本あった。「おあつらえ向きの材料だぜ」「何を作る？」「マヨネーズがあれば、鮭と、生玉葱のサラダさ。それから、ジャガイモと人参と長葱を入れて、それにコンビーフをぶちこんで、汁をつくる」「玉葱は、塩でさっともんで水でさらしたほうがいいな」¶ 久男も心得ていた。「コンビーフの汁のだしは……」「鰹節なんかないぜ」「いらないよ」「コンビーフでだしがでらあ。それでたりなきゃ、牛乳を少し入れればいいんだ。それとこのめざしも、腹の苦いとこは捨てて、小さくちぎって、煮干の代りに、だしに使っちまおう」太郎が何も言わないのに、**久男は、大蒜の一かけをとって、小さくたたき、それを汁用の鍋に入れてしまった。**二人は、申し合わせたように、とんとんと働くので、食事の用意は、たちまちできていった。
　　　　　　　　　　　　（曾野綾子・太郎物語　高校編）

「してしまう」文が存在する前後の文脈（ひとつの文学作品のある部分・断片）＝文連続には、「太郎」と友人の「久男」がかぎられた材料でてぎわよく食事の調理をし、息のあった作業ぶりがえがかれている。「¶」（パラグラフ、段標）の印がいくつもつけられているように、とりだしたこの文連続は、実際、作品において、いくつかの段落（形式段落）によってくみたてられている。ここでは、「してしまう」文を分析するために、物語から恣意的にとりだしてきたのである。しかし、それはまったくのでたらめによる作業ではなく、だれの目からみても、「してしまう」文を理解するに必要と

なる、「してしまう」文をふくめ、「してしまう」文を前後するいくつかの文の連続をとりだしている。

（3）でとりあげる、文連続でえがかれているのは、材料を買ってかえってくるはずの「青山さん」がなかなかえってこないなか、お腹をすかせた「太郎」と「久男」の2人でそのばにある材料で食事をつくる1場面である。「太郎」と「久男」はかぎられた食材をもちいて、いかにもスムーズに食事を用意していく2人の姿がよみ手の目にうかぶ。

そのきわめつけは「何も言わないのに、久男は、大蒜の一かけをとって、小さくたたき、それを汁用の鍋に入れてしまった。」であり、「してしまう」文がさししめすのは、まさしく2人の息のぴったりあった作業ぶりの象徴的動作といえる。さらに、すぐあとにつづく文、「二人は、申し合わせたように、とんとんと働くので、食事の用意は、たちまちできていった。」がその状況をいっそう明白に説明してくれる。

呉（2007a）および（2007b）において、この文連続を「文をこえた、ひとまとまりの構文論的な統一体」（ロシア語学による訳語）とよんでいた。本書では、文連続とあらためる。

文連続という単位の規定は、奥田を中心とする言語学研究会メンバーやロシア言語学の論文からまなんだ。たとえば、「『ことばの科学』第7集にあたって」（1996）において、奥田がつぎのように紹介している。

「このエス・エス・ツェーという概念は、文の構文論的な研究からうまれたものであって、きわめて言語学的な概念である。テキストにおいて、あるひとつの文の文法的な意味と機能、構文論的な構造が、他の文との関係のなかで成立しているかぎり、その他の文との関係のそとでは、あたえられた文の文法的な意味も機能も構文論的な構造も存在しないということになるだろう。したがって、ひとつの文は他の文との関係のなかに存在していて、それらの文は《複雑な構文論的な全体》あるいは《文をこえた統一体》をかたちづくっているということになる。このような見解は文の構文論的な研究から必然的にながれてくる

ものであって、きわめて言語学的である。エス・エス・ツェーは言語学的な単位であるということになる。ひとつの文の構文論的なかたちの意味と機能は、その単位のなかで成立し、存在している、そのなかで自己暴露する。日本語のばあいでは、このような事実は「だろう」をともなう推しはかりの文、「のだ」をともなう説明の文、動詞のアスペクトの使用などを考慮にいれれば、理解することができるだろう。」　　　　　　　　(p.18)

「エス・エス・ツェーはたんなる意味的な統一体ではなく、その意味の統一体が、言語の諸手段によってはっきりとした表現をうけとっているのである。」　　(p.19)（＊波線は筆者）

これは、奥田がバス（1996）の論文「段落の諸問題」（『ことばの科学』第7集所収）を解説するためにかかれたものである。しかし、そこには、きわめて重要なことがのべられている。すくなくとも、奥田はロシア語のみならず、日本語においても、ひとつの文をこえる、ある単位（バス（1996）では「エス・エス・ツェー」＝ССЦ (самостоятельное синтаксическое целое) とよんでいる）が存在しており、その単位は「言語学的」であり、「たんなる意味的な統一体」ではないことをわれわれにおしえてくれる。実際、奥田は、「のだ」、「わけだ」、「はずだ」の一連の研究をとおして、この単位の存在をしめしてくれたのである。

「述語に「のだ」をともなう文が《説明》としてはたらくとすれば、説明をうける対象としての物あるいは出来事が、まえもって先行する文のなかにさしだされていなければならない。したがって、テキスト論的な事実としての《説明》は、説明する文と説明される文との説明的なむすびつきであるといえるだろう」　　　　　　　　（奥田（1990）p.173）

「説明される出来事は、場面あるいはコンテキストのなかにあたえられていて、言語的な手段によって直接的に記述されていないこともあるが、ひろがりのあるテキストにおいては、ひとつ、あるいはいくつかの文のなかにそれがさしだされているのがふつうである。説明される出来事をさしだしている文のことを、《説明されの文》とよぶことにしよう。《説明されの文》と

《説明の文》とは、相互に対立しながら、全体としての《説明》
をくみたてている、ふたつのメンバーである。」

(奥田(1990) p.177)

なお、バスの論文で紹介された、エス・エス・ツェー(独立的な
構文(論)的な全体)＝ССЦ(самостоятельное синтаксическое
целое)*8という単位は、ロシアにおける「テキスト(テクスト)
論」および「段落論」の研究者の一部に提唱されているが、バス自
身はかならずしも、それを積極的にみとめているわけではないよう
である。すくなくとも、奥田は、バスが「エス・エス・ツェー＝Ｃ
ＣЦ」の成立条件として、「意味的な統一体」をみることに不満をか
んじているらしい。

「とすれば、バス女史は意味的な統一体としての段落の承認に
こだわっているということになるだろう。バスはむしろエス・
エス・ツェーを意味的な統一体とみている。ぼくは、バスの
このとらえ方にいくらか議論をもっている。」 (奥田(1996) p.18)

一方で、「エス・エス・ツェー＝ССЦ」とくらべ、よりひろくつ
かわれている「テキスト」あるいは「テクスト」という用語がある。

「テキストとは「意味的にまとまりをなす文(連続)」のことで
あり」

(庵(1997))

「テクストは、運用されている言語の単位であり、節や文のよ
うな文法的な単位ではない。(…中略)テクストは、意味的
(SEMANTIC)な単位とみなすのが最も妥当である。つまり、
形式の単位ではなく、意味の単位と見るのである。」

(Halliday & Hasan (1976) p.2)

「テクストは、前述したとおり、構造的な単位ではない。また、
結束性も、本書で使っている意味においては、構造的な関係で
はない。」

(Halliday & Hasan (1976) p.7)

しかし、「テキスト」あるいは「テクスト」は、「エス・エス・
ツェー＝ССЦ」とかならずしもおなじ単位ではないようである。奥
田がかんがえる「エス・エス・ツェー＝ССЦ」という単位は、いわ
ゆる意味論的にあつかわれるような意味の統一体ではなく、文と文
とのあいだに、つねに一定のむすびつきがあって構造をなしている

のであり、上であげたその他のかんがえとちがうようである。本書において、これらの論争にふかいりする用意はまだないが、基本的に奥田のかんがえにしたがっている。そのほか、ロシア言語学や奥田の一連の研究からまなんだ佐藤（2001b）において、「テクスト」という用語がつかわれている。しかし、それは一般的にいわれている「テキスト（テクスト）」とはことなる性質をもつ単位のようであり、名前こそちがうものの、中身は奥田が規定した単位とちかい。

> 「テクスト」という用語をここでは、「意味的なむすびつきによって統合される、言語単位（文）の連続」（Т. М. Николаева (1997)）の意味でもちいる。その基本的な特性は「《むすびつき性》と《ひとまとまり性》」（同）である。」

（佐藤（2001b）p.114）

1.3 「してしまう」にかんする先行研究

「してしまう」も「してある」と「しておく」同様に、第2中止形「して」＋補助動詞「しまう」のくみあわせによってできた、2単語による1単語相当の単位である。そして、筆者は一貫して「分析的な構造をもつ派生動詞」として規定し、その点が先行研究とおおきくことなる。順をおって先行研究のいくつかをとりあげる。

1.3.1 『文法教育　その内容と方法』(1963)

『文法教育』において、「してしまう」は「してある」や「しておく」と同様に、「すがた」というカテゴリーでとりあげられ、「終結態」となづけられている。そこでは「してしまう」を、「動作が終わりまで行われることなどを表わす」(p.155) と規定し、もととなる動詞の種類により、さらに2つの下位タイプがあると記述している。

1　<u>継続動詞</u>に用いられて、その動作が終わりまで行われることを表わす。　　　　　　　　　　　　　　　（＊波線は筆者）
(4) 今まで　くずねりの　中で　泳いでるように　身動きも
　　できなかったのが　急に楽になったと　思ったら、敵も

　　　　味方も　一度に　引きあげて　しまった。　　　（「坊っちゃん」）
　2　動作の実現を強調する。この意味では、瞬間動詞も継続動
　　　詞も用いられる。　　　　　　　　　　　　　（＊波線は筆者）
（5）　ぼくは　この　章を　読んだ　時　思わず　笑って　しま
　　　いました。　　　　　　　　　　　　　　　　　　（「河童」）

とりわけ注目したいのは２つ目の「動作の実現を強調する」である。おなじものではないが、本書で発見した、地の文における「してしまう」動詞の規定、「（かたり手による登場人物の動作の）実現にたいする強調」とちかい部分があるといえる。ただし、『文法教育』においては、もちろん文連続という単位はまだとりいれておらず、本書での分析とはことなるレベルである。

1.3.2　髙橋（1969）「すがたともくろみ」、髙橋（1989b）「動詞・その８」、髙橋（1999a）『日本語の文法』

髙橋（1969）「すがたともくろみ」では、「してしまう」をすがた動詞とし、用法を①終了②実現③期待外、の３つにわけた。①の終了（うごきがおわりまでおこなわれることをあらわす）にかんしては『文法教育』のそれとあまりちがいはない。しかし、②の実現が「過程のおわりとしておこなわれる動作が実現する」に規定しなおしたことと、あらたに③の期待外の用法がある、という記述がされていることに注目すべきである。

（1）　〔終了〕うごきがおわりまでおこなわれることをあらわす。
　　　（6）　その時間は松下をことごとくめいていさせてしまった。
　　　　　　　　　　　　　　　　　　　　　　　（故旧忘れ得べき140）
（2）　〔実現〕過程のおわりとしておこなわれる動作が実現する＊9。
　　　（7）　しかし、たいがいはしんでしまう。　　（暗夜行路132）
（3）　〔期待外〕予期しなかったこと、よくないことが実現することをあらわす。
　　　（8）　かれはおもわずわらいだしてしまった。
　　　　　　　　　　　　　　　　　　　（故旧忘れ得べき70）（p.132）

（2）の〔実現〕において、さらに「消滅のうごきの実現」についてふれ、以下のような記述がくわえられている。

「「死んでしまう」「消えてしまう」はおおいが,「うまれてしまう」「あらわれてしまう」はほとんどない。「いってしまう」「でてしまう」「はいってしまう」など移動性の動詞は,ふつうなくなる方向でつかわれる。——おおざっぱにいえば,消滅のうごきの実現をあらわす。」 (p.132)

　高橋（1969）につづく（1989b）（1999a）にも「してしまう」にかんする重要な記述があり、その変遷と異同を確認できるよう、つぎの表でとりあげる。

高橋（1969）	高橋（1999a）	高橋（1989b）
終了：うごきがおわりまでおこなわれることをあらわす。	主体や対象の変化が終了することをあらわす。	「してしまう」は**状態の結末**とかかわる。 ↓ ふるい状態とあたらしい状態の橋渡し
実現：過程のおわりとしておこなわれる動作が実現する。	話の展開のなかで場面を転換させるような変化や動作が成立することをあらわす。	
期待外：予期しなかったこと、よくないことが実現することをあらわす。	**予期しなかったこと、期待しなかった**ことがおこることをあらわす。	

　表で確認できるように、(1969)と(1999a)の記述では、かなりの部分が一致している。しかし、そのあいだに発表された(1989b)の論文では、それらとことなる「してしまう」のとりたて方をしている。(1989b)の論文は、「局面動詞」というわくぐみのなかで「してしまう」をとりあげている。「しはじめる」「しおわる」、さらには「してくる」「していく」との対比のなかで、「してしまう」をあつかっている*10。

　先述したとおり、(1969)と(1999a)での記述は、かなりの部分が一致しているようであるが、決定的なちがいは、「実現：過程のおわりとしておこなわれる動作が実現する」を「話の展開のなかで場面を転換させるような変化や動作が成立することをあらわす」にかきかえたことである。その部分には、(1989b)での分析がいかされているといえる。(1969)で別々にしていた「終了」と「実

現」を（1999a）の「それまでの状態が結末をむかえるような動作が実現すること」に一般化できるのではないかとおもわせる記述が、(1989b)ですでにされていた。

「これらをとおしてみられることは、「してしまう」を、動作の終了をあらわすことよりも、それまでの状態が結末をむかえるような動作が実現することに重点をおいて、とらえているのである。」
(p.53)（＊波線は筆者）

「これらをとおして～」の「これら」がさしているのは、第一に、「過程のおわりとしておこなわれる動作が実現することをあらわす」用例がいちばん多いこと、そして、その種の用例は、「「やむ」「たえる」という動作がおわることではなく、その動作の成立によって、いままでの過程が結末をむかえることをあらわす」ことで、「「してしまう」を、動作の終了をあらわすことよりも、それまでの状態が結末をむかえるような動作が実現することに重点をおいて、とらえているのである。」と高橋（1989b）があらためたのである。

(9) 風がまったくやんでしまった。
(10) 家の血統がたえてしまう。 (p.53)

なお、高橋のこのような記述は、あとにとりあげる岩崎修（1988）での分析成果をとりいれたものであると（1989b）で記されている。高橋は岩崎のいう「してしまう」がもつ「場面のきりかえ」と「段落のきりかえ」のはたらきを、さらに一般化し、「ふるい状態とあたらしい状態の橋わたし」として「してしまう」がつかわれるのであるとした。

1.3.3　鈴木（1972）『日本語文法・形態論』

『日本語文法・形態論』での「してしまう」の記述は、基本的に『文法教育』（1963）と高橋（1969）にしたがっている。

「動きがおわりまで完全におこなわれること（動きのおわりの部分）をあらわす。」 (p.383)

「単純態にくらべて，終結態は，動きが完全におこなわれること（完了）を強調するニュアンスがつきまとっている。」(p.384)

そこで、限定したかたち（瞬間動詞のばあい）ではあるが、はじ

めて、筆者がいう「してしまう」動詞のあらわす「動作の実現の強調」についてふられている。

　「このすがた動詞が継続動詞以外の動詞（瞬間動詞）にもちいられると，その動きの実現を強調する意味になる。」

　（11）ぼくは　おもわず　ふきだして　しまった。　　　　（p.384）

1.3.4　吉川（1973）「現代日本語動詞のアスペクトの研究」

　高橋からまなんだ吉川（1973）はさらに、「してしまう」がつかわれる文の対象的な内容や、「してしまう」のかたちをとる動詞、いわゆる「してしまう」動詞のもととなる動詞の種類をこまかくしらべ、「してしまう」がもつ意味・機能をいくつかの下位タイプにわけた。

　　①ある過程を持つ動作がおしまいまで行われることをあらわす。
　　②積極的に動作に取り組み，これをかたづけことをあらわす。
　　③ある動作，作用が行われた結果の取りかえしがつかないという気持ちをあらわす。
　　④動作が無意志的に行われることをあらわす。
　　⑤不都合なこと，期待に反したことが行われることをあらわす。
　　　　　　　　　　　　　　　　　　　　　　　　　　（p.228）

　基本的に、吉川も高橋と同様に、いわゆるアスペクト的なことがらを「してしまう」の出発点的な意味・機能とみとめたうえで、「予期しなかったこと、よくないことが実現すること（期待外）・不都合なこと、期待に反したことが行われること」、という「してしまう」のもう一つの意味・機能を規定したのである*11。つまり、高橋も吉川も、「予期しなかったこと、よくないことが実現すること（期待外）・不都合なこと、期待に反したことが行われること」はあくまでも派生的であり、「してしまう」のもっとも典型的な、基本的な意味・機能はアスペクト的であるとみているようである。

1.3.5　岩崎（1988）「局面動詞の性格―局面動詞の役割分担」

　岩崎（1988）は、「してしまう」を、「しはじめる」「しつづける」「しおわる」「しかける」とともに、局面動詞と位置づけたうえ、

局面動詞のそれぞれのメンバーがになう個別的な意味・機能と、ほかのメンバーのそれと、どのような関係にあるかを中心にして、論をすすめた。そこでの「してしまう」にかんする記述は以下のとおりである。

> 「「してしまう」はこのような局面動詞としての用法（筆者注：文があらわす出来事の終了の局面をさししめすこと）よりも、むしろ、それまでの状態でなくなり、新しい状態になるといった場面の切りかえ、段落の切りかえの用法のほうがむしろ基本的な意味をもっているといえる。実際、一連の出来事をあらわす文のなかにあらわれる場合、それまでの出来事を含むような大きな出来事の終結をあらわすというような役割をもつようである。」
> (p.102)

実際、岩崎（1988）からさらにさかのぼれば、すでに紹介した高橋（1969）「すがたともくろみ」で、岩崎の「……一連の出来事をあらわす文のなかにあらわれる場合、それまでの出来事を含むような大きな出来事の終結をあらわす……」と関連するような記述がされている。高橋の分類のうちの②の実現とは、「過程のおわりとしておこなわれる動作が実現する」であり、さらに用例によっては、「最終過程の実現をあらわす」という記述がある。

> 「さっきから、コックリコックリとふねをこいでいたが、とうとう、バタンとつくえに顔をふせてしまった。」
> （高橋（1969）p.132）

さらに補足すると、それと関連するようなかたちで、鈴木（1972）『日本語文法・形態論』でも、高橋のいう「最終過程の実現」をもっとわかりやすく以下のように記述されている。

> 「一連のできごとのおわりとしておこる動き（一巻のおわり）が実現する（つまり、この動きが実現したあとは、あたらしい事態になる）というニュアンスがつくようであり」
> （鈴木（1972）p.384）

1.3.6　藤井（1992）「「してしまう」の意味」

　高橋と吉川のこのようなかんがえにまっこうから対立するのが、藤井（1992）「「してしまう」の意味」である。藤井は、「してしまう」の基本的な意味を「「話し手の現実に対する感情・評価的な態度」をあらわすこと」と規定した。藤井は、高橋（1969）（1989b）、鈴木（1972）、吉川（1973）のような、「してしまう」の基本的な意味・機能をいわゆるアスペクト的なもの（「動作の終了・実現」*12）にもとめたことに問題があると指摘する。藤井は「してしまう」を、現実にたいする話し手の評価、話し手の感情をあらわすものとして、「モダリティーを構成するひとつのファクターである」（藤井（1992）p.22）と位置づけた。

　しかし、藤井は完全に「してしまう」から、それまでにいわれてきた「してしまう」がもついわゆるアスペクト的な意味をきりすてたわけではない。藤井によると、「してしまう」がもつ基本的な意味である「話し手の現実に対する感情・評価的な態度」には、「限界到達」というアスペクト的な意味がつきまとう。つまり、藤井の「話し手の現実に対する感情・評価的な態度」というのは、実現された（される）動作・変化・状態にむけられたものであるとみているようである。

　　「この話し手の感情・評価的な態度には，限界の達成というアスペクト的な意味がつきまとっているようである。もし動作が終了するまでのあいだに，失望感とか失敗感が話し手のなかにおこってくるとすれば，さっさとやめてしまえばいいのである。否定的な動作，変化，状態が，話し手の意志にそむいて，あるいは，意志にかかわらず，終了する，または実現するがゆえに，否定的な感情，あるいは評価がおこってくるのである。」(p.22)

また，こうも規定している。

　　「「してしまう」という形の基本的な意味を規定するとすれば，〈限界到達にともなうところの感情・評価の表現〉という複合性のなかにもとめなければならなくなるだろう。（…中略）はじまりの限界の達成を含めて，限界の達成がなければ，生じることのない感情・評価をこの形は表現する。」　　　　(p.26)

さらに、ポテンシャルな限界動詞*13（「（木を）きる」「（いもを）にる」「（湯を）わかす」）が「してしまう」のかたちをとるばあいについてふれ、以下のようにのべている。

> 「ポテンシャルな限界動詞では，それ自身で限界の達成をしめすことができず，「してしまう」という形をとることによって，限界の達成を表現している。そして，その場合では，「してしまう」の「しまう」はかならずしも感情・評価の表現者ではなくなる。」 (p.25)

しかし、そのような「してしまう」が使用される例の数が、きわめてすくないため、藤井は、それらを例外として処理した。

これまでの先行研究では、文中につかわれる際の位置によって「してしまう」がことなる機能をなしていることを、あまり気にせずに分析をおこなうことが多かったが、徹底的に、いいおわり文の述語（述語が終止節であったり、あるいは終止のかたちをとるばあい）につかわれる「してしまう」に対象をしぼったのが藤井（1992）である。藤井は、いいおわりの述語につかわれる「してしまう」の意味・用法と、つきそい文の述語につかわれる「してしまう」のそれとは、ことなるレベルのものとして、まず、いいおわり文の分析*14をおこなった。つまり、さきにのべた藤井の「話し手の現実に対する感情・評価的な態度」という「してしまう」の意味規定は、「してしまう」の終止のかたちにかぎることである。このことについては、実際、藤井自身も（1992）の最後にこうのべている。

> 「一般的にいって，つきそい文の述語の場合であっても，「してしまう」は話し手の感情・評価を表現している。したがって，「してしまう」がもっぱら動作の終了をあらわすのは，タクシス＝アスペクト的な関係の表現がもとめられている場合にかぎられるだろう。だが，今回の私の論文では，つきそい文の述語の「してしまう」については，まだ調査不十分である。さまざまなつきそい・あわせ文の研究の進展とともに，「してしまう」の研究も深まっていくにちがいない。」 (p.39)

やはり、(1992) での分析は、あくまでも、「してしまう」がい

いきりの述語につかわれる際の意味・用法を分析、一般化した結果であることを、この発言が裏づけている。それまでの先行研究でアスペクト的な意味の1つのにない手とみなされてきた「してしまう」は藤井（1992）によってその位置づけについての問題が提起された、といえる。

2. 地の文に「してしまう」動詞が終止的な述語につかわれるばあい

　前節でのべたように、物語（小説）の地の文では、おおきく2種類に大別することが可能であり、構築される文連続（物語の断片や段落）も、登場人物がアクチュアルにおこなう動作や行動を描写する文のあつまりと、登場人物をとりまく状況や登場人物にかかわる説明、物語においておきた出来事の説明を内容とする文のあつまりとにわけられる。

　したがって、採集した「小説の地の文につかわれる「してしまう」文」（以下、「してしまう」文と略す）は、文が存在する文連続の構造や「してしまう」文がさししめす（文の）内容のちがいから、まず、例（12）のような、「具体的な場面を描写し、その場面において、継起的におこるいくつかの出来事（主として登場人物の動作）をえがく文連続」に存在する「してしまう」文をとりだす。

(12)¶<u>お夏は同室の一群に混って歩いていた。</u>風呂敷包みを持った手がかじかんで、帽子が無いので風に乱される後れ毛がしきりに頬に流れた。堀川さんに宛てた手紙をポケットに入れていた。途中で出そうと思っていた。けれども人の目が多かった。同室の人達が前後にいた。そして弟がちっとも離れてくれない。（三年たったら帰ります。それまでどうか待ってたもれ）けれどもその後にこう書いた（三年たっても帰らなければほかの人をお嫁に貰って下さい。私はあきらめます）お夏にはそれがせい一杯の言葉であった。<u>トラックがまた追い抜けて行った。</u><u>孫市が笑いながら姉に言った。</u>「見れ姉しゃん、あの自動車。俺達の行李あっ

たぞ。な！」¶ お夏は段々伏目になって行った。そして心の底から滔々として湧き上る里の村の懐かしさに眼もくらむような気持であった。<u>心無い麦原さんの女房がいつの間にか横に並んで来て声をかけた</u>。「下駄の方が何ぼかあるくにええなしゃ、かかとが擦れて、歩かれたもんでねえ」¶ **又、赤いポストの傍を通り過ぎてしまった**。お夏は段々に、手紙を出す気が無くなって行った。締めが、溜息と共にこの女の心を満たして行った。¶ 　　　　　　　　　　　（石川達三・蒼氓）

例（12）において、物語のながれをつくりだす、登場人物のアクチュアルな動作・行動を描写する文（物語をくみたてるもっとも典型的な文）が、以下のように、文連続からとりだすことができる。

　お夏は同室の一群に混って歩いていた。

　トラックがまた追い抜けて行った。

　孫市が笑いながら姉に言った。

　心無い麦原さんの女房がいつの間にか横に並んで来て声をかけた。

**　又、赤いポストの傍を通り過ぎてしまった。**

「してしまう」文をふくむ、とりだしたこれらの文が描写する具体的な出来事は、みな、物語の時間のながれにそって、継起的におきており、そのうちの1つの文の述語に「してしまう」動詞がつかわれているのである。

一方では、前者をのぞいたものとして、例（13）のような、「具体的な場面を描写せず、登場人物の性格、特徴、あるいは出来事を説明する文連続」に存在する「してしまう」文がある。

（13）もし発病初期に体のだるさを感じたら、何よりも先ず休養して栄養を摂ることが肝腎である。無理を押して仕事をするものは、下手な植木屋が移植した松の木のように、次第に気力を失って生命を断って行く。**小畠村の隣村でもその隣の村でも、被爆を免れたつもりで広島から至極元気で帰郷して、一箇月か二箇月ぐらい根をつめて働いていたものは、一週間か十日ぐらい床について**<u>死んでしまった</u>。発病が体の一局部に現れると、この病気特有の痛みを感じ、肩

や腰の痛みも他の病気とは比較しがたい症状である。¶重松は巡回診断の医師からも、はっきり原爆病だと診断された。
(井伏鱒二・黒い雨)

　この種の「してしまう」文がさししめす（文の）対象的な内容は、登場人物のアクチュアルな動作・行動ではなく、そのおおくは、（かたり手による）登場人物にかかわる説明（登場人物の性格や特徴）や、物語のなかにおいて、一定の期間中くりかえされた出来事の説明となるような性質をもつものである。この種の「してしまう」文がさししめす（文の）対象的な内容は、物語において、個別的な1回かぎりではないことが大きな特徴である。そして、その「してしまう」文を前後する文脈からとりだされる文連続にあるほかの文にも、その特徴がみうけられる。たとえば、例（13）では、「してしまう」文をふくめ、文連続全体が記述しているのが、おそろしい「原爆病」にかかってしまった人間の（病的な）特徴であったり、（何人かが）「原爆病」にかかって死んだ、という（物語の時間の流れのなかで）一定の期間中にくりかえしおこった出来事であったりする。

　以下、《2.1.》と《2.2.》において、それぞれの「してしまう」文をくわしく分析していく＊15。

2.1 「具体的な場面を描写し、その場面において、継起的におこるいくつかの出来事（主として登場人物の動作）をえがく文連続」に存在する「してしまう」文

(14)¶①道具を拋り出した作阿弥は、すこし離れて、半彫りにかけた馬の像に、見入っている。¶首から胴は一本で、刻みのあとの荒い馬の姿が、半ば出来かかったまま立っている。¶が、この未成品、すでに惻々と人に迫る力を有っているのは、矢張り、作阿弥の作阿弥たる所以であろう。「ウウム、陽明門の登り竜と下り竜が、夜な夜な水を飲みに出るというなら、この、おれの彫った馬は、その竜を乗せて霧降りの滝を跳び越せッ！」「いや、見事々々！」¶作阿弥

の独りごとに答えて、別の声がした。¶馬が口を？¶と、②作阿弥老が振り返った時——。¶三¶何時の間にこの谷へ下って来たのか、蹄音もしなかったが、と、ギョッ！¶として③作阿弥が、戸口を振りかえって見ると……。¶柳生対馬守。¶家老、田丸主水正と唯ふたり、ほかに供も伴れずに。¶④制作の進行ぶりを、おしのびで見に来られたものとみえます。「何うかの？¶足曳はおとなしくじっとして、写生の手本になっておるかの？」¶と⑤対馬守、手斧の木屑や、散らかっている道具を跨いで、小屋へ這入って来た。¶半分板張りになっていて、向うの土間に、殿の乗馬足曳が、つないである。¶既のように、馬と同居しているのですから、ムッとした臭気が鼻を襲う。¶それよりも、狼狽たのは作阿弥で、彫刻が完成するまでは、誰にも見せたくない。⑥**殿様といえども、眼に触れさせたくはないので、大いそぎで、ゆたんのような唐草模様の大きな布を、ふわりと、彫りかけの馬の像に掛けてしまった。**¶⑦そして、ひらき直って、対馬守と主水正の主従を、恐ろしい眼で睨みつけた。「ちと無礼で御座ろう。誰に断わって、ここへ這入って来られた！」¶それは、相手が誰かということも忘れたらしい、芸術心のほか何ものもない、阿修羅のような物凄い形相であった。「最後の鑿を打つまでは、人に見せぬというのが、わしの心願じゃ。この山奥へ籠もっておるのもそのため。御存じであろう。」

（林不忘・丹下左膳　日光の巻）

　例（14）、「大いそぎで、ゆたんのような唐草模様の大きな布を、ふわりと、彫りかけの馬の像に掛けてしまった。」が配置されている文連続には、「作阿弥」と「（柳生）対馬守」、「（家老）田丸主水正」が登場人物として存在し、かれらをとりまく状況設定（背景設定）は、「作阿弥が彫刻をつくっている小屋」である。そこには、いくつかの具体的な出来事（主要な登場人物の具体的な動作）が描写されている。すくなくとも、以下の７つをとりだすことができる。

　①作阿弥は馬の像に見入っていた。

②作阿弥がふりむいた。
③対馬守と田丸主水正が小屋のある谷におりてきた。
④作阿弥が戸口をふりかえってみた。
⑤対馬守と田丸主水正が小屋へはいってきた。
⑥作阿弥がほりかけの馬の像に布をかけた。
⑦作阿弥が対馬守と田丸主水正をにらみつけた。

「してしまう」動詞がつかわれているのは、このうちの、6つ目の出来事を描写する文の述語である。文連続を構成する文のうちの、1つの文の述語に「してしまう」動詞がつかわれるということは、「してしまう」文がさししめす対象的な内容に、文連続にあるほかの文のそれとちがった、あるなんらかの意義づけがかたり手（ばあいによっては登場人物）によってもたされているとかんがえられる。この「ある意義づけ」を、いまかりに、「登場人物がおこなった動作の実現にたいするかたり手（登場人物）の強調」としておく。「してしまう」動詞があらわす「（動作の実現の）強調」という意義づけは、つねに、「してしまう」文が存在する文連続において実現する。上に列挙された具体的な出来事（主要な登場人物の具体的な動作）を描写する文とともに、（かたり手による）作阿弥のきもちやおもいを説明する文、自分の態度やかんがえをしめす作阿弥の発言（の文）、そして、文連続に描写されている具体的な場面をささえる背景を描写する文によって、構築された文連続、そのもの全体のなかにおいて、「してしまう」動詞の使用がなりたつのであろう。

　よみ手はすくなくとも、「それよりも、狼狽たのは作阿弥で、彫刻が完成するまでは、誰にも見せたくない。」と「殿様といえども、眼に触れさせたくはない（ので）」の文、さらには、作阿弥の発言「最後の鑿を打つまでは、人に見せぬというのが、わしの心願じゃ。この山奥へ籠もっておるのもそのため。御存じであろう。」などの文から、「作阿弥は自分の彫刻が完成するまでのあいだは、だれにもみせたくない」という作阿弥の気持ちをよみとることができる。にもかかわらず、「何時の間にこの谷へ下って来たのか、蹄音もしなかった（が）」の文の描写からわかるように、「対馬守と出丸主水正はまえぶれもなく突然、小屋におとずれてきた」のである。それ

ゆえ、狼狽した作阿弥は、大急ぎで彫刻に布をかぶせた。作阿弥の「馬の像に布をかけた」（実現された）動作は、「してしまう」文が存在する文連続にある、そのほかの文や文の成分がさししめす対象的な内容との関係において、いかにも作阿弥の、たとえ殿様であっても、だれにもみせたくない気持ちのあらわれと同時に、作阿弥による、対馬守と田丸主水正に像をみせたくないための、突発的な処置ともいえるだろう。完成するまで、だれにもみせたくない作阿弥が、不意にこられた対馬守と田丸主水正をその場からおいだしたり、どなったりする行動をとることもかんがえられたが、しかし、作阿弥はそうはせずに、まっ先に大急ぎで「（布を像に）かける」という行動をとったのである。

　不意に訪問された対馬守と田丸主水正にたいする、作阿弥のすさまじい反応は、そのほかに、「（作阿弥は）そして、ひらき直って、対馬守と主水正の主従を、恐ろしい眼で睨みつけた。」とともに、作阿弥の発言、「ちと無礼で御座ろう。誰に断わって、ここへ這入って来られた！」によって、いっそう、うきぼりになっている。作阿弥の「（布を像に）かけてしまった」という、強調という意義づけをもたされている実現された動作は、どういう状況、動作のし手である作阿弥がどういう心境のもとでおこなわれたかがはっきりと文連続に説明されている。「してしまう」動詞があらわす「（かたり手による登場人物の動作の）実現にたいする強調」をささえているのは、文連続にあるほかの文（文がさししめす対象的な内容）であり、かたり手はそれをふまえてはじめて、述語に「してしまう」動詞をつかうのである。いいかえれば、よみ手に「してしまう」文に注目してほしいというかたり手による「強調」は、文連続にあるほかの文がさししめす対象的な内容によって条件づけられているのである。

　つぎに、「（紙を）おってしまう」が述語につかわれる文をみてみる。

(15) ¶ ①午後になって、飛騨が警察から帰って来た。②いきおい込んで病室のドアをあけた。③「やあ、」葉蔵がスケッチしているのを見て、大袈裟に叫んだ。「やってるな。いいよ。

芸術家は、やっぱり仕事をするのが、つよみなんだ。」¶ ④そう言いつつベッドへ近寄り、葉蔵の肩越しにちらと画を見た。⑤<u>葉蔵は、あわててその木炭紙を二つに折ってしまった</u>。⑥それを更にまた四つに折り畳みながら、はにかむようにして言った。「駄目だよ。しばらく画かないでいると、頭ばかり先になって。」¶ ⑦飛騨は外套を着たままで、ベッドの裾へ腰かけた。「そうかも知れんな。あせるからだ。しかし、それでいいんだよ。芸術に熱心だからなのだ。まあ、そう思うんだな。——いったい、どんなのを画いたの？」

（太宰治・道化の華）

　例（15）、「葉蔵は、あわててその木炭紙を二つに折ってしまった。」が配置されている文連続には、「葉蔵」「飛騨」の登場人物がいる。状況設定は「葉蔵がとまっている病室」である。以下のようにいくつかの具体的な出来事をとりだすことができる。

　　①飛騨がもどってきた。
　　②飛騨が病室のドアをあけた。
　　③飛騨が、葉蔵がスケッチしているのを見て、（大袈裟に）叫
　　　んだ。（「やってるな。いいよ。芸術家は、やっぱり仕事をす
　　　るのが、つよみなんだ。」）
　　④飛騨がベッドに近づき、（葉蔵の肩越しにちらと）画をみた。
　　⑤葉蔵が（あわてて）その木炭紙を二つにおった。
　　⑥葉蔵が木炭紙を更に四つにおりたたんで、飛騨にことばをか
　　　けた。（「駄目だよ。しばらく画かないでいると、頭ばかり先
　　　になって。」）
　　⑦飛騨がベッドの裾へこしかけた。

「おってしまう」がつかわれるのが５つ目の出来事を描写する文の述語である。入院している葉蔵がスケッチをしているところに、友人である飛騨がいきおいこんで部屋にはいってきた。飛騨は葉蔵のスケッチをみようとしたが、葉蔵は「それを２つにおってしまった」。なぜなら、葉蔵は飛騨に（スケッチを）みせたくないのだ。この葉蔵のきもちは、葉蔵の発言、「駄目だよ。しばらく画かないでいると、頭ばかり先になって。」からもはっきりとよみとれる。

178

実際、飛騨に自分のスケッチをみせないためには、「(スケッチを)おる」のほかに、スケッチをかくしたり、やぶいたり、あるいは、飛騨にちかよらないように注意するような行動をとることもかんがえられる。しかし、葉蔵は「木炭紙を2つにおる」行動をとった。しかも、「あわてておった」のである。その後、葉蔵はさらに、ふたつおりした木炭紙をよっつにおりたたんだ。葉蔵は飛騨に画をみせないのと同時に、その画をかくことをやめたのである。述語があらわす「(葉蔵がおこなった木炭紙をふたつに)おった」という動作は、葉蔵が画をかいていたうごきをやめたことをあらわしていると同時に、葉蔵が飛騨にみせたくないきもちのあらわれであり、葉蔵が飛騨にスケッチをみせまいととった突発的な処置であることが、文連続にあるほかの文や文の成分がさししめす対象的な内容によって説明され、「おってしまった」が使用されているのである。いいかえれば、「してしまう」文が配置されている文連続は、「(葉蔵の木炭紙を)おった」という動作の実現が強調されていることがらであることを、よみ手が理解できるように構築されている。

　もう1つ例をみてみよう。例文、「彼女(尾崎ふみ子)はあきらめて、紙切れをハンドバッグに入れてしまった。」が配置されている文連続には、「彼女・尾崎ふみ子」と「何人かの同僚教師」が登場人物として存在する。状況設定は、「昼休みの教職員室」である。

(16)①尾崎ふみ子は向いあった自分の机にいて、心がみだれた。たずねてあげたくもあり、なぐさめたりはげましたりしてあげたい気もするが、みんなの見ている所でそれを言い出す勇気がなかった。彼女は沢田が三人の生徒を叱っているところを廊下から見て知っている。こまかい経緯までは知らないが、いまさら大問題にされるような事件が起きていたとは思われない。¶ ②彼女は小さい紙切れに鉛筆で書いてみた。(先生のことで、いろいろなうわさがあるようですが、お気になさらないで下さい。私は信じております)¶ けれどもその紙切れを、彼に手渡す機会がなかった。機会はあっても、彼女にそれだけの勇気がなかった。彼女はまるで恋文を渡す時のような羞恥を感じて、固くなっていた。

職員室のなかには三十数人の教師が机をならべていた。③みんなが注意ぶかい好奇の眼で沢田先生を見ている。④**彼女はあきらめて、紙切れをハンドバッグに入れてしまった。**
¶ 彼女はまだ、この事件の動いて行く道筋に気がついてはいなかった。彼女のみならず、沢田自身も、熊井校長も、校務主任も、一条太郎も、だれも知らなかった。

（石川達三・人間の壁（中））

この文連続からは、以下のように、いくつかの具体的な出来事がとりだされる。

①尾崎ふみ子は、（教員室にある、沢田先生とむきあっている）自分の席にすわっている。
②尾崎ふみ子は、紙切れに（沢田先生をはげますための）いくつかの文句をかいた。
③教員室にいる先生全員が、沢田先生をみている。
④**（自分のかいた紙切れを沢田先生にわたそうとしたが、）それをはたせずに尾崎ふみ子は、紙切れをカバンにいれた。**

「してしまう」文がつかわれているのは、4つ目の出来事を描写する文である。沢田先生が学生を体罰し、ケガをさせた、といううわさがささやかれているなか、その一部始終をみていた彼女（尾崎ふみ子）は沢田先生をはげますつもりで、紙きれにメッセージをかき、わたそうとしていた。しかし、「みんなが注意ぶかい好奇の眼で沢田先生を見ている」なか、彼女（尾崎ふみ子）は「けれどもその紙切れを、彼に手渡す機会がなかった」と、「機会はあっても、彼女にそれだけの勇気がなかった」のであった。さらに、修飾語「あきらめて」があらわす彼女（尾崎ふみ子）の様子とあわせ、「紙切れをハンドバッグにいれた」動作は、彼女（尾崎ふみ子）にとって、紙切れを沢田先生にわたすことをあきらめた結果おこなった動作であり、不本意な動作ともいえよう。「彼女（尾崎ふみ子）が沢田先生に紙切れをわたそうとする場面の描写」でまとめあげられる、いくつかの文によって構築されたこの文連続において、「彼女はあきらめて、紙切れをハンドバッグに入れてしまった。」の文もまた、ほかの文や文の成分がさししめす対象的な内容によって、「この出

来事は（相対的に）強調されている」ことがしめされ、述語に「してしまう」動詞がつかわれるのである。

　とりあげてきた例文、「（作阿弥は）大いそぎで、ゆたんのような唐草模様の大きな布を、ふわりと、彫りかけの馬の像に掛けてしまった。」、「葉蔵は、あわててその木炭紙を二つに折ってしまった。」、あるいは「彼女（尾崎ふみ子）はあきらめて、紙切れをハンドバッグに入れてしまった。」において、動作のし手＝登場人物（「作阿弥」、「葉蔵」、「彼女（尾崎ふみ子）」）にとって、述語「（布を）かけてしまった」、「（木炭紙を）おってしまった」、「（紙切れを）いれてしまった」があらわす動作のいずれも、「突発的な処置」であったり、「不本意（予定外）」であったりする。それらの動作は、なにゆえ、「突発的」であるのか、あるいは、「不本意（予定外）」であるのかについては、文連続に説明されており、「布をかけてしまった」、「木炭紙を２つにおってしまった」、「紙切れを入れてしまった」があらわす動作は、それぞれの文連続において、「前後する文脈によって説明されている、（かたり手の評価によって）強調される（登場人物＝動作のし手の）実現された動作」なのである。「作阿弥」「葉蔵」「彼女（尾崎ふみ子）」のようないわゆる３人称かたりの文連続につかわれる「してしまう」文の例のほかに、「ぼく」、あるいは「わたし」がおもな登場人物である１人称かたりのばあいでも、「してしまう」動詞の使用が、ある文連続においてはじめて、「（かたり手の評価による、登場人物＝動作のし手の）実現された動作の強調」にもちいられる。

　つぎに、１人称かたりである、例（17）「（私は）ということばがまたまた頭の中に浮かんできて、両手がわなわなと震えてしまった。」をみてみよう。

(17) ¶ ①私は道の小石を蹴っとばしながら家に帰った。¶ 家には誰もいなかった。②<u>私はこれさいわいと押し入れからシーツをひっぱりだして、幅五十センチくらいの帯状に折り、それを腰にぐるぐると巻いて母親の三面鏡の前に立ってみた。</u>もしも鼓笛隊のメンバーになれたら、白いスカートを買ってくれるという約束は既に取りつけてあった。今

日のオーディションの完璧な出来からいって、合格するのはほぼ間違いなかったから、問題は私に白いスカートが似合うかどうかだけだった。「もうちょっと丈が短いな」¶ ③と、私は腰に巻いたシーツをよっこらしょと持ち上げた。すると膝のところからふとももにかけて急激に太くなっている私の足が露呈され、我ながら目を覆いたくなるような姿であった。「白いスカートが似合うと思ってんのかよ」¶ ④ということばがまたまた頭の中に浮かんできて、**両手がわなわなと震えてしまった**。「だめだ……」¶ 白いスカートが似合わないのは明らかだった。　（群ようこ・膝小僧の神様）

「してしまう」文が配置されている文連続には「私」という登場人物しか存在しない。おもな状況設定（背景設定）は「私」の家である。「してしまう」動詞がつかわれているのは4つ目の具体的な出来事を描写する文である。

　　①私は道の小石を蹴っとばしながら家に帰った。
　　②私はこれさいわいと押し入れからシーツをひっぱりだして、幅五十センチくらいの帯状に折り、それを腰にぐるぐると巻いて母親の三面鏡の前に立ってみた。
　　③と、私は腰に巻いたシーツをよっこらしょと持ち上げた。
　　④（「白いスカートが似合うと思ってんのかよ」）ということばがまたまた頭の中に浮かんできて、両手がわなわなと震えた。

　説明をつけくわえると、ある日、「私」という登場人物は、小学校の鼓笛隊にはいるためのオーディションをうけ、そのかえりに、おなじクラスの男の子に「(鼓笛隊のメンバーがはく)白いスカートが似合うと思ってんのかよ」とからかわれた。そのため、「私」はいえにかえるなり、シーツをつかって白いスカートをはくマネをし、自分のすがたを鏡で確認した。しかし、やはりにあわなかった。その際に、「私」はからかわれたことば、「白いスカートが似合うと思ってんのかよ」をおもううかべて、「両手がふるえてしまった」のである。実際、「私」がクラスの男子にからかわれた出来事は、物語において、ここでとりだした文連続よりさらに以前の文脈に描写されており、よみ手はそれを予備知識としてもつことができる。

しかし、そのことは、「私」が「(手が)ふるえてしまった」直接の理由ではない。
　「私」は、家にかえり、鏡の前で自分の白いスカートすがたを確認しながら、「今日のオーディションの完璧な出来からいって、合格するのはほぼ間違いなかったから、問題は私に白いスカートが似合うかどうか(だけだった)」をかんがえていた。「すると膝のところからふとももにかけて急激に太くなっている私の足が露呈され、我ながら目を覆いたくなるような姿であった」ということに「私」が直面しながら、からかわれたことば、「白いスカートが似合うと思ってんのかよ」をおもいうかべ、「両手がふるえてしまった」のである。「(私の)両手がふるえた」動作が発生にいたるまでのいきさつ、そして、「私」が足の太さを気にする心情などがくわしく文連続にあるほかの文にさししめされている。それによって、述語につかわれる「(両手が)ふるえてしまった」があらわす、強調という意義づけをもたされている「私」がおこなった動作は、鏡にうつっている自分のみにくいすがたを確認した「私」による突発的な生理反応であり、「私」の心情のあらわれでもあることが容易によみ手に理解してもらえるのであろう。やはり(17)の「してしまう」文が配置されている文連続は、「(両手が)ふるえた」という動作の実現が強調されていることがらであることを、よみ手が理解できるように構築されている。
　もうひとつ1人称かたりである例文、(18)「僕は躊躇したが、結局上ってしまった。」をみてみる。

(18)¶ 僕はその夕、つゆに短冊を書いて貰う約束があったからそわそわしていた。僕は数日前から腹がゆるくなっていた。然し母には黙っていた。午過ぎに佐々木が来たが自転車を外に置いてちょっと寄ったと言い別に話もなくて帰った。①かるい夕飯を食って家を出た。②外は明るく僕は新しく下した麻の着物を着、布の夏帽子をかぶった。駅を降りたころ右手の空に夕月が掛っていた。それはつゆの家のうしろの森をずっとあがったところに淡く浮んでいた。③玄関に立つとつゆの姉が出て来た。④ちょっと困ったような顔

をしたが直ぐ引込み僕は暫らく待たされた。竹の多い庭隅に桃の木が一本立ち、この間まで新聞紙がかかっていたのだがそれが落ちたあとにちいさな実がつき青く固そうに見えた。僕はまた何時来ても履物の見えない玄関の土間が自分をいじけさせるような感じがした。つゆは風邪を引いて寝ていたのだ。⑤つゆが寝ていると言われすぐ帰ろうとしたが引留められた。つゆが逢うと言うのだ。⑥**僕は躊躇したが、結局上ってしまった。**¶⑦二階の八畳につゆは寝ていた。僕は何時かつゆひとりが二階で窓を開けて寝ると言ったことを聞いたことがある。ひとりで寝ているつゆの姿を想像したことがある。⑧つゆは蚊帳の中に寝ていた。

(清水基吉・雁立)

「してしまう」文が配置されている文連続には「僕」という主要な登場人物のほかに、「つゆ」、そして「つゆの姉」がいる。「してしまう」動詞がつかわれているのは６つ目の具体的な出来事を描写する文である。

　①かるい夕飯を食って家を出た。
　②外は明るく僕は新しく下した麻の着物を着、布の夏帽子をかぶった。
　③玄関に立つとつゆの姉が出て来た。
　④ちょっと困ったような顔をしたが直ぐ引込み僕は暫らく待たされた。
　⑤つゆが寝ていると言われすぐ帰ろうとしたが引留められた。
　⑥**僕は躊躇したが、結局上ってしまった。**
　⑦二階の八畳につゆは寝ていた。
　⑧つゆは蚊帳の中に寝ていた。

文連続に描写されている話のながれはこうである。ある日の夜、「僕」はつゆと「短冊をかいてもらう」約束をしていたので、つゆの家にむかった。しかし、つゆはカゼでねこんでいた。それをしり、ぼくはかえろうとしたが、それでもあうというつゆの伝言をつゆの姉からきき、「僕は躊躇したが、結局（おうちに）あがってしまった」のである。「（おうちに）あがってしまった」という（僕がおこ

なった）動作の実現は、予期せぬ事態（つゆがカゼでねこんでいること）に直面した「僕」がためらった結果、みずからくだした決断であり、その場であうかあわないかという選択肢にせまられた際に「僕」がとった即断的な処置でもあるといえるだろう。文連続に描写されている、「僕」がおこなった一連の行動、「僕」のおもい、そして「僕」とつゆの姉とのやりとりをふまえたうえで、「（おうちに）あがってしまった」の使用がなりたったのである。やはり、述語「（おうちに）あがってしまった」があらわす実現された動作は、単なる「僕」による実現された動作ではなく、「僕」がその場をたちさる行動をえらばず、「つゆのうちにあがる」行動を選択したことを強調する意義づけがもたされている、「僕」による実現された動作とみてよいだろう。

これまでみてきた用例において、かたり手は基本的に、文連続に描写されている場面にいあわせる、ある登場人物（そのおおくは物語においての主となる登場人物である）「作阿弥」「葉蔵」「彼女（尾崎ふみ子）」「私」「僕」の視点＊16からものがたっている。そして、「僕」、「私」、「作阿弥」、「葉蔵」、「尾崎ふみ子」という登場人物は、「してしまう」動詞があらわす「（かたり手の評価による）強調という意義づけをもたされている実現された動作」のし手でもある。「してしまう」動詞があらわす動作のし手＝登場人物とかたり手の視点のおかれている登場人物が一致するときに、「してしまう」文には、動作のし手＝登場人物の様子・きもちをくわしくする修飾語「おもわず」、「つい」、「うっかり」、「不覚にも」の使用がよくみられる。例文をみてみよう。

(19) ①安の店から出たときすでに、澄江のなかでは、生家の田屋のことがおもいうかんでいた。小田原ではこんどの事件を知っていなかった。夏やすみだというのに行助をよこさないのか、と生家の母から電話があったのは八月初旬であった。そのとき澄江は、行助は北海道に行っているから、と答えたが、いまの澄江には、親しい人達になにもかもを話してしまいたい、という衝動があった。堪えていることがつらすぎたのである。¶ ②澄江は、生家の店の前にたっ

> たとき、ああ、ここはいつ来てもあたたかい場所だ、と思った。「おや、澄江じゃないか。なにをこんなところにたっているんだ」¶ ③と背後から声をかけられたとき、澄江は不覚にも涙ぐんでしまった。兄の英太郎だったのである。「みなさんお元気」④澄江は兄に顔を見られないようにしながら訊いた。「みんな元気だよ。さあ、なかにはいれ」¶ ⑤英太郎は妹をうながすと先に店にはいって行った。
>
> （立原正秋・冬の旅）

「と背後から声をかけられたとき、澄江は不覚にも涙ぐんでしまった。」が配置されている文連続には、「澄江」「（澄江の）兄の英太郎」という登場人物がいる。状況設定は「（澄江の）実家の前」である。澄江は息子の友人である「安」の店にいったかえりに、実家に足をはこんだ。なぜなら、「いまの澄江には、親しい人達になにもかもを話してしまいたい、という衝動」があり、「堪えていることがつらすぎた」からである。澄江にとって、かくしてきた息子のおこした「事件」が重荷となり、親しいだれかにはなしたいとおもい、実家に足をはこんだのである。そして、実際、彼女が実家の前にたったとき、「（澄江は、生家の店の前にたったとき、）ああ、ここはいつ来てもあたたかい場所だ、と思った。」のである。そこで、彼女は兄の英太郎に声をかけられ、おさえてきた感情がこみあげ、「不覚にも涙ぐんだ」のだ。文連続にさししめされている、澄江の一連の行動や澄江のおもい、さらには兄の英太郎とのやりとりが、「（澄江が）涙ぐんでしまった」があらわす動作は突発的であり、澄江が自分のきもちをおさえきれなくなったあらわれでもあることを説明してくれる（条件づけている）。述語の「涙ぐんでしまった」は、このようにして、「澄江の涙ぐんだ」動作の実現を強調するのにもちいられているのである。

これまでみてきた用例と同様に、文連続に描写されている場面にいあわせる、登場人物の1人である澄江は「してしまう」動詞があらわす実現された動作のし手であり、また、かたり手は澄江の視点からかたっているのである。このことは、文連続内に澄江の内心描写（心情描写）をさししめす文がいくつも存在することから、容易

に理解できるだろう。かたり手が澄江の視点からものがたることにより、かたり手は、澄江の心の奥まではいりこみ、いかにも澄江のたちばにたち、澄江の感情の起伏や澄江のおもいをのべることができる。実際、不覚のおもいをしたのは澄江であり、かたり手ではないが、「不覚（にも）」の使用は、かたり手が澄江のたちばにたち、澄江によりそい、あたかも澄江と同化したようにものがたるからこそ可能である。

　もう一例をみてみる。「思わず神島は笑ってしまった。」が配置されている文連続には、「神島」と「（娘である）月子」という登場人物がおり、状況設定は「桟橋の上」である。

(20)　¶眼下の海面から冷たい風が吹き上げてきた。コートの裾が音立ててはためいた。「そろそろ帰ろう」¶神島が月子の肩を叩いて歩きかけたとたん、「あ」¶①月子がまた叫んだ。¶振り返って空を見上げると、白く細長い光線が二筋、前後して闇の中へ消えて行くところだった。「今夜は流れ星が多いな」¶神島の言葉に、月子はまじめな顔で、「きっと、風が強いせいだね」¶②と、言う。¶③思わず神島は笑ってしまった。¶しかし、あるいはほんとうにその通りかもしれない……。④そう思いながら、月子と手を結んだ。

（新井満・尋ね人の時間）

　文連続に描写されているのは、神島と月子、親子のほほえましいやりとりの一コマである。そろそろかえろうとしている神島に、月子が「あ」と声をあげた。それは、流れ星にきづいた月子の反応である。その流れ星をみて、神島は「今夜は流れ星が多いな」ということばをはっし、それにたいして、月子はまじめな顔で、「きっと、風が強いせいだね」と父親の神島にかえした。それに、神島が「おもわずわらってしまった」のである。神島の「（おもわず）わらった」動作はこのようないきさつをふんだうえで実現されたのである。実際、神島が流れ星の構造や発生のメカニズムにかんする専門的な知識をもってるか否かは別にして、おそらく、彼はわれわれよみ手の大多数と同様に、すくなくとも「流れ星は風の力でうごいたり、うごかされたりしない」という一般的な知識をもちあわせていると

推測できる。おそらくそのことにより小学校生である娘の月子から、流れ星が多いのは、風が強いせいだということばをきいたときに、月子の発言に反応したかたちで、神島は「（おもわず）わらった」のである。神島は月子の発言におもしろくおかしくおもえたのだろう。述語の「笑ってしまった」は、たんなる神島によっておこなわれた「わらった」動作ではなく、月子とのやりとりのながれにおいて、実現した動作であり、さらには、その実現された動作にふくまれている、かたり手にとらえられた、父親（神島）が娘（月子）や娘の発言にたいする「なんらか」のおもいや態度をもあらわしているのであろう。

　月子の発言内容は、あきらかにあやまりであった。しかし、父親の神島はそれを訂正せず、逆に、「しかし、あるいはほんとうにその通りかもしれない……。」と心のなかでつぶやいた。よみ手として、そこからさらにつよく父親が娘にむけた「なんらか」のおもいや態度をかんじとれるかもしれないが、しかし、「してしまう」動詞はそれ以上の、神島が月子にむける、より具体的な「どういう」おもいなのか態度なのかはしめしていない。しめすこともしない。しかし、それでも、このばあいの「してしまう」動詞は、れっきとして「（かたり手の評価による、登場人物＝動作のし手の）実現された動作の強調」にもちいられている。

　たしかに、この物語を全部よめば、神島と月子の親子関係を理解し、離婚をして、月一度しかかわいいわが娘の成長をたしかめられずにいる神島の心情をもひっくるめて、神島のこの「わらってしまった」があらわす「神島のおこなったわらった動作」にふくみ的にもたされているいろいろな意味あいをも、よみ手としてかんじとることができるだろう。しかし、それはおそらく、「してしまう」文や「してしまう」動詞の意味・用法をこえ、神島や月子、さらにわかれた妻と妻の再婚相手などの登場人物の性格やかれらの関係性、そして物語全体をどうよむかというレベルのことになるだろう。

　「してしまう」の分析において、述語「わらってしまった」があらわしているのは、神島のわらった動作と、かたり手によるその実現した動作にたいするなんらかの強調である。かたり手によってと

らえられる、その実現した動作にむける神島の「なんらか」のおもいや態度であり、神島が実現した動作にたいするかたり手によるなんらかの強調にとどまる。まさにこのことが一種の「強調」といえるのではないだろうか。

　『文法教育』(1963)、高橋(1969)、鈴木(1972)の一連の先行研究において、いずれも「おわりまでおこなう動作」や「動作の実現」についてふれられている。そのうち、『文法教育』(1963)と鈴木(1972)においては、限定的ではあるが、「してしまう」動詞には「動作の実現の強調」をあらわす用法があると記述している。ただし、「する」文も強調（の意味）には無関心の動作の実現をあらわし、とくに過去形「した」のかたちをとるばあいはもっともわかりやすい。《1.2.》であつかった作例をもう一度確認してみる。

　　けさ、太郎はいつもよりはやく6時におきた。顔をあらい、歯をみがいたあと、朝食もとらずに学校にむかった。バス停についてまもなくバスがきて、太郎はすこし緊張気味でバスにのりこんだ。今日は定期試験の日だ。太郎はドキドキハラハラしながら、まだだれもきていない教室にはいっていった。7時だった。
　　　　　　　　　　　　　　　　　　　　　　　　　　　（作例）

　「今日は定期試験の日だ。」、「7時だった。」の2つのいわゆる説明の文をのぞけば、これら一連の文はただ淡々と、物語に設定されている時間のながれにそった、「太郎」という登場人物が、家から学校までのあいだに、「太郎」がおこなった動作・行動、あるいは「太郎」におきた（動的な）出来事の実現を描写している。「〜おきた。」「〜学校にむかった。」「〜バスにのりこんだ。」…のように。しかし、かりに、「〜朝食もとらずに学校にむかった。」ではなくて、「〜朝食もとらずに学校にむかってしまった。」となると、はなしのながれは一気にかわるだろう。述語につかわれる「してしまう」動詞にはそのような意味・機能をもっている。それが「登場人物がおこなった動作の実現にたいするかたり手（登場人物）の強調」である。

　かたりの進行する時間のながれにそって、継起的におこる出来事を描写する、いくつかの文の連続＝文連続のうち、1つの文の述語

に「してしまう」動詞がつかわれる。その「してしまう」動詞があらわす「強調される実現した動作」はどういういきさつで、そしてどういう状況のもとで、おきたか、あるいはおこなわれたか、を文連続にあるほかの文や成分によってよみ手に理解できるように説明される。こうして、「してしまう」文は、文連続のなかに条件づけられて存在するのである。

　「してしまう」動詞があらわす「(動作や状態変化の)実現の強調」は、文が存在する文連続において、前後の文脈からそれが「どういう」「どんな」、あるいは「なんのため」の「(実現の)強調」であるかがはっきりとよみ手によみとられるばあいが非常におおいが、そうでないばあいもある。しかし、いずれにしても「してしまう」動詞が「動作(状態の変化)が実現することの強調」をあらわすことにかわりはない。「してしまう」動詞があらわす「ある動作の実現、の強調」は、文連続内においてかたり手がよみ手に注目をむけてほしいとねがうことがらであるということから、「してしまう」動詞は、さまざまな修飾語とくみあわせられて文に使用されることがおおく観察できる。より明白に、動作が実現した(する)ことをきわだたせるために、「してしまう」動詞とさまざまな修飾語との共起が義務的であるようにさえおもわれる。

　つづいて、一人称かたりの例文、「さすが行きとどいた公子の管理ぶりに私は思わず「まア」と云ってしまった。」をみてみる。

(21)①倫理の先生のようにしかつめらしい茶色の服をきちんと着た倉庫係長が御先導という感じで降りるあとから私と広田は従った。②木箱を動かしたり釘を抜いたりしている人たちが不思議そうに三人を眺めた。倉庫はずいぶん広くて薄暗い電燈の光では隅々まで見通せなかった。それに配給用の薬品をつめた大きい木箱が種別毎にまとめて積みあげてあるのが、市街地の模型のように見られた。本の箱のところへゆくことが何何街の何番地と訪ねるような気がした。私は公子がこの荷物を預るとき、邪魔になるけれどかまわないわ、と云ったことを思い出して可笑しかった。十個の石油箱は互に身を寄せあって小さい場所を占めていた。鼠

に齧られても知らないことよ、と公子は云っていたが、それどころではなく箱はいたんだ板を丈夫な板ととりかえ、ていねいに釘を打ち直し、どんな遠方へでもすぐ発送出来るようにキチンと縄がかけてあった。その上荷札までつけて――番号がうってあった。④さすが行きとどいた公子の管理ぶりに私は思わず「まア」と云ってしまった。「開けてごらんになりますか。」¶と係長が訊いた。

（由起しげ子・本の話）

　「してしまう」文が配置されている文連続には、「私」、「係長」、「広田」というおもな登場人物がいる。状況設定は「（会社の）倉庫」である。説明をつけくわえると、「私」という登場人物は、義理の兄の死後、兄ののこした膨大な量の書籍をひきとったが、おき場所にこまって、友人である公子に相談したところ、会社の倉庫の一角を都合してくれることになった。文連続に描写されている一連のできごとは、公子が都合してくれた倉庫につまれている荷物（本）を「私」がみにいく場面で継起的におきているできごとである。「鼠に齧られても知らないことよ、と公子は云っていたが、それどころではなく箱はいたんだ板を丈夫な板ととりかえ、ていねいに釘を打ち直し、どんな遠方へでもすぐ発送出来るようにキチンと縄がかけてあった。」の文と、「その上荷札までつけて――番号がうってあった。」の文からよみとれるように、公子は実に見事に荷物（本）を整理整頓してくれていたのである。それをみて、「私」は「（おもわず）「まあ」といった」のだ。つきそい文「鼠に齧られても知らないことよ、と公子は云っていた（が）」からよみとれるように、公子が荷物をあずかった際、ちゃんと面倒をみる保証はできないと「私」にことわっておいた。しかし、実際のところ、公子はいたんだ（箱の）板をとりかえてくれたり、箱に番号札をつけてくれたりして、「私」の予想しなかったことを公子がしてくれた。その予期せぬ光景（箱がきれいに整理整頓されていること）をまのあたりにし、「私」はおもわず「まあ」と声をあげたのである。

　このように、文連続には、述語の「（「まあ」と）いってしまった」があらわす「私」のおこなった動作のいきさつがしめされてお

り、「してしまう」動詞は、かたり手がとらえた「私」の「いった」動作の実現を強調するのにもちいているが、修飾語の「おもわず」は、まさしく動作のし手である「私」という登場人物による「私」の具体的なきもちのあらわれである。

　以下、おなじタイプの用例をいくつかあげておく。

(22)¶①<u>少し行くと、さかな屋の達ちゃんが店の前で小イヌと遊んでいた。</u>②<u>そこへ松田病院の篤君も来た。</u>みんなつれだって歩いて行った。「君、寄付金もってきた？」¶③<u>と、達ちゃんが言った。</u>「うん。」¶④<u>と、篤君が答えた。</u>「君、いくら。」「ぼく、二十銭。」「そうか。ぼくも二十銭だ。」¶⑤<u>と、達ちゃんは言った。</u>「ふふん。みんな二十銭なんだね。ぼくもそうだよ。」¶⑥<u>と、幸ちゃんが横から口をはさんだ。</u>「義ちゃん、君もそうかい。」¶⑦<u>達ちゃんがそばへ寄ってきた。</u>¶義夫はこういう形勢になっては、「ううん、ぼくは十銭だ。」とは言えなかった。さかな屋の達ちゃんでさえ――義夫は平生、達ちゃんをバカにしていた。――達ちゃんでさえ二十銭なのに、自分ひとり十銭とは、どうしても言えなかった。「うん、ぼくもみんなと同じだ。」¶⑧<u>と、**つい、言ってしまった**。</u>言ってしまってから、これはとんだことをした、と思った。しかし、もうあとから、言い直すわけにはいかなかった。義夫は急いでうちへ帰って、ねえさんに話して、あと十銭いれてもらおうか、と思った。

（山本有三・真実一路）

(23)¶山の神の秋の祭りの晩でした。¶①<u>亮二はあたらしい水色のしごきをしめて、それに十五銭もらって、お旅屋にでかけました。</u>「空気獣」という見世物が大繁盛でした。¶それは、髪を長くして、だぶだぶのずぼんをはいたあばたな男が、小屋の幕の前に立って、「さあ、みんな、入れ入れ。」と大威張りでどなっているのでした。②<u>亮二が思わず看板の近くまで行きましたら、</u>いきなりその男が、「おい、あんこ、早く入れ。銭は戻りでいいから。」と亮二に叫びました。③<u>亮二は**思わず、つっと木戸口を入ってしまいました**。</u>す

ると小屋の中には、高木の甲助だの、だいぶ知っている人たちが、みんなおかしいようなまじめなような顔をして、まん中の台の上を見ているのでした。台の上に空気獣がねばりついていたのです。それは大きな平べったいふらふらした白いもので、どこが頭だか口だかわからず、口上云いがこっち側から棒でつっつくと、そこは引っこんで向うがふくれ、向うをつつくとこっちがふくれ、まん中を突くとまわりが一たいふくれました。④<u>亮二は見っともないので、急いで外へ出ようとしましたら、土間の窪みに下駄がはいってあぶなく倒れそうになり、隣りの頑丈そうな大きな男にひどくぶっつかりました。</u>　　　　　　　（宮沢賢治・祭の晩）

(24) ¶ ①<u>英美子は、さっそく、加寿江あてに手紙を書いた。</u>¶ 早川みどりという子が、いま、わたしのクラスにいるが、前はＹ市の小学校にいたといっている。もしかすると、加寿江さんとおなじ学校だったのではないだろうか。¶ 早川みどりのお父さんは、中学校の先生をしていたというが、どうして、先生をやめて、こちらにひっこしてきたのだろう。しっていたら、そのわけを教えてほしい。¶ ②<u>そういった意味のことを、あまいことばでつつんで、やんわりと手紙に書いた。</u>自分が早川みどりをにくんでいることを、加寿江にしられてはならなかった。そのため、その手紙を書きあげるまでに、英美子は、ずいぶん苦心をかさねた。¶ ③**ようよう手紙を書きあげたとき、英美子はおもわず、ひとりごとをいってしまった。**「こんなに苦労して書いた手紙なのに、加寿江さんから、早川みどりなんていう子、しりませんっていう返事がきた、どうしよう……」¶ だが、英美子の苦心は、むだではなかった。¶ 英美子の手紙にたいして、八月のすえに加寿江から返事がきた。¶
　　　　　　　　　　　　　　　　（大石真・魔女のいる教室）

(25) 再掲：¶ ①<u>蔦代がふいに思い出して声をあげた。</u>「誠さんが置いてった手紙、私ここに持ってるんだったわ。正ちゃん読んでみてくれる」¶ ②<u>蔦代は帯の間から大きな財布をと</u>

り出した。それは一万円札を折らずに入れられる札入れで、誠の置き手紙は札の間に三ツ折りにして入っていた。¶蔦代どの。¶③書き出しがこうだったから、正子は思わず蔦代の顔を見てしまった。それだけでも、どきっとしてしまう。読んてはいけないのではないかという予感がした。「読んでよ」「ても、いいのかしら。誰かに読んでもらったんでしょう」「女中だけよ。でも信用のできる女じゃないからね、どう読み違えてるか分りゃしない。いつかは信用のできる人に読んでもらうつもりで持ち歩いていたのよ。正ちゃん、読んで頂だいよ」¶④そこで正子は思いきって、声を出して読むことにした。　　　　　　　（有吉佐和子・木瓜の花）

(26)「わたしはポンチって、ただ、いたずらがきをするものとばかり思っていました。」¶①吾一はさっきかいてもらった起きあがり小ぼうしの絵を、もう一度、取りあげて見かえした。さかなの骨のようなものが、ごそりと彼の腹にささった。「どこへ行っちまったんだろう。しようがないやつね。──ちょいと、どこへ行っているの。」¶②おかみが、台どころのほうで、大きな声を出していた。¶③吾一は返事もしないで、一生懸命に自分の似がお絵を見つめていた。「おい、捜しているようだから、早く行かないと、また、うるさいぞ。」「へえ。」¶④今までの習慣で、吾一はつい「へえ。」と言ってしまった。が、これからは、もう「へえ。」なんて卑屈な返事は、断然やめようと思った。¶夕がたのこまごました用をすませると、彼はいつものように、おぜんを持って、二階にあがらなければならなかった。

（山本有三・路傍の石）

(27)¶午後になって、ネコバンが来る頃には、雪はすっかりとけて、祖母のいった通り泥んこになった。①わたしは叔母に買ってもらった絵本と縞馬の縫いぐるみをもって、ネコババの家へ行った。②ネコバンは来る途中で買ってきたのか、紙袋から今川焼きを取り出して、わたしにくれた。③湯気で湿った今川焼きはとても熱くて、わたしは持てずに

テーブルの上へほうり出してしまった。¶ ④ネコバンはテレビのチャンネルをまわすと、今川焼きを食べながら見始めた。⑤わたしはそのそばで絵本を開き、腹ばいになって、字を真似て書き始めた。わたしは叔母に教わって、もう自分の名前は漢字で書けたし、平仮名もほとんど、片仮名なら全部書けた。なんでもそばにあるものを、すぐに真似て書いてみる癖があって、「口のきけない分、書くのはうまいわね」¶ と祖母や叔母を感心させていた。¶ ⑥わたしは、ようやく持てるようになった今川焼きを、ネコバンに寄りかかりながら、足を投げ出して食べ始めた。猫が擦り寄ってきたので、口移しで猫に今川焼きをやると、ネコバンは、「汚いことしないの」とわたしを頭の上から睨んだ。

(瀧澤美恵子・ネコババのいる町で)

(28) ¶ 三日目に、ロスの母から電話がきた。①祖母がまず先に話をし、「ママだよ」とわたしに受話器を渡してくれた。「マミー!」¶ ②わたしは嬉しくて、狂ったように、早く帰りたい、お迎えに来て、と叫んだ。やっと意思が通じてほっとしたものだから、甲高い声でかみつくように叫んでいた。「しばらくそっちで、お祖母さんたちと暮らすのだって、いったでしょ」¶ ③母の声が冷たく返ってきた。「いやよ、もう帰りたいの。わたし、一人で飛行機に乗れるわ。お利口にして帰るから、空港に出ていて?」「いいえ、まだ駄目なのよ。エリーはしばらくそっちで暮らすのよ。お祖母さんや叔母さんのいうことをよく聞いて、お利口にしてなきゃ、ね」「いやよ。あの人たちのいうこと、ちっともわかんないの。早く帰りたいわ。どうして帰っちゃいけないの?¶ いつだったら帰れるの?」¶ ④赤ちゃんが生まれるから、しばらくは駄目なのだ、と母はいった。⑤赤ちゃんが生まれた、面倒をみる、といったが、母は、「赤ちゃんの面倒はパパがみるからいいのよ。エリーはもうしばらくそっちにいなさい」¶ とこたえた。⑥わたしは、ピンクの肌をした背の高い大きいパパのことを思い出して、急に

黙ってしまった。⑦母は、叔母に電話をまわすように、といった。¶

(瀧澤美恵子・ネコババのいる町で)

(29) ¶ ①昼休み、作業ズボンのポケットに手をつっこんで立っているぼくに、多田が話しかけてきた。「頭にきた。おれんち、水道のメーターが気がふれやがって、ぐるぐる回りっぱなしでよ、今月の料金一万円だって言いやがるんだ」¶ ②ぼくは思わず笑いだしてしまった。「笑いごっちゃないよ、河上さん」「だからって、お大事にっても言えないじゃないか」¶ ③こんどは多田が笑いだした。うちのアパートでも前にメーターの故障を直させたことがあった。直させて料金まけさせるようにぎゅうぎゅう文句つけた方がいいよ。④ぼくは言った。⑤それからふっと話題を変えて、駅前の朝鮮高校生のリンチ事件を知ってるかと訊いてみた。

(畑山博・いつか汽笛を鳴らして)

これまでとりあげてきた例文は、かたり手は文連続に描写されている場面にいあわせるある登場人物の視点からかたっており、その登場人物が「してしまう」動詞があらあす「(かたり手の評価による)強調すべき実現された動作」のし手でもある用例ばかりであった。しかし、かたり手の視点がおかれている登場人物はかならずしも「してしまう」動詞があらあす「(かたり手の評価による)強調すべき実現された動作」のし手であるわけではない*17。かたり手の視点がおかれている登場人物と、動作のし手が一致しないばあいの例をみてみよう。

(30) ¶ ①太郎は店の中に入った。②こういうものは、体積の割に、値段が高いことを知っているから、太郎は、初めから用心して、四つだけ頼んだ。「袋でいいです。僕、今、歩きながら食べちゃいますから」「そうですか」¶ 白いエプロンをかけた、若い女の人は、ちょっと残念そうな表情を見せた。恐らく、お菓子の上に描いてある模様がくずれると思ったのだろう。「ちょっと伺いますけど、こちらは、東京の麻布の……」「はい、主人は、あちらで修業して来たんです」¶ 白いエプロンの女の人の顔が輝いた。「道理で、お菓

子の恰好が同じだと思った」「東京からいらしたんですね」「そうです。うちではね、母も僕も、あそこのお菓子好きだったんです」「そうですか。見ただけでそうおっしゃって下さるお客さま、まだ、二人目なんですけど、主人は喜ぶと思います」¶ ③若い奥さんは、そう言いながら、袋の中に五つ入れてしまった。「あのう、僕、四つってお願いしたんですけど」「一つおまけです。又、いらして下さい」「すみません」¶ ④太郎は外へ出た。⑤すぐ袋に手をつっこんで一つつまみ出した。¶ 四つなら、家へ帰り着くまでに、全部、食べ上げられそうな気がしたが、五つになると、急に自信がなくなって来た。おまけに、その一口菓子は、何もかもどんどん小さくなって行く世の中で、思いなしか、東京の菓子よりも、一まわりずつ大きかった。¶ 太郎はそこに、名古屋を感じた。　　　　（曾野綾子・太郎物語　大学編）

　「若い奥さんは、そう言いながら、袋の中に五つ入れてしまった。」の文がおかれている文連続には「太郎」と「（若い）奥さん」という登場人物がいる。状況設定（背景設定）は、「（お菓子やの）店内」である。太郎が４つ（のお菓子）をたのんだのにたいして、（若い）奥さんは５つも袋にいれてくれた。なぜなら、（若い）奥さんの発言、「一つおまけです。又、いらして下さい」から、奥さんは好意として、４つ（のお菓子）をたのんだ太郎に、１つおめに（おまけとして）くれたのである。述語「（お菓子を袋に）５つ入れてしまった」は「（若い）奥さんの（お菓子を５つ）いれた」動作の実現を強調するのにもちいられている。また、かたり手による「（動作の）実現の強調」をささえる根拠となる、太郎と奥さんのやりとりも文連続内にしめされている。「（お菓子を５つ袋の中に）いれた」動作は（若い）奥さんにとって、太郎にたいする好意のあらわれであるが、しかし、一方の太郎にとっては、びっくりするような出来事である。「こういうものは、体積の割に、値段が高いことを知っているから、太郎は、初めから用心して、四つだけ頼んだ。」の文からわかるように、太郎は所持金のことをかんがえ、注文を４つにしたのである。それなのに、奥さんは５つも紙袋にいれた。お

そらく、このことは、太郎にとっての一大事だったのであろう。

文連続内には、太郎の内心・心情（内言）を描写する文、「こういうものは、体積の割に、値段が高いことを知っているから、太郎は、初めから用心して、四つだけ頼んだ。」、「四つなら、家へ帰り着くまでに、全部、食べ上げられそうな気がしたが、五つになると、急に自信がなくなって来た。」などによって、かたり手は「太郎」の視点からものがたっていることがわかる。つまり、この文連続に配置されている文がさししめす対象的な内容は基本的に、太郎を軸として展開しているとみてよいだろう。たしかに（若い）奥さんからしてみれば「いれた」動作は好意のあらわれである。しかし、そのことは「してしまう」動詞があらわす、かたり手による「（動作の）実現の強調」の（主要な）条件づけとはならない。かたり手が太郎の視点からものがたっている以上、「いれてしまった」は太郎にとって、「（奥さんによる）突発的な行為」であり、「太郎が予想しない（奥さんによる）動作」であることをかたり手がよみ手に強調してさしだしているとみるほうが妥当であろう。

　もう一例をみてみよう。
（31）¶ ちいさな蒸汽船が、おわい船をなんぞうも引いてのぼってきた。蒸汽のあおりをくって、イカダは大きくゆれた。そのたびに、ザワザワと白い波は材木にかみついた。女たちはこわがって、黄いろい声を張りあげた。男のほうはおもしろがって、立ったまま、ひとかたまりになり、わざと「わっしょい、わっしょい」ゆすぶった。「先生、乗りませんか」¶ 行介もいつかイカダの上の人になった。¶ どこかで、汽笛がポーと鳴った。「ほうらお昼になりました」¶ ①だれかが、すぐ歌いだした。②すると、ほかの者もまた、いっしょになってそのさきを続けた。¶ ちょうど授業もすみました。¶ おいしいおいしいお弁当 ¶ お手々を洗って行儀よく ¶ みんなでこれからお弁当。¶ ③初年級の生徒がよく歌っているお弁当の歌を、みんな、おお声に歌いだした。夜学部には唱歌はないのだけれど、彼らもいつのまにか覚えてしまったらしい。はたちの一年生まで声を合わせて

歌っていた。④もう気の早いものは、お弁当のふたをあけてしまった。¶ ⑤行介は時計を出して見た。まだ十一時をちょっとまわったばかりだが、イカダの上で弁当を開くことにした。⑥女生徒たちは歌の文句の通り、川で手を洗って、つつましくハシをとった。¶ ⑦お弁当がすむと、また歌を歌いだした。

(山本有三・波)

「もう気の早いものは、お弁当のふたをあけてしまった。」が配置されている文連続には、教師の「行介」と何人かの夜学校の「学生」が登場人物として存在し、それらの登場人物をとりまく状況設定（背景設定）は、「（遠足先でのった）イカダの上」である。やっとのおもいで遠足につれていってもらえた夜学校の学生にとって、もううれしくてたまらないことを、よみ手は、「だれかが、すぐ歌いだした。」や「初年級の生徒がよく歌っているお弁当の歌を、みんな、おお声に歌いだした。」の文からよみとれるだろう。実際、「夜学部には唱歌はないのだけれど、彼らもいつのまにか覚えてしまったらしい。」こと、そして、「はたちの一年生まで声を合わせて歌っていた。」ことから、よみ手は一層、学生たちのうれしさをつよくかんじられるようになる。さらに、学生のきもちがピークにたっしたときに、「（気の早いものが）弁当のふたをあけた」のである。述語「（弁当のふたを）あけてしまった」は「（気の早いものが）弁当のふたをあけた」動作の実現の強調するのにもちいられ、また、かたり手による「（動作の）実現の強調」をささえる根拠となる、学生のたかまるきもちの描写も、文連続内にしめされている。「あけてしまった」があらわす実現された動作は学生のたかまるきもちの象徴となる動作ともいえるが、一方、教師の行助にとって、「（学生による弁当のふたを）あけた」動作は、少々びっくりするような動作であり、予期せぬ動作でもあるといえよう。(30)「太郎と若奥さま」の例文とくらべ、(31)「行介と夜学部の生徒」の例文では、かたり手がはっきりと（登場人物である）行助の視点からものがたっているかどうかを判断しにくいところもあるとおもわれるが、しかし、すくなくとも、かたり手は学生の視点からものがたっていないことはわかる。「してしまう」動詞は「登場人物の動

作の実現にたいするかたり手の強調」にもちいてることにかわりはない。

　おなじタイプの用例をいくつかあげておく。
(32)「お待たせしましたな、わたしが戸田です」¶①瓢太郎は慌てて立ちあがった。一年乙組主任教諭、戸田豊三先生である。服が白いだけに戸田先生の黒い顔が一層黒光りに光っていた。(何という色の真黒な男であろう、と瓢太郎は思った)——彼にはどうしてもこのやくざ者みたいな若造が中学の教師だという気がしなかった。¶②両手をズボンのポケットへつっこんだままの姿勢で、主任教諭は三人の父兄の顔を見わたした。それから、③先ず一ばん端にいた番頭風の男の方をむいて、——「ええと、——あなたは？」「御厄介になって居ります亀野輝雄の兄で」¶中腰になってわざとらしい愛想笑いをうかべたその男の恰好はまるで店先で商売の取引をしているというかんじだった。¶④そいつが腰をおろすと、眼鏡をかけた白鬚の老人が、ゆっくり立ちあがった。⑤そして椅子をうしろへずらしてから、「わたくしが」¶と、紋切型の調子でやりだした。たぶん、この男は長いあいだ四角ばって物を言う工夫ばかりしてきたものらしい、——そういう感じが太い声にまでふかくしみついていた。「夏村大蔵の——」¶⑥と言ってから落ちついた手つきで上着のポケットから名刺入をとりだし、大事そうに名刺を一枚ぬきだして、主任教諭の前へ置いた。「ははァ、——」¶⑦**主任教諭はしかし、そいつをうけとるとすぐポケットへ入れてしまった。**「お父さんですな？」「左様で——」(老人は、口をもぐもぐさせながら、ぐっと反りかえった)¶瓢太郎はすっかりこの老人に威圧されたような気もちだった。⑧それで、彼はおずおず立ちあがると、「あなたが青成瓢吉の——」「はい、保証人で御座ります」「——お父さんじゃないんですか？」「いや、その、たしかに——倅の父親で御座ります」¶瓢太郎の額には汗がにじんでいる。(番頭風の男が一瞬間、くっ！¶と笑いかけた

が慌ててうつむいてしまった）¶ ⑨三人の父兄を前にして、椅子に腰をおろすと、主任教諭は上着の右のポケットから、一束の紙切れをとりだして、貧乏ゆすりしながら、ぞんざいな口調で、「どうも、困ったことができましてな」¶ ⑩しかし、そう言ったあとで、彼は大きく口をあけて、特徴のある笑い声でからからと笑った。

（尾崎士郎・人生劇場 青春篇）

(33) ¶ ①すると角井は、不意にほがらかな調子で言った。「おい、守川、あのガラス割れるかい。」「ガラスって、あの教室の……」「うん。いま小使がうしろ向きになって、そうじしているやつさ。」「ガラス割るなんかなんでもないけれども、そんなことをすると、先生にしかられるじゃないか。」「バカ言え、先生に何がわかるもんか。」¶ **そう言ったと思っているうちに、小使いが手をのばしてせっせとふいていたガラスに、いつのまにか、もう大きな穴をあけてしまった。**「だれだ。」¶ 小使いは、むずかしい顔をしてうしろをふり向いた。「悪さをするのはだれだ。」¶ 彼はもう一度、大きな声をしてどなった。¶ 角井は平気な顔をして立っていた。義夫は少しこわかったけれども、自分がしたんじゃないからやはり知らんふりをして立っていた。¶ 小使いはあたりをにらみつけたあと、ふきげんな顔をして、また前のように、うしろ向きになって窓をふきはじめた。

（山本有三・真実一路）

(34) ①節子は涙をこぼしながら、「ごめんなさい。あたし、あなたにもよく云われたし、島田と一緒になってからは気持を入れかえたつもりなの。だけど始めはやさしかった島田が、だんだんそうでなくなって……あたし、何だかこの頃は身体工合もよくないし、それに明ければもう五になるんだし……誰一人愚痴を聞いてくれる人も無いんですもの、心細くって──あなただってもう赤ちゃんまでおできになって……」¶ ②ヒステリーの発作かと危ぶんだが、節子はそこで言葉を切り、袂で涙を拭いた。③**それから、淋しい時の**

子供のように、両手をわきあきに差し込んで、うつむいてしまった。私は新しい煙草に火などつけて、「そんな意気地のないことでどうする。とにかくもっと気持に張りを持つんだな。

（尾崎一雄・世話やき）

　かたり手の視点がどの登場人物（動作のし手かどうか）におかれているかにかかわらず「してしまう」動詞が「（かたり手の評価による）強調すべき実現された動作」をあらわすことにかわりはない。

　実際、文学作品のなかでは、動作主がことなる「してしまう」文が連続して文連続のなかに存在するばあいもしばしばある。具体例をみてみよう。例（35）はかたり手の視点がおかれている登場人物が、述語の「してしまう」動詞があらあす「（かたり手の評価による）強調すべき実現された動作」のし手であるばあいの「してしまう」文と、そうでないばあいの「してしまう」文が、密接したかたちで、文連続に存在する例である。

（35）少年は茣蓙の上を眺めた。古くて錆の浮いた懐中電灯や西洋皿、寿司を巻くすだれ、座布団カバーのくたびれたものなどが散乱していた。これらの物は今更、持って帰る必要もないように思われた。少年たちの前を絶え間なく人が通り過ぎたが、だれも立ち止まらなかった。¶ 少年は突然、妙な寂しさに襲われた。もうだれも買ってくれないのだろうか。おれたちは、これで用済みというわけなのだろうか。かれはそれが堪らなく辛く、思わずポケットから外国製の万年筆をぬきとり茣蓙の上に置いてみた。¶ 効果は迅速にあらわれた。どこからともなく棹秤を持った男があらわれると、少年の万年筆をとり上げて「いくらか」と訊ねた。少年はその時になって動揺した。それは、父親からもらった大切な万年筆だったのだ。少年に売る気はなく、ただ、漠然とした期待からそこへ置いてみただけなのだった。「いくらか」男は太い声で繰返した。**少年は狼狽し、そのために途方もなく高い値段をいってしまった。**そういえばあきらめて去っていくと思ったのだ。¶ しかし男は去らなかった。「それは高すぎる」かれは怒っている様子も見せずにお

だやかにそういった。「その十分の一の値で買う。負けなさい」「いやだ」少年は気押されしながらいった。「負けない」「買う。これはわたしが買う」そういうとかれは万年筆を自分のもののように確信ある手つきでジャンパーの胸に差してしまった。そして少年の言い値の五分の一に当る金をそこにおくと立ち上がった。そして呆然としている少年を無視して行ってしまった。¶ そしてまた、だれも立ち止まらなかった。寒気が沁み渡って来て、防寒靴の爪先が痺れるように痛かった。
(三木卓・鶸)

　文連続に存在する登場人物は、「（物売りの）少年」と「（棹秤をもつ）男」であり、描写されているのは、「街角の一角でおこなわれている少年と男とのやりとり」の場面である。3つの「してしまう」文が存在する文連続において、かたり手の視点はいずれも、登場人物「少年」におかれていることが、「少年」の心情を描写する文が多数存在することから容易に理解できる。しかし、最初の「少年は狼狽し、そのために途方もなく高い値段をいってしまった。」の文と、あとにつづく「そういうとかれ（男）は万年筆を自分のもののように確信ある手つきでジャンパーの胸に差してしまった。」、「そして（男）呆然としている少年を無視して行ってしまった。」の文の述語があらわす動作のし手は「少年」ではなく、「（棹秤をもった）男」である。

　1番目の「してしまう」文の述語につかわれる「（値段を）いってしまった」がさししめす動作は、万年筆がかわれないようにとっさの判断として、少年が不本意におこなった動作といえよう。2番目の「してしまう」文の述語「（万年筆を胸に）さしてしまった」がさししめす（男がおこなった）動作は、少年にとって、少々びっくりするような動作といえよう。そして、3番目の「してしまう」文の述語「（無視して）行ってしまった」がさししめす動作も、少年にとって、おどろきの動作といえよう。いずれの「してしまう」動詞があらわす「（かたり手によってもたされる動作の）実現の強調」も、文連続内にあるほかの文や節によって説明されており、文連続に描写されている一連の出来事のなかにおいて、はじめて成立

第4章 「してしまう」　203

することであることにかわりはない。

　なお、先行研究でよく指摘されることだが、「のむ」や「たべる」「よむ」「はしる」などのようないわゆる無限界動詞は、「してしまう」動詞に派生することによって動作の限界到達をしめすことができ、「してしまう」の意味・機能の１つとしてあげられる。

　しかし、そのような「する」動詞（無限界動詞）から派生した「してしまう」動詞が文につかわれるばあい、文中に「してしまう」動詞があらわす（実現する）動作の程度や量をあらわす修飾語（いわゆる外的限界性をあらわす成分）との共起が非常におおくみとめられる。無限界動詞の「する」動詞から「してしまう」動詞への派生は、動詞に限界性をあたえるとしてとらえるのではなく、「してしまう」動詞そのものを限界動詞*18としてとらえるべきである。

　具体例をみてみよう。例（36）の「してしまう」文がおかれている文連続には「秀子」と「成子」という登場人物がいる。状況設定（背景設定）は、「（成子の家のちかくにある）喫茶店」である。文連続に描写されているのは、ある日の夜、秀子は会社の同僚である成子をたずね、ふたりは喫茶店にはいり、そこでおこなった、やりとりの１場面である。

　（36）¶ ①二人は、商店街に出て、喫茶店に入った。「あなた、何んになさる？」¶ ②秀子がいった。「あたしは、紅茶」「ビールを飲んでみない？」「まァ、ビールを？」「この店にだって、ビールはあるでしょう？」「そりゃァあるでしょうけど」「あたし、ビールが飲みたくなったのよ」「だったら、あなた、どうぞ、あたしは、紅茶で結構」「つき合いの悪い人ね」¶ ③秀子は、恨めしげにいってから、ビールと紅茶を注文した。¶ 先にビールが来て、二人の前に、グラスがおかれた。「どうぞ、すこしだけ」¶ ④秀子は、ビール瓶を成子に向けながらいった。「あたしは、飲めないし、飲んでみたいとも思いませんから」¶ ⑤成子は、グラスの上に手をおきながらいった。「こんなおいしい物が飲めないなんて、そして、飲みたいとも思わないなんて、あんたって、不幸ね」「あたしが、そう思っていないからいいでしょう？」¶

成子の紅茶が来た。¶ ⑥秀子は、自分でビールを注いで、「では、カンパイしましょう」¶ ⑦と、いったんグラスを目の高さに上げてから、ぐぐっと半分ほどを飲んでしまった。「とってもおいしいわよ」「あたしの目には、まるで、ヤケ酒のように見えるわ」「ヤケ酒ですって？」「ズバリいって上げましょうか」「何を、よ」¶ ⑧秀子は、不安そうに、成子を見た。⑧成子は、見返して、「あんた、井筒さんに振られてしまったんでしょう？」「そ、そんなこと、あるもんですか」¶ 秀子は、あわて気味に否定したが、その顔色は、変っていた。

(源氏鶏太・定年退職)

やはり、例（36）において、述語の「のんでしまった」は、「秀子」と「成子」のあいだにかわされている一連の会話ややりとりのなかにおいて、強調すべき、秀子の「ビールをのむ」動作の実現をあらわしているのであり、秀子が「（ビールを）のむ」動作、そのものの終了（完成）ではない。

2.2 「具体的な場面を描写せず、登場人物の性格、特徴、あるいは出来事を説明する文連続」に存在する「してしまう」文

《2.1》の「してしまう」文と《2.2》「してしまう」文のちがいは、なによりもまず、「してしまう」文をふくめ、「してしまう」文が存在する文連続の構造のちがいである。その文連続の構造のちがいとは、主に文連続を構築するいちいちの文の性格や文がさししめすことがら（＝出来事）の性質のちがいによるものである。「してしまう」文をふくめ、《2.1.》の「してしまう」文が存在する文連続にあるいちいちの文は、基本的に、物語（テキスト）がつくりだす時間的なながれにそって、継起的におきる出来事（おもに登場人物の動作）をさししめし、ある具体的な場面をえがいている。いいかえれば、《2.1.》でとりあげた「してしまう」文が存在する文連続を構築するいちいちの文は、いわゆる説明の文をのぞけば、物語（テキスト）の時間的なながれにしたがい、ある具体的な場面を描写すべく、継起的におきる出来事をさししめしている。《2.1》の「して

しまう」文は、そのような文連続に存在し、《2.1》の「してしまう」文がさししめす（文の）対象的な内容は、物語のながれにそった、継起的におきる、前後の文がさししめす対象的な内容となんらかの関係性をもつ具体的な出来事である。

　しかし、この節でとりあげる「具体的な場面を描写せず、登場人物の性格、特徴、あるいは出来事を説明する文連続」に存在する「してしまう」文は、《2.1》の「してしまう」文のような、物語のながれにそった、出来事をさししめす特徴をもたない。

　1つ例文をみてみよう。

（37）十二時近くになってから帰宅すると、どこもかしこも鍵がかかっていて、家に入れなくなっていた。霧子は実際愕然とした。もしかすると叱られるかもしれないと思っていたが、こんなひどい仕打ちをされようとは夢にも思っていなかった。夜も更けて冷えこんでくるので、寒くてなさけない。だいいち遅くなったからといったところで、交通事故とか余儀ない場合だってあるのだから、戸閉りをこんなふうにしなくたっていいではないか。こっちの身になって心配して怒っているのなら、鍵をかけたりする筈がない。結局、自分の考えを一方的におしつけて、それへ従わせようとしているだけのことである。学校とこの家もおなじで、やっぱり身勝手な法のようなものをもっており、今日までなにごともなかったのは、ただその法に触れなかったからなのである。そんなものをおしつけられてたまるものか。それで霧子は意地になってしまい、玄関の外で格子戸にもたれかかり、夜明しをした。一時すぎ様子をみに茂子が起きだしてきて、夜明しだけはまぬがれた。**電話一本かければ、心配しないですむとか、十一時がすぎると気が気でなくて、とうとう伸蔵が癇癪をおこして鍵をかけたとか、あれこれ苦情をいわれたばかりか、風邪をひき、一週間あまりも寝こんでしまった。**¶ やがて元気になり、もとのような生活がはじまったが、以前のようにしっくりいかなくなり、なんとなくぎこちない仲になった。

(藤原審爾・さきに愛あり)

　登場人物の「霧子」は看護学校にかようため、上京し、しりあいのおうちにすまわせてもらう身である。最初のごろはよかったものの、時間たつにつれ、いよいよ、おたがいの関係がかんばしくなくなり、とうとう、ある日、帰りのおそかった彼女は一家の主である「伸蔵」に中からカギをかけられ、おうちのなかにいれてもらえなかった。おうちにはいれなくなった際に、「霧子」がいろいろとおもいおこし、感慨していた。このことは、「霧子」の心境やおもいを描写するいくつかの文から容易によみとれるのであろう。幸い、奥さまの「茂子」が「霧子」のかえりに気づき、夜中だが、おうちのなかにいれてもらえることになったが、「霧子」はそれでカゼをひいて、一週間ほどねこむことになる。「してしまう」動詞がつかわれているのは、「霧子がおうちにいれてもらえなかった結果、カゼをひき、結局一週間、ねこんだ（のだ）」を文の対象的な内容としてさししめしている文の述語である。

　「～（霧子が）風邪をひき、一週間あまりも寝こんでしまった。」の文がさししめす（文の）対象的な内容は、物語の時間のながれにおいて、ある一定の期間中にくりかえしおこなわれた「霧子」のさまざまな動作・行動をまとめ、特徴づけるようなことがらであり、具体的な場面においての1回かぎりの動作・行動ではない。

　しかし、このような「してしまう」文でも、やはり、存在する文連続において、ほかの文とちがった意義づけが、かたり手によってもたされているとかんがえられ、述語につかわれる「してしまう」動詞は、「ある動作（行動）の実現の、強調」にもちいられる。

　実際、「霧子」は「してしまう」文がさししめす出来事のあと、「以前のようにしっくりいかなくなり、なんとなくぎこちない仲になった。」のである。

　ただ、この類の「してしまう」文は、すでにとりあげた《2.1.》の「してしまう」文とちがって、文がさししめす（文の）対象的な内容がより多彩多様であり、(37)のような、登場人物「霧子」のある一定の期間中にくりかえしおこなわれた動作・行動をまとめたものがあれば、つぎにとりあげる、(38)のような、いわば、登場

人物「初」の特徴・特質を描写するようなものもある。

(38) しかし、初が真剣に働くつもりで雪の支度と手甲脚絆まで用意して上京して来たということは、皆に多少の感銘を与えた。事実、初の働きぶりは瞠目に価した。小柄な体を敏捷に動かして、何でも片端からどんどん片づけてゆく。朝家の者が眼をさますころには家の回りの掃除から御飯たきまですませて洗曜をはじめている。あんまり早く御飯の支度をすると皆が食膳につく頃に御飯もお汁もさめてしまうと苦情を言っても、初はなかなか自分の流儀を改めない。**改めないと言えば初はガスで御飯をたくのをいやがって戦争中使ったカマドを何処からか探し出して来て庭のゴミや木の枝を集めて御飯をたいてしまうし、洗濯屋へ出せばいいと言っても大型のシーツからワイシャツまで洗ってしまう**。味噌を倹約して塩からいだけのおすましのようなおみおつけを作る。はじめのうちはブツブツ言ったがみんな我慢して色のうすいおみおつけを吸うことになった。(…中略)¶ 梅子夫人は言った。「とにかく家にいてもらうことにしようかね」
　　　　　　　　　　　　　　　　　　(由起しげ子・女中ッ子)

「してしまう」文がさししめす「初」の行動(動作)は、「初」がおこなった1回かぎりのものではなく、くりかえし「初」によって、おこなわれ、女中としてやとわれている「初」のはたらきぶりの象徴として、とらえられるだろう。「してしまう」動詞は、いわば、「初」の特徴・特質をあらわしているといえる。「してしまう」動詞があらわす「初」の動作(初がくりかえし実現する動作)は、文連続において、「初」の特徴として、よみ手のわれわれにとらえられるように「してしまう」動詞がつかわれているのであり、これもやはり、「登場人物がおこなう動作の実現にたいするかたり手の強調」としてとらえることができる。

3.「してしまう」動詞がつきそい文の述語につかわれるばあい（「～してしまうと、～。」の文）

　すでにのべたことではあるが、文中につかわれる際の位置によって「してしまう」がことなる機能をなしていることを、あまり気にせずに分析をおこなってきた先行研究とちがって、はじめて徹底的に、いいおわり文の述語（述語が終止節であったり、あるいは終止のかたちをとるばあい）につかわれる「してしまう」に対象をしぼったのが藤井（1992）である。すくなくとも、いいおわり文の述語につかわれる「してしまう」とつきそい文の述語につかわれる「してしまう」には、ことなる意味・機能をもっていると示唆している。しかし、藤井（1992）では最終的に「してしまう」を「話し手の現実に対する感情・評価的な態度」をあらわす単位として一般化した。

　藤井自身が（1992）の最後でふれたように、つきそい文の述語につかわれる「してしまう」の分析はまだ不十分で、今後の研究がまたれる。

　　「一般的にいって、つきそい文の述語の場合であっても、「してしまう」は話し手の感情・評価を表現している。したがって、「してしまう」がもっぱら動作の終了をあらわすのは、タクシス＝アスペクト的な関係の表現がもとめられている場合にかぎられるだろう。だが、今回の私の論文では、つきそい文の述語の「してしまう」については、まだ調査不十分である。さまざまなつきそい・あわせ文の研究の進展とともに、「してしまう」の研究も深まっていくにちがいない。」　　　　　　　(p.39)

　藤井の論をうけ、筆者は地の文における、終止的な述語につかわれる「してしまう」動詞のほかに、条件形「すると」のかたちをとる「してしまう」動詞についてしらべた。

　藤井が指摘した、タクシス＝アスペクト的な関係を表現する、つきそい・あわせ文（いわゆる従属複文）にかぎって、「してしまう」動詞は、「話し手の感情・評価」をあらわさないことがあるとのことから、つきそい文の述語につかわれる「してしまう」動詞のなか

でも、とりわけ、時間的な関係をあらわすつきそい・あわせ文（いわゆる従属複文）のばあいに検証する必要性がある。

この藤井の指摘からさらに範囲をしぼり、「してしまう」がつかわれる「すると」のかたちをとるつきそい文[19]をもつあわせ文、「〜してしまうと、〜。」のなかの時間的な関係をあらわす文をとりだし、分析をおこなった。「〜してしまうと、〜。」のつきそい・あわせ文を全部で700例[20]ほどあつめられたが、今回あつかう時間的な関係をあらわす文はそのうちの120例である。これらの例文がさししめす対象的な内容は「同一動作主によっておこなわれた個別的な・一回的な意味をもった、継起的な関係をもつ複数の動作的な出来事」に一般化することができる。さらに、これらの用例からは、藤井のいう「話し手の感情・評価的な態度」をみいだすことができない[21]。

本書であつかう「〜すると、〜。」は従属複文ともよばれている。つきそい文の部分は従属節と、いいおわり文の部分は主文とよばれる。

さっそく用例をみてみよう[22]。

(39) 宿屋の女中さんたちや、たいくつしているお客さまたちは、柱によりかかったり、口ぶえでちょうしをあわせたりしながら、おとうさんの大正琴をききました。**商売がおわって、小さな宿屋にとまると、おとうさんは、ソロバンと帳面をだして、売れたおかねの計算をしました**。「きょうは、ずいぶん、もうかった」と、いいながら、おとうさんは千代を見て、にっこりしました。でも、おとうさんの笑いかたは、くびを少しかしげる、さびしい笑いかたでした。**計算をしてしまうと、おとうさんは、千代をつれてふろばへいきました**。温泉のふろばは、穴ぐらのようにうすぐらくて、がらんと広くて、もやもやとゆげがあがっている中に、ランプがぼんやりと光っていました。「さあ、これからは、千代とおとうさんの天下だね」などといいながら、おとうさんは、千代のおびをほどいてくれました。

（平塚武二・風と花びら）

例文（39）「計算をしてしまうと、おとうさんは、千代をつれてふろばへいきました。」がさししめす対象的な内容は、「動作主のおとうさんが、「（お金の）計算をする」という動作をおこない、その動作がおわったあとに、おとうさんがつぎの動作「（千代をつれて）ふろばへいく」をおこなった」ということである。この２つの動作は、「おとうさん」という同一動作主によっておこなわれた、時間的に継起する個別的な・一回的な意味をもつ２つの動作である。

　そして、（39）の例文がおかれている文連続にもどってみると、つきそい文「計算をしてしまう（と）」がさししめす終了をむかえた「（おとうさんが）計算をする」という動作は、おなじ文連続にあるもう１つの文「商売がおわって、小さな宿屋にとまると、おとうさんは、ソロバンと帳面をだして、売れたおかねの計算をしました。」がさししめすことがらとむすびついている。文連続内でとらえられている「おとうさんがお金の計算をする」という活動は、「……売れたおかねの計算をしました。」の文によって、その発生がさししめされ、つきそい文「計算をしてしまう（と）」によって、それが終了したことがさししめされるのである。「計算をする」という動詞は、限界性をもたない無限界動詞であり、須田（2003）の規定にしたがえば、「……売れたおかねの計算をしました。」の述語「計算をしました」（完成相「した」）があらわしているのは、動作の限界到達（このばあいは、動作のはじまりの限界をこえるとのこと）であり、その後、実際、おとうさんは計算をつづけ、「計算をしている」ことになる。文連続内でとらえられている、つづいているおとうさんの「計算をする」の動作は、つきそい文の述語につかわれる「計算をしてしまう」によって、それのおわりをさししめすのである。それと同時に、この文連続で描写されている、おとうさんの一連の動作「商売をおえる」「宿屋にとまる」「ソロバンと帳面をだす」「売り上げを計算する」などを、つきそい文の述語「計算をしてしまうと」が一区切りつけ、さらなる動作「（千代をつれて）ふろばへいく」との境目をきわだたせている。「すると」のかたちをとるつきそい文の述語「してしまう」は、１つの場面を描写する文連続のなかで１つの区切りをつける機能をもっているようで

ある。

　もう1つ用例をみてみよう。

（40）生徒も黙っていました。空はその時白い雲で一杯になり、太陽はその向うを銀の円鏡のようになって走り、風は吹いて来て、その緑いろの壁はところどころゆれました。武巣という子がまるで息をはあはあして入って来ました。さっき校長室のガラス戸棚の中に入っていた、わなの標本を五つとも持って来たのです。それを先生の机の上に置いてしまうと、その子は席に戻り、先生はその一つを手にとりあげました。「これはアメリカ製でホックスキャッチャーと云います。ニッケル鍍金でこんなにぴかぴか光っています。

（宮沢賢治・茨海小学校）

　（40）の例文「それを（筆者注：武巣が標本を）先生の机の上に置いてしまうと、その子は席に戻り…」がさししめす対象的な内容は、「（机の上に標本を）おく」と「（席に）もどる」という、同一動作主「武巣」によっておこなわれた、時間的に継起する個別的な・一回的な意味をもつ2つの動作である。

　そして、つきそい文の述語「（それを…机の上に）おいてしまうと」もまた、「武巣が校長室にある標本を教室にもってくる」という活動のしめくくりとなる、武巣の1つの動作をさししめし、それまでに武巣がおこなっていた一連の動作「（標本をもって教室に）はいってくる」「標本を机の上におく」*23と、つぎの動作「席にもどる」との境目をあらわすのである。しかし、（39）のつきそい文の述語「計算をしてしまうと」とちがって、（40）のばあいは、「おいてしまうと」を「おくと」におきかえても、それほど違和感がないようにもよみとれる。それは、（39）の例文の「計算をしてしまう」とちがって、（40）のつきそい文の述語につかわれる「おいてしまう」のもととなる「おく」という動詞は、限界性をもつ限界動詞であるからかもしれない。

　しかし、実際、「してしまうと」と「すると」を述語にもつつきそい文がおかれている文連続を見くらべてみれば、そのちがいは明らかである。

(41)「いやいや。お茶で充分。話はすぐ終わる」¶ <u>大畑はそっとお茶をすすった</u>。¶ 尾島はしばらく黙っていたが、大畑が一向に口を開かないので、「あの、ご用は……」¶ と訊いた。「うむ」¶ <u>大畑は空になった茶碗を置くと</u>、「もう終わりだ」¶ <u>と言った</u>。「は？」「富菱銀行は尾島産業から手を引く」¶ 尾島の顔が見る見る青ざめた。　（赤川次郎・女社長に乾杯！）

(42)加藤は宮村健のテーブルの前に立った。宮村は加藤の眼を見ると、悪いことでもした子供のように、いそいで眼を伏せた。「宮村君、外へ出よう、歩きながら話をしよう」加藤がいった。宮村は返事をしなかった。動こうともしなかった。加藤がなにしに、そこへ来て、なにをいおうとしているか、すべてわかっているようだった。<u>女の子が、水をついだコップを</u>持って来て、<u>加藤の前へ置くと</u>、<u>加藤と宮村を見較べて、引きさがっていった</u>。「宮村君、重大な話があるのだ。さあ、ここを出よう」¶ 宮村健は、その時やっと顔を上げた。悲しげな顔をしていた。　　（新田次郎・孤高の人）

例文（41）も（42）も、「おくと」を述語とするつきそい文であり、どちらも「同一動作主によっておこなわれた個別的な・一回的な意味をもった、継起的な関係をもつ複数の動作的な出来事」をつきそい・あわせ文の対象的な内容とする点において、今回あつかう120例の「〜してしまうと、〜。」とおなじようにおもわれる。しかし、つきそい文といいおわり文がさししめす「動作的な出来事」のあいだの関係は、「〜してしまうと、〜。」が「一区切りづけ」であるとすれば、「〜すると、〜。」が「きっかけづけ」になるのだろう。これについては、のちに「してしまうと」と「すると」の例文を対でもう一度とりあげることにする。

　つきそい・あわせ文がおかれている文連続内で描写されている一連の動作に区切りをつけ、さらなる動作との境目をきわだたせる「〜してしまう（と）」と呼応するかのように、いいおわり文に「今度」「さらに」「また」などが使用されることが目につく。

(43)<u>その時母は口の内で何か祈りながら、脊を振って</u>（筆者注：せおっている子どもを）<u>あやそうとする</u>。すると旨く泣き

已む事もある。又益烈しく泣き立てる事もある。いずれにしても母は容易に立たない。¶ 一通り夫の身の上を祈ってしまうと、今度は細帯を解いて、脊中の子を摺り卸すように、脊中から前へ廻して、両手に抱きながら拝殿を上って行って、「好い子だから、少しの間、待って御出よ」ときっと自分の頬を子供の頬へ擦り附ける。そうして細帯を長くして、子供を縛って置いて、その片端を拝殿の欄干に括り附ける。それから段々を下りて来て二十間の敷石を往ったり来たり御百度を踏む。

(夏目漱石・夢十夜)

(44) 忽ち一本の杉の根がたへ、括りつけられてしまいました。縄ですか？　縄は盗人の有難さに、何時塀を越えるかわかりませんから、ちゃんと腰につけていたのです。勿論声を出させない為にも、竹の落葉を頬張らせれば、外に面倒はありません。¶ わたしは男を片附けてしまうと、今度は又女の所へ、男が急病を起したらしいから、見に来てくれと云いに行きました。これも図星に当ったのは、申し上げるまでもありますまい。女は市女笠を脱いだ儘、わたしに手をとられながら、藪の奥へはいって来ました。

(芥川龍之介・藪の中)

　つきそい文の述語に「すると」がつかわれるばあいと、「してしまうと」がつかわれるばあいのちがいは、なによりも、「してしまうと」は「1つの場面を描写する文連続のなかで、一区切りになる動作を「してしまう」がさししめす」ことであろう。

　前にものべたように、今回あつかう「～してしまうと、～。」の文と「～すると、～。」の文は、どちらも「同一動作主によっておこなわれた個別的な・一回的な意味をもった、継起的な関係をもつ、複数の動作的な出来事」をつきそい・あわせ文の対象的な内容とする点において共通する。本来、同一動作主によっておこなわれる、継起的な関係をもつ動作をさししめすのは、動詞の中止形（「し」、「して」）であり、動詞の「すると」のかたちは、その一部分のはたらきをになうようなかたちでうまれたとおもわれる。さらに、「～すると、～。」の文は、先行研究によれば、おもに小説の地の文に

つかわれ、つきそい文がさししめす動作は、いいおわり文がさししめす動作の「きっかけ」*24 となるのである。そして、「してしまうと」のつきそい文がさししめす「動作的な出来事」と、いいおわり文がさししめす「動作的な出来事」のあいだの関係は、その「きっかけ」＋「一区切りづけ」で、「一区切りづけ的なきっかけ」になる。それは、「きっかけ」の関係をあらわす文の構造の「すると」の部分に、「してしまう」がつかわれたゆえのことである。つまり、「一区切りづけ」も「きっかけ」の一種であり、その下位区分の1つである*25。「～すると、～」と「～してしまうと、～。」の対立は、「きっかけ＋ゼロ」と「きっかけ＋一区切りづけ」の対立になる。

いくつか「～してしまうと、～。」の例と、「～すると、～。」の例をくらべてみる。まずは、「たべてしまうと」（例文45）と「たべると」（例文46）がつきそい文の述語につかわれている例文からみてみる。

　(45)再掲：ダチョウは、だまっていた。¶ **旅行者は安心して、ダチョウの肋骨の間に手をつっこみ、心臓をつかみ出して食べた。** ¶ ダチョウの肋骨の中には、ただひとつ、ダチョウの呑みこんだ金ぐさりつきの時計が、コチコチと音を立てて、ぶらさがっているだけだった。¶ **心臓を食べてしまうと、旅行者は** また **歩き出した。** ¶ 今や完全に骸骨になってしまったダチョウは、肋骨の中でコチコチと時を刻み続ける時計をぶらぶらさせながら、それでもまだ、旅行者のあとを追って歩き続けた。「こいつは、心臓がないくせに、どうして歩き続けるのだろう」（筒井康隆・筒井康隆四千字劇場）

例文（45）の「心臓を食べてしまうと、旅行者はまた歩き出した。」がさししめす、「心臓をたべる」と「あるきだす」という2つの動作は、「旅行者」という同一動作主によっておこなわれた、時間的に継起する個別的な・一回的な意味をもつ2つの動作である。そして、つきそい文「心臓をたべてしまう（と）」がさししめす「旅行者が心臓をたべる」という終了をむかえた動作は、おなじ文連続にあるもう1つの文「旅行者は安心して、ダチョウの肋骨の間

に手をつっこみ、心臓をつかみ出して食べた。」によって、それの発生がさししめされ、つきそい文「心臓をたべてしまう（と）」によって、それのおわることがさししめされるのである。そのほか、文連続で描写されている、旅行者の一連の動作「（筆者注：砂漠をあるくのをやめてたちどまって）ダチョウの肋骨の間に手をつっこむ」「心臓をつかみ出す」「心臓をたべる」を、つきそい文の述語「（心臓を）たべてしまうと」が一区切りつけ、さらなる動作「歩きだす」との境目をきわだたせ、この場面を描写する文連続のなかで１つの区切りをつけている。

　例（46）「～たべると、～。」の文とくらべてみよう。

(46) 二日間山は荒れた。山だけでなく、小屋のなかまで雪が吹きこんで来た。風はほとんど一定速で、ときどき呼吸をつくことがあるけれど、そのあとにまた強い風が吹いた。突風性の風が吹くと、小屋が揺れた。どこからともなく吹きこんで来る粉雪が小屋の中を舞いあるいていた。¶ **加藤は寝たままだった。空腹を感ずると起き上って、**ポケットからひとつかみの甘納豆を出して食べ、魔法瓶の湯を飲んで寝た。雪の中を歩いているときは、その道が、もう安心だと思いこむと、あれこれとつまらぬことが思い浮ぶけれど、小屋の中の梁の上で眠っている彼は、不思議にものを思わなかった。**眠って起きて、**なにかいくらか食べると、また眠った。眠り疲れというのかもしれないと思った。それまでの疲労の蓄積が一度に解消していくような眠りでもあった。¶ 暴風雪は二日間吹きまくって、夕方ごろからいくらかおさまった。なにか外が明るくなった感じだった。

(新田次郎・孤高の人)

　例文（46）「（加藤が）眠って起きて、なにかいくらか食べると、また眠った。」の文も、例文（45）同様、ある同一動作主によっておこなわれた時間的に継起する複数の個別的な・一回的な意味をもつ動作、「たべる」と「ねむる」をさしだしているが、（45）の「たべてしまう」のように、あたえられた文連続内で動作の発生や、一連の動作・プロセスをさししめす文がない。「すると」のかたち

をとる、例文（46）のつきそい文の述語「……なにかいくらか食べると」によってさししめされている「たべる」という動作は、ひと続きであることをしめされておらず（ひと続きの動作であるかどうについては不問であり、無関心である）、ただの動作（動き）であることしかしめされていない。

　以下の例文は、それぞれ、例（47）と（48）、例（49）と（50）、例（51）と（52）で「してしまうと」と「すると」の対となっている。

（47）ときどき、ハッと眼をさますと、点々とつらなる街の灯が、キラキラと視野に迫ってきたと見るうちにぼうっとうすれてゆく。¶何気なしに片手を上着のポケットへ入れた拍子に、彼は夕方家を出るときから忘れていた飛車角の手紙のあったことを思いだしたのである。急いで封を切ってみると、うすいざらざらの書簡箋に、豪快な飛車角の性格とはおよそ反対な、小さく肩をすぼめたような字がならんでいる。「──先日はとんだところでお目にかかりましたね、実になつかしく思いました、帰りをいそいでいたので朝は御挨拶もしないでお別れしましたが、あなたも、もうおかえりになったことと思います、私もあれから横浜へかえるとすぐに昔の親方の膝元でひと先ず落ちつくことになりました、今は表記のところにささやかな家を持って暮していますが、一身上のことについて是非とも御相談したいことがあるので、そのうち改めてお伺いしたいと思っています、曲りなりにも今は本牧のさかり場で十五六人の若い者を相手に暮すような境遇になりましたから、あなたもお暇があった一度遊び旁々いらっしゃいませんか、『マツカゼ・ホテル』でおきき下さるとすぐにわかります」¶読んでしまうと、瓢吉は手紙をポケットの中へねじこみ、「おい」と、うしろから運転手に呼びかけた。「このまま本牧まで行ってくれないか？」
　　　　　　　　　　　　　　　　　（尾崎士郎・人生劇場風雲篇）

（48）彼はのちに軍医総監となり子爵を授けられたが、吟子が会いに行った時はまだ三十歳半ばの働きざかりで軍医監とし

て兵部省にいたが、同時に大学医学部綜理心得として週に二日ほど文部省に出向していたのである。¶女の身でいかめしい官庁へ出かけるのはさすがの吟子もためらわれた。しかも場所は軍人の出入りする兵部省である。吟子は石黒の私邸を尋ねることにした。一度むだ足を踏んで、二度目に牛込揚場町の石黒邸でどうやら会える機会を得た。¶石黒は顎骨の張った、いかつい感じの男だった。彼は吟子の持っていった永井久一郎からの添書を読むと「うん」と一度、大きくうなずいた。「成程、君が荻野吟子君か」¶維新を生きぬいてきた男らしく、石黒の声は周りに響くほど大きい。「お初にお目にかかります」¶吟子はこの無骨な感じの男にすっかり緊張していた。　　　　　　　　（渡辺淳一・花埋み）

(49) 自分は勇気を鼓舞する為に、わざとその当時の記憶を呼起して掛った。何にも知らない彼は、立ちながら元気な声を出して、「どうです二郎さん、僕の予言は」と云った。「どうかこうか一週間うちに貴方を驚かす事が出来そうじゃありませんか」¶自分は思い切って、先ず肝心の用事を話した。彼は案外な顔をして聞いていたが、聞いてしまうとすぐ、「宜うがす、その位ならどうでもします」と容易に引き受けて呉れた。¶彼は固よりその隠袋の中に入用の金を持っていなかった。「明日でも好いんでしょう」と聞いた。
　　　　　　　　　　　　　　　　　　（夏目漱石・行人）

(50) どうしたものか思いをめぐらしているとKBSの金の顔が浮かんできた。その時、私のこの勝手な行為が、文化放送に対する金の面子をどれほど傷つけることになるか、ということが急に心配になり出した。柳と接触する前に、その旨を伝えておくのが、最低限の礼儀かもしれなかった。私は柳への電話を金に切り換えた。そしてすぐ伺うから会っていただけないかと頼んだ。電話ではこちらの思いが正確に伝わらないような気がしたのだ。¶KBSの報道局長室に入っていくと、金が何事が起きたのかという顔で私を迎えた。私はすぐに、いちど柳と会ってみるつもりだというこ

とを告げた。それを聞くと、金は心外そうになぜと訊ねた。どうせ駄目なら柳の口からはっきり聞きたいのだ。私が言うと、いくらか硬い口調で金が言った。「いつ駄目だと言いましたか？」「…………」　　　　　　（沢木耕太郎・一瞬の夏）

(51) （筆者注：ほかのテーブルにすわっている少女たちの）話題はお脳の弱いスターの誰彼の離婚話、パリの新作モード、五木寛之がネコ背で薄い胸にギターをかかえて眼をうるませている出版広告、カーク・ダグラスのごつい顎にできている小さな穴、ブロンソンのハツカネズミのような眼……といったようなことであろうか。¶しばらくすると少女たちが店をでていき、客は彼ひとりになった。Ｇパンをはいたウエイトレスの娘はさっさとテーブルを片づけてしまうとすみっこへいって腰をおろし、指の爪を嚙みながらよれよれになった新幹線用の週刊誌を読みはじめた。カウンターのなかではカッポウ着のおばさんがこまめな手つきでせっせと皿を洗い、台拭きをしている。¶なにげなくおばさんの仕事場をのぞいてみると、そこには狭いなかに冷蔵庫や、バケツや、何やかやがおいてあって、おばさん一人がたったままで体の向きを変えるのが精いっぱいというくらいの面積しかない。　　　　　　　　（開高健・新しい天体）

(52)「有給休暇を残したってたいした名誉なことではないと思います。やることだけをやれば、それでいいんじゃないかと思うんですが」「すると今年も冬山へ行くというのだな」「行きます。そういうことになっています」¶加藤はいきがかり上、そういってしまった。有給休暇を残した方がいいなどという影村には負けたくない気持がそういってしまったのである。¶影村は、横を向いて、ふんといった。それ以上なにもいわず、机の上をばたばた片づけると外へ出ていった。¶好山荘運動具店主の志田虎之助は、加藤の顔を見ると、いきなりいった。「珍しいじゃあないか加藤君、ここのところさっぱり見えなかったが、噂によると結婚して子供さんができたそうだね。おめでとう」（新田次郎・孤高の人）

つぎにとりあげる、例文（53）、（54）のいずれも「すると」の述語をもつつきそい文であるが、しかし、文が存在する文連続の構造がきわめて、今回あつかう「してしまうと」の述語をもつつきそい文のとにている。つまり、「〜すると、〜。」の文であっても、文連続の構造、たとえば、動作の発生や一連の動作・プロセスをしめす手助けなどがそろっていれば、「（きっかけ＋）一区切りづけ」の関係を、「〜すると、〜。」の文がさししめすことができるのである。いいかえれば、「〜してしまうと」がつかわれるような文脈条件が文連続内にととのっていれば、「〜してしまうと」がもつ「一区切りづけ」というはたらきは、「〜すると」においてももつことが可能である。そして、このばあいのつきそい文「〜すると」には、程度や量をしめす、いわゆる外的限界をしめす文の成分が文につかわれることがおおい。

(53)「とうとう吹雪になりゃあがった」¶加藤はそうつぶやくと、ルックザックをおろして、ダケカンバの下で寝る準備をはじめた。そこは吹きさらしの雪の上だった。風をさえぎるものはなにひとつなかった。ツェルトザック一枚をかぶっただけで寒さに耐え得られるはずはなかった。そこで、寝ることは遭難であり行き倒れを意味した。¶だが、加藤はたいしてあわてることもなく、吹雪のなかで悠々と夜の準備にかかっていた。着れるものは全部着こんで、ルックザックの中に靴ごと足を突込み、頭からツェルトザックをすっぽりかぶって背を丸めてから、両方のポケットから、油揚げの乾し小魚と甘納豆を交互に出してぼりぼり食べた。食べるだけ食べると、彼は両手をしっかりと股の間にはさんで仮睡した。宵のうちに眠れるだけ眠っておかないと、明け方の寒さで眼が覚めることを彼は知っていた。彼は眠る時間を数時間と決めた。今四時だから、五時間眠ったとして、午後の九時になる。それから夜明けまでは、眠ってはならないのだと思った。　　　　　　　　　（新田次郎・孤高の人）

(54)加藤の乗った自動車は生家の前を通って右に曲って、なおしばらく走ったところで、「その電柱のところで止めてく

れ」「おりるんですか」「いや、ちょっとばかり用を足して来るのだ」¶ 加藤は止った自動車の中で、懐中ノートの一枚に走り書きした。「山を越えて来たが、時間がないので終列車で神戸へ帰ります。ありがとう。文太郎」¶ 二行に書くと、その紙を二つに折って、表に花子の名前を書いた。加藤は自動車をそこに止めて置いて、花子の家の方へ走っていた。まだ灯りがついていた。花子は起きているような気がした。花子に会いたかった。　　　（新田次郎・孤高の人）

　これまでの記述のなかで紹介してきた「～してしまうと、～。」の例文は、おかれている文連続内の文脈によって、つきそい文の述語「してしまうと」がさししめす動作をふくむ一連の動作・プロセス」がはっきりしているものばかりである。しかし、実際、収集した用例のおおくは、「動作の発生」や「一連の動作・プロセス」の提示をよみとくのに、かなり長い文脈を要する文連続をとりださなければならない。そして、ばあいによっては、文連続どころか、作品内にまったくしめされていないようにおもわれるばあいも少ないながらも存在する。

　1つ、（文連続にある）文脈による「動作の発生」や「一連の動作・プロセス」の提示が暗示的であるようにおもわれる例文をみてみよう。

　(55)「そうしたら、TVや新聞にも出るかしら。ねえ？」¶「あら、社長、まだ帰らないんですの？」¶ 五時になるが早いか、あたかも秒針と競争でもしているように机を片付けてしまうと、純子は、伸子がまだ文書の添削をやっているのを見て、言った。「これを終わらせて帰るわ。お先にどうぞ」　　　　　　　　　　　　　（赤川次郎・女社長に乾杯！）

　(55)のような例文では、文脈による「一連の動作やプロセスのおわりにある」という提示はほとんどなく、よみ手のよみにゆだねられてしまうかたちで提示されている。しかし、このばあいでも、「してしまうと」は、1つの場面を描写する文連続のなかで1つの区切りをつける機能をもつ。

　例文(55)がさししめす対象的な内容は、「（社員の）純子が、

勤務終了時間である午後5時をむかえ、帰るための用意として、「机を片づける」という動作をおこない、つぎの動作「（伸子に〜を）いう」をおこなった」ということである。しかし、つきそい文の述語「（机を）片づけてしまうと」がさししめす「純子の机を片づける」という終了をむかえた動作は、どういう一連の動作、あるいはプロセスのおわりにあるかにかんする明白な提示が、文がおかれている文連続にはしめされていない。唯一の手がかりとして、「五時になるが早いか、あたかも秒針と競争でもしているように…」の文脈から、おそらく、5時をむかえ、動作主の純子の、それまでにつづいていた勤務活動のおわりに「（机を）片づけてしまう」という動作があるのだろう。その時間までに勤務活動をおこなっていたとすれば、その活動をなりたたせるための一連の動作・プロセスがあったはずである。つまり、このばあいは、よみ手がもちあわせている、いわゆる一般常識として、仕事のおわりに「（机を）片づける」という動作をおこなう、ということが前提としてある。文連続内でふくみ的に描写されている、それまでつづいていた純子の勤務活動という１つの大きな（大局的な）活動を、つきそい文の述語「（机を）片づけてしまうと」が一区切りつけ、さらなる動作「純子は『……』をいう」との境目をあらわすのである。この例文の「（机を）片づけてしまうと」がさししめす終了をむかえた動作は、動作主の純子にとって、その日の仕事にたいするケジメづけともいえるだろう。

　今回あつかった120例からは、「明白な文脈をもつ文連続に存在する「してしまうと」のつきそい文」と、「よりながい文脈あるいは１つ以上の場面をとらえる文連続に存在する「してしまうと」のつきそい文」との、２つのグループをとりだすことができる。しかし、その間に明確な境界線をひくことはできない。用例データの全体としては、後者の数のほうがおおい。そして、つきそい文の述語につかわれる「してしまう」は、限界動詞からの派生が無限界動詞からの派生よりおおい。

　つぎに、例（56）、（57）、（58）のような、かなりながい文脈をとおしたよみを必要とする例文をとりあげる。とくに（58）のば

あいは、途中で作品内の「章」がかわり、文連続そのものの範囲をこえているようにもおもえる。

(56) ときどき、ハッと眼をさますと、点々とつらなる街の灯が、キラキラと視野に迫ってきたと見るうちにぼうっとうすれてゆく。¶ 何気なしに片手を上着のポケットへ入れた拍子に、彼は夕方家を出るときから忘れていた飛車角の手紙のあったことを思いだしたのである。急いで封を切ってみると、うすいざらざらの書簡箋に、豪快な飛車角の性格とはおよそ反対な、小さく肩をすぼめたような字がならんでいる。「——先日はとんだところでお目にかかりましたね、実になつかしく思いました、帰りをいそいでいたので朝は御挨拶もしないでお別れしましたが、あなたも、もうおかえりになったことと思います、私もあれから横浜へかえるとすぐに昔の親方の膝元でひと先ず落ちつくことになりました、今は表記のところにささやかな家を持って暮していますが、一身上のことについて是非とも御相談したいことがあるので、そのうち改めてお伺いしたいと思っています、曲りなりにも今は本牧のさかり場で十五六人の若い者を相手に暮すような境遇になりましたから、あなたもお暇があった一度遊び旁々いらっしゃいませんか、『マツカゼ・ホテル』でおきき下さるとすぐにわかります」¶ 読んでしまうと、瓢吉は手紙をポケットの中へねじこみ、「おい」¶ と、うしろから運転手に呼びかけた。「このまま本牧まで行ってくれないか？」
　　　　　　　　　　　　　　　　　　　（尾崎士郎・人生劇場風雲篇）

(57) グラスを持ってベッドに戻り、生あたたかいウィスキーをストレートで飲みながら本のつづきを読んだ。私が『ルージン』をこの前読んだのは大学生のときで、十五年も前の話だった。十五年たって、腹に包帯を巻きつけられてこの本を読んでみると、私は以前よりは主人公のルージンに対して好意的な気持を抱けるようになっていることに気づいた。人は自らの欠点を正すことはできないのだ。人の性向というものはおおよそ二十五までに決まってしまい、その

あとはどれだけ努力したところでその本質を変更することはできない。問題は外的世界がその性向に対してどのように反応するかということにしぼられてくるのだ。ウィスキーの酔いも手伝って、私はルージンに同情した。たぶんそれは私自身の人間性にいろいろと欠点があるせいだろう。欠点の多い人間は同じように欠点の多い人間に対して同情的になりがちなものなのだ。ドストエフスキーの小説の登場人物の抱えている欠点はときどき欠点とは思えないことがあって、それで私は彼らの欠点に対して百パーセントの同情を注ぐことができなくなってしまうのだ。トルストイの場合はその欠点があまりにも大がかりでスタティックになってしまう傾向がある。¶ <u>私は『ルージン』を読んでしまうと、その文庫本を本棚の上に放り投げ、流しの中で更なるウィスキーの残骸を求めた。</u>底の方にジャック・ダニエルズのブラック・ラベルがほんの少し残っているのをみつけてそれをグラスに注ぎ、ベッドに戻って今度はスタンダールの『赤と黒』にとりかかった。私はとにかく時代遅れの小説が好きなようだった。

(村上春樹・世界の終わりとハードボイルド・ワンダーランド)

(58) <u>何冊かの本と山登りの用具を一式そろえて列車に乗りこんだ時には、彼はやはり解放感を覚えた。</u>しかし宿に落着いてみると、何をする気力も失って、一日中部屋にこもって食事時から食事時へとただうつらうつらと過すだけになった。惰眠に耽る彼の躯の中を、沢音が高くなり低くなり流れつづけた。谷の早い夕暮れが始まって、夏の精気の引いた柔らかな空気の中に、穂先から黄ばんでいく草のにおいが細かく満ちわたる時刻になっても、彼はまだ部屋の隅で、立てた膝の影をうす汚れた壁に投げてまどろんでいる。ときどき沢音が谷に満ちきって、流れ動く感じをふと失ってしまう。するとその静かさの中で、杏子の嘆いた重い肉体感が、彼の上にも乗り移ってくる。夜が更けて、厚い蒲団にくるまって谷の暗闇に耳を傾けていると、彼の躯は疲れ

の中で静まったまま、杏子のことを思った。(…中略)

　　谷のざわめきのあちこちで蒼白い姿がまた徘徊しはじめる。¶そうして彼はさらに五日、谷の宿に留まった。六日目にもまだ雨が降っていた。その翌日杏子と違う約束だったので、彼は雨の谷をバスで降って駅のある町に出た。何の役にも立たなかった<u>本と登山用具をチッキで送り出してしまうと、彼は</u>濡れたレインコートをひっかけただけの軽装で、隣の町へちょっと用を足しに行くみたいに<u>ディーゼルカーに乗りこんだ。</u>¶その翌日、家を出ようとすると、雨の降り出しそうな空模様でもなかったが、肌をなぜる風が湿っぽくてうすら寒かったので、彼はゆうべ玄関の壁にだらりと掛けておいたレインコートをまたひっかけた。レインコートは谷間の湿気をまだ含んで彼の肌に余計に冷たく触れた。
　　　　　　　　　　　　　　　　　　(古井由吉・杳子)

　なお、おなじ「してしまう」動詞でも、「～してしまうと、～。」文がおかれている文連続によって、つきそい文の述語「してしまうと」がしめくくる一連の動作・プロセスがおおきくことなるばあいがある。つぎの例（59）は、手持ちの用例の中で、かなりおもしろいものである。

(59)(筆者注：弟の五郎が兄の二郎がいない間に、二郎がつかまえてきた雀をにがしてしまい、その説明をしている場面)
　そしたら厚紙が落っこちて、そこから飛び出したんだ。だけどね、アパートのほうへ行ったからいますぐあの辺へ行って見てごらん。またすぐつかまえられるだろう。」¶<u>五郎はなるべく静かな声で、なんでもないようにそう言った。</u>¶すると二郎は、しばらく黙っていたが、靴を脱いでしまうと、立ちあがりながら、「ふーん。」¶と言い、ランドセルをおろしてから、「なあんだ、逃げちゃったのか。」¶と言いながら縁側に行って、からっぽのかごをながめていたが、一度脱いだ帽子をまたかぶりなおすと、「よし、つかまえてやる。」
　　　　　　　　　　　　　　　　　（井伏鱒二・鐘供養の日）

みてのとおり、「…二郎は、しばらく黙っていたが、靴を脱いで

しまうと、立ちあがりながら、「ふーん。」と言い…」の文は、「…二郎は、しばらく黙っていた（が）」「靴を脱いでしまうと、立ちあがりながら、「ふーん。」と言い…」」のように２つの部分＝文にわけることができる。つきそい・あわせ文のほうは、これまでのべてきたとおりに、同一動作主によっておこなわれた、時間的に継起する個別的な・一回的な意味をもつ複数の動作的な出来事を対象的な内容としており、つきそい文がさししめす二郎の終了をむかえた動作「靴をぬぐ」がしめくくるのは、おそらく「二郎が家にもどる」、「玄関にはいる」、「五郎から話をきかされる」、「（しばらく）考える」などの一連の動作・プロセスというよりも、そのうちの、継続している動作「（しばらく）考える」である。「…しばらく黙っていたが」の文がそれをしめしている。

　つぎの例（60）とくらべてみると、おなじ「ぬいでしまうと」のつきそい文であるが、おかれている文連続の構造のちがいによって、「してしまうと」がしめくくる一連の動作・プロセスがかなりことなっている。

(60) 玉次郎の全身から着付へ滲み出た汗を見て、紋松が声を出した。気がついて玉次郎は立上り、着替えにかかった。次の浄瑠璃では彼はお初を遣うのである。それを見て一隅から、卯之助が飛んで来た。黙って手伝わせながら、玉次郎は想いが言葉にならないのに当惑し、脱ぐだけ脱いでしまうと裸で立ったまま、濡れた衣類を彼方の壁に吊している卯之助の背中を見守っていた。¶ 視線を感じて振向いた卯之助が、泣くような問いたげな表情で、これもしばらく玉次郎の顔を見守る。「えらかったな」（有吉佐和子・人形浄瑠璃）

すこしながくなるが、参考までに、例文をのせておく。

(61) 席を起ってそこへ行って見れば、机の上には一円札やら小さい銀貨やらが、書類の側に置いてある。純一はそこで七十銭の会費を払った。「席料と弁当代だよ」瀬戸は純一にこう云って聞せながら、机を構えている男に、「今日は菓子は出ないのかい」と云った。¶ まだ返辞をしないうちに、例の赭顔の女中が大きい盆に一人前ずつに包んだ餅菓子を

山盛にして持って来て銘々に配り始めた。¶ <u>配ってしまうと</u>、大きい土瓶に番茶を入れたのを、所々に置いて行く。
¶ 純一が受け取った菓子を手に持ったまま、会計をしている人の机の傍にいると、「おい、瀬戸」と呼び掛けられて、瀬戸は忙がしそうに立って行った。呼んだのは、初め這入ったとき瀬戸が話をしていた男である。　　（森鴎外・青年）

(62) 川に依って、杉の若樹が数本生えている。<u>岩壁の端れを、桟道が危く伝っている。鎖を力に渡る、鎖渡しである。幕が開くとやや身分のあるらしい老人、物売の女、馬を連れた百姓が危げに鎖渡しを順次に渡って来る。</u><u>渡ってしまうと皆舞台にて暫らく休息する</u>。¶ 老人 ¶（ホットしたように石に腰かけながら）年に一度宇佐の八幡様へお参りの心願を立てたのもええが、この鎖渡しだけはいつもいつも命がけの難所じゃ。　　（菊池寛・敵討以上）

(63) 与えるという気分も嘘くさかった。「もう寝るわ」¶ 突然女が言って、食べたものを片づけもしないで、部屋に一つだけある柱にからまった。どういう仕掛けになっているのか、<u>女の体は薄くなって柱にぴたりと貼りつき、するすると柱にからまりながら天井に登った</u>。<u>天井に登ってしまうと</u>そこで落ちつき、いつの間にか蛇に戻った。天井に描かれた蛇のようなかたちになって、目を閉じた。¶ それからはいくら話しかけても長い棒を持ってきてつついても、動かなかった。　　（川上弘美・蛇を踏む）

(64) <u>旅行者は、ダチョウの足の、片方の腿肉を少しひきちぎった</u>。そして、その腿肉を食べながら、ダチョウを横眼でうかがった。¶ ダチョウはあいかわらず、丸い大きな眼で、旅行者を眺めているだけだった。¶ <u>ダチョウの腿肉を食べてしまうと、旅行者はふたたび沙漠を歩きはじめた</u>。ダチョウも、少しびっこをひきながら、旅行者についてきた。¶ 旅行者とダチョウは、沙漠を歩き続けた。
　　（筒井康隆・筒井康隆四千字劇場）

(65) 私は仕方なく、冷蔵庫から氷をだしてオールド・クロウの

オン・ザ・ロックを飲んだ。もう日も暮れかけていたし、ウィスキーを飲んでもよさそうな気がした。<u>それから缶詰のアスパラガスを食べた</u>。私は白いアスパラガスが大好きなのだ。<u>アスパラガスを全部食べてしまうと</u>、<u>カキのくんせいを食パンにはさんで食べた</u>。そして二杯めのウィスキーを飲んだ。¶ 私は便宜的に、その頭骨のかつての持ち主を一角獣であると考えることにした。

(村上春樹・世界の終わりとハードボイルド・ワンダーランド)

(66) やがて猪野は渡弁護士を食堂に案内し、お神の竹子も席を立ち、「お前もおいで」といわれて、<u>銀子ものこのこついて行った</u>。「これが今ちょっとお話した、新規の抱えでして」¶ 猪野は銀子を渡に紹介した。上玉をつれて帰るというので、彼は今日上野を立つ前に家へ電報を打ったりしていたが、弁護士にも少し鼻を高くしているのだった。¶ 猪野は洋食に酒を取り、<u>三人でちびちび遣りながら</u>、<u>訴訟の話をしていたが</u>、<u>銀子</u>には何のことか解らず、退屈して来たので、<u>食べるものを食べてしまうと</u>、「私あっち行ってても可いでしょう」¶ とお神に窃とささやき、<u>食堂を出て独りになった</u>。何を考えるという事もなかったが、独りでいたかった。

(徳田秋声・縮図)

(67) 風呂に入り、洗濯をした。¶ 女の所で服を脱ぐのはいやだったので、狭い風呂場で着替えをした。湿気がうまく取れないままパジャマを着て出ると、女は早速ビールを抜き「さあさあ」と言った。¶ <u>いらないと言おうとして、しかしビールを見ると一杯だけ飲んでしまう</u>。<u>飲んでしまうとおかずに箸がのび</u>、もう一杯ビールをつぎ、見ると女はすっかりくつろいでいた。「ねえ覚えてる、ヒワ子ちゃん」女は目のまわりをぼうと赤くさせて話しかけた。「ヒワ子ちゃんが木から落ちたときのこと」

(川上弘美・蛇を踏む)

(68) 大きく膨らんだお腹のために身体のあらゆる部分の組み合わせが、(例えばふくらはぎと頬、掌と耳たぶ、親指の爪とまぶた) アンバランスにぐらついている。<u>彼女がジャムを</u>

飲み込むと、喉についた脂肪が上下にゆっくりうごめく。スプーンの柄が、むくんだ指に食い込んでいる。わたしはそういう姉の一つ一つの部分を、静かに眺める。最後の一匙をきれいになめてしまうと、姉は甘えたような潤んだ目でわたしを見ながら「もう、ないのね」¶とつぶやく。

（小川洋子・妊娠カレンダー）

(69) 洗曜は私たちの唯一の楽しみだった。その小さな池はどんなひでり続きでも涸れることなく、いつでも底の方から少しずつ水が湧いて、静かに空を映しているように見えた。水はいつも澄んでおり、底に敷かれたこまかい砂利のような砂がはっきりと奇麗に見えていた。¶私たちは出来るだけ早く洗曜を片付けてしまった、それから洗濯された物を草の上に一つ一つ全部ひろげ、その乾くのを待つ間、今度は私たちが裸になって身体を洗ったのである。私は体を洗ってしまうと草上に身を横たえて休息したが、矢野はこの機会を利用して池の上を泳ぎ回っていた。彼はクロールを知らず、古風な抜き手を切って泳いだが、彼が抜き手を切る度に、背中がすっかり水面から浮かび出て、それが水に濡れて光っていた。それは若々しく弾力に富み、大へん美しかった。

（長谷川四郎・鶴）

(70) 又三郎もみんな知っていてみんなどんどん歌いました。そしてこの時間は大へん早くたってしまいました。¶三時間目になるとこんどは三年生と四年生が国語で五年生と六年生が数学でした。先生はまた黒板へ問題を書いて五年生と六年生に計算させました。しばらくたって一郎が答えを書いてしまうと又三郎の方をちょっと見ました。すると又三郎はどこから出したか小さな消し炭で雑記帖の上へがりがりと大きく運算していたのです。

（宮沢賢治・風の又三郎）

(71) 九郎助は、毎度のことながらむっとした。途端に、相手に対する烈しい競争心が――嫉妬がムラムラと彼の心に渦巻いた。¶筆を持っている手が、少しブルブル顫えた。彼は、紙を身体で掩いかくすようにしながら、仮名で『くろすけ』

第4章「してしまう」　229

と書いた。¶ 書いてしまうと、彼はその小さい紙片をくるくると丸めて、真中に置いてある空になった割籠の蓋の中に入れた。が、入れた瞬間に、苦い悔悟が胸の中に直ぐ起った。「賭博は打っても、卑怯なことはするな。」

(菊池寛・入れ札)

(72) それ以来彼女は、自分と違うもう一つの心が、自分の身体の中に入って来たり、出て行ったりしているような不安に付きまとわれており、それに慣れることができないでいた。その一瞬間、板崎が自分の肩に手をかけたことの驚きのために開きかかっていた文子の唇に、板崎幹雄の唇が押しつけられたのであった。不意をつかれたのであったが、それに応じたかのように彼女の唇の開いていたのは不覚であった。そのあとで板崎は、前に文子やたか子と一緒にレコード・コンサートを聞きに行ったことのある楽器会社のビルの地下の喫茶店の名を言って、三日あとの午後七時に待っています、逢って下さい、と小声で言った。そう言ってしまうと、板崎幹雄は玄関のドアを締め、外の闇の中に消えて行った、その日が今日なのであった。¶ 板崎の出て行ったあと、文子は、自分のような四十五にもなる女をつかまえて、とんでもないことを、という、うろたえた表情で、立ったまま、黒く塗った格子組みの間に見えるそのドアの板目の模様に目をそそいでいた。狼狽しながらも、彼女は、思いがけず若い男に求愛されたという驚きに包まれていた。

(伊藤整・氾濫)

(73)「酒ですか？」¶ 寒川が困ったような顔をして笑いだした。「僕はもう一度出なおして来ましょう、頭が少しふらふらしていますよ、——それに今夜は会う約束をしている男もあるし」「いや、今夜あたりはきっとかえるよ、夜になると、また気持がさらりとするぜ、そんなことをいわないでもうひと晩だけ交際ってくれよ、——」 黒馬先生は言いたいことを言ってしまうと、いずれ何処かの古着屋で仕入れてきたのであろう、ところどころに穴のあいている青い職工服

を肩からひっかけ鼻唄をうたいながら、寒川の下駄をはいて出ていった。先生には時間というものはないのである。彼はすでに悠久の中に生きている。（尾崎士郎・人生劇場風雲篇）

(74) あの時往来にいた人影は、確に遠藤さんだと思ったが、もしや人違いではなかったであろうか？――そう思うと妙子は、いても立ってもいられないような気がして来ます。しかし今うっかりそんな気ぶりが、婆さんの眼にでも止まったが最後、**この恐しい魔法使いの家から、逃げ出そうという計略は、すぐに見破られてしまうでしょう。**ですから妙子は一生懸命に、震える両手を組み合せながら、かねてたくんで置いた通り、アグニの神が乗り移ったように、見せかける時の近づくのを今か今かと待っていました。¶ **婆さんは呪文を唱えてしまうと、今度は妙子をめぐりながら、いろいろな手ぶりをし始めました。**或時は前へ立ったまま、両手を左右に挙げて見せたり、又或時は後へ来て、まるで眼かくしでもするように、そっと妙子の額の上へ手をかざしたりするのです。もしこの時部屋の外から、誰か婆さんの容子を見ていたとすれば、それはきっと大きな蝙蝠か何かが、蒼白い香炉の火の光の中に、飛びまわってでもいるように見えたでしょう。（芥川龍之介・アグニの神）

(75) 洪作もここへ入れておけば失くならないであろうと思った。たとえ夕立があっても、ここなら濡れる心配もなかった。¶ 洪作が肩から鞄をはずすと、それを小林が受取った。**小林はまめまめしく木の小さい洞から落葉をかき出し、そこへ洪作の鞄を押し込んだ。**¶ **鞄を木の根の洞にかくしてしまうと、洪作は身軽になって歩き出した。**自分だけ要りもしない鞄を持って歩くという憂鬱さはふっとんでしまって、久しぶりで登校する二学期の最初の日の楽しい気持に立ち返った。¶ 黄瀬川の神社を出ると、三人の少年たちは歩調を早くした。（井上靖・夏草冬濤）

(76) 翌日はあいにく雨降りでしたが、**わたしたちは引越しを決行しました。**¶ 引越しといっても、大した荷物があるわけ

ではありませんから、ごくお手軽なものです。二人分の夜具、小箪笥、食器戸棚、小机に卓袱台、小型の本箱と学生時代からなんとなく捨てきれずに保存しているわずかばかりの書物（わたしはもう大分前から、まったく読書の習慣をうしなっています）それに、桃枝を育てた乳母車——目ぼしい荷物といえば、ざっとそんなところです。朝、近所の運送店から幌つきのオート三輪をまわしてもらって、それに積んで一遍にはこびました。そして、<u>縁側から四畳半に荷物を揚げてしまうと</u>、あとの<u>整理は妻にまかせて</u>、<u>わたしはそのまま帰り車に便乗させてもらって駅に駈けつけました</u>。わたしたち平社員は、ウィークデーの引越しで、社を休むわけにはいかないのです。その日の夕方、あたらしい住居に帰ってみると、部屋のなかはもうきちんと整頓されていました。

（三浦哲郎・團欒）

(77) 酒の名は忘れてしまいましたが、いいもんでした。あれは冬のあそこの歳時記でございますね。あれをトリスでやった、クリとトリスで、ここんとこは小声で」¶ **おっさんはふいにひそひそ声になって口のなかで何かつぶやき、焼きあがったタコ焼きを三コ、五コ、せっせと皿に入れて彼のほうへおしだした。銀座もまだあけたての宵のうちであるからタコ焼きの屋台にそんな時間にたちよる客はいないと見え、<u>準備を終わってしまうとおっさんはひまになり、彼の話相手になってくれた</u>。**ぼつぼつと話してくれたところによると、近年大阪では家庭用のタコ焼き用具が発売されて人気を呼んでいるそうである。穴が五コずつ二列に並んだ鉄板に簡単なガス・レンジがついたもので千エンするかしないかという値段だが、立派にプロのタコ焼きとおなじ品が作れる。

（開高健・新しい天体）

(78) 私はそのブルーのナイキのスポーツバッグがきちんとしかるべき棚に収まるのを確かめてから、受けとりをもらった。**次に私はキオスクに行って封筒と切手を260円ぶん買い求め、封筒に受けとりを放り込んで封をし、切手を貼り、架**

空の会社名義で作っておいた秘密の私書箱あてに速達で**投函した**。こうしておけば余程のことがない限り品物はみつからない。ときどき私は用心のためにこの手を使う。¶ <u>封筒をポストに入れてしまうと、私は車を駐車場から出して、アパートに戻った</u>。これでもう盗まれて困るものは何もないと思うと、気は楽になった。アパートの駐車場に車を入れ、階段を上って部屋に戻り、シャワーを浴びてからベッドにもぐりこみ、何ごともなかったようにぐっすりと眠った。　（村上春樹・世界の終わりとハードボイルド・ワンダーランド）

(79) <u>咲き盛りの「谷間の雪」が蔦代の手の下でみるみる瑞々しく生れ変っていく</u>。なるほど花は咲いたあとは醜く凋む前に取り去った方がいいのかもしれない、と正子は感心する一方で、まだ咲いた名残りを惜しんでいる花まで摘んでしまうことに酷さを感じた。¶ 正子はずっと黙ったままで茶を掩れると、蔦代の分を蔦代の方へ押しやり、自分は黙って茶を啜った。「あら、有りがとう、頂きます」¶ <u>蔦代はもいだ花を袂から出した紙にくるんでまた袂に入れてしまうと</u>、茶碗を左手で茶托のまま持ち上げ、部屋の隅の<u>座布団を右手でとって</u>、正子とは長火鉢を挾んで向いあわせに<u>坐った</u>。「すみませんね、座布団もあげないで」¶ 正子は幾分いやみな挨拶をしたつもりだったのだが、蔦代は聞き流して、「ああ、この家はいいわ、長火鉢に火が入ってるもの。
　　　　　　　　　　　　　　　（有吉佐和子・木瓜の花）

(80) 獣たちが一頭残らず門を通過してしまうと、門番はまた門を閉め、錠を下ろした。西の門は僕の知る限りでは街の唯一の出入口だった。街のまわりは七メートルか八メートルの高さの長大な壁に囲まれ、そこを越すことのできるのは鳥だけだった。<u>朝がやってくると門番は再び門を開いて角笛を吹き、獣たちを中に入れた。そして獣たちを全部中に入れてしまうと、前と同じように門を閉ざし錠を下ろした</u>。「本当は錠を下ろす必要なんてないんだ」と門番は僕に説明した。「たとえ錠がかかっていなかったとしても、俺以外に

は誰もあの重い門を開けることはできないだろうからね。

（村上春樹・世界の終わりとハードボイルド・ワンダーランド）

(81) これからは怠り勝なって、少少は糞尿の堆積する箇所が出来るかも知れないけれども、容赦していただくつもりである。以上の実情を調査下され、善処ありたい。——という意味の歎願書であった。これに彦太郎は、午前中をつぶして、叮嚀に一々署名し、捺印した。郵便で発送してしまうと、写しに残した歎願書をもう一度読み返し、にこにことうなずき、阿部さんはなかなか学者であると感心した。¶ この歎願書は端なくも各方面に多大の反響を捲きおこし、いろんな問題を惹起した。政党的に何等の関係のない人達は、時折り、直接彦太郎から愚痴を聞かされて同情していた小学校長を始めとして、市当局の片手落を詰問した。

（火野葦平・糞尿譚）

(82) 戸外を見ると言っても、事務所そのものが地下室にあったので、硝子戸越しに彼の睨んでいるものは、窓から一尺程の距離で対かい合って立っているコンクリートの壁と、その狭い空間に落ちている細い雨脚であった。¶ 高男が近付いて行って背後から声を掛けると、吉見はゆっくりと振り向いて、なんでやって来たというような顔をして胡散臭そうに高男を見詰めた。高男が、「ちょっとお邪魔していいですか？」¶ と言うと、「うん、そこへ坐んなさい」¶ と彼も亦椅子に腰を降ろし、腰を降ろしてしまうと、雨の日のためかどうか知らないが、機嫌のいい顔になって、「何か面白い話でもあるのか？」¶ とぼそっとした口調で言った。¶ 高男は東洋セメント工場の話をして、彼が会った何人かの人間の名を挙げ、その人たちの意見をも述べて、それに対して投資をしてみる気はないかと言った。（井上靖・射程）

(83) おぬい婆さんは丁寧に、そしてその仕事がいかにも楽しそうに袴を畳んだ。そして袴を畳む時いつも話す曾祖父の話をした。「曾祖父ちゃまはいつもちゃんとしたお客様が来られると、座敷へ袴を履いて出られた。そのために、わしは

日に何回となく袴を出したり畳んだりしたもんじゃ」¶ <u>袴を畳んで古箪笥へ仕舞ってしまうと</u>、それから神棚へ供えてあるハンケチの包みを取り上げて、「どうれ、これから坊のことを近所へ触れ廻ってくべえ」¶ <u>と言った</u>。洪作は躰を小さくして、おぬい婆さんがハンケチの包みを解く手つきを見守っていた。
　　　　　　　　　　　　　　　　　（井上靖・しろばんば）

(84)「お前が一つしか食わんのに、俺が二つ食うのは悪いな」¶ 鳶はそんなことを言ったが、「ぜんざい、もう一つ」¶ と、大きな声で奥に叫んだ。<u>鳶は二杯目のぜんざいもあっという間に平らげ、次はうどんにかかった。そしてこれも平らげてしまうと</u>、「これで、お蔭でひと心地がついたよ」¶ と言った。
　　　　　　　　　　　　　　　　　　（井上靖・北の海）

(85)私は見張るのをやめて運ばれてきたハンバーガーとポテトチップと高速道路のチケットくらいの大きさのレタスの葉をコーラと一緒に機械的に胃の奥に送りこんだ。<u>太った娘は丁寧に時間をかけて、いとおしそうにチーズバーガーをかじり、フライド・ポテトをつまみ、ホット・チョコレートをすすった</u>。「フライド・ポテト少し食べる？」と娘が私に訊いた。「いらない」と私は言った。¶ <u>娘は皿にのったものを</u> きれいに <u>たいらげてしまうと</u>、ホット・チョコレートの最後のひとくちを飲み、それから手の指についたケチャップとマスタードを舐め、紙ナプキンで指と口を拭った。はたで見ていてもとてもおいしそうだった。「さて君のおじいさんのことだけれど」と私は言った。
　　　　　（村上春樹・世界の終わりとハードボイルド・ワンダーランド）

(86)また教員の声がメガホンにのって聞えた。<u>おぬい婆さんは再び立ち停ったが、こんどは口に手を持って行って、何か叫んだ。勿論その声は聞えなかった。おぬい婆さんはまたのこのこ歩き出した。そして</u> とうとう <u>運動場を突っ切ってしまうと</u>、生徒の陣取っている席の方へやって来て、「お裏の洪ちゃは居るかや、お裏の洪ちゃは居るかや」¶ と言いながら、生徒席の前を歩き出した。¶ 洪作はすっかり恥し

くなっていた。　　　　　　　　　　　　（井上靖・しろばんば）

(87) それで新らしく入れた茶を勧めながら、「貴方の経歴談は何時聞いても面白い。そればかりでなく、僕のような世間見ずは、御話を伺うたんびに利益を得ると思って感謝しているんだが、貴方が今まで遣って来た生活のうちで、最も愉快だったのは何ですか」と聞いて見た。森本は熱い茶を吹き吹き、少し充血した眼を二三度ぱちつかせて黙っていた。やがて深い湯呑を干してしまうと、こう云った。「そうですね。遣った後で考えると、みんな面白いし、又みんな詰らないし、自分じゃ一寸見分が付かないんだが。
　　　　　　　　　　　　　　　　　　　　　（夏目漱石・彼岸過迄）

(88) 見ると、何か黒い印鑑入れのようなものが手にある。その中から白いシガレットを一本取り出してくわえると、今度は同じ印鑑入れ（シガレット・ケース？）の一方の端を煙草の先に近づける。カチッと金属音が響き、そこから小さな炎が出た。「さて、皆さん」¶ あっと云う間に煙草を根元まで灰にしてしまうと、島田は物惜しげに灰皿で火を揉（も）み消し、云った。「夜も明けてきましたけど、ここで解散っていうわけにはいきませんね。どうやら僕たちは、こうしてお互いを見張り続けなければならない状況に置かれてしまったようだ」　　　　　　　（綾辻行人・迷路館の殺人）

　この節では、「してしまう」が「すると」のかたちをとるつきそい文をもつあわせ文のうち、時間的な関係をあらわす文をあつかった。その結果、分析対象とした120例の「すると」のかたちをとるつきそい文の述語につかわれる「してしまう」は、直接的に、間接的に、あたえられた文連続でとらえられている活動をしめくくる動作が、終了をむかえたことをさししめす、ということがいえるだろう。「してしまう」は、その活動が成立するまでの一連の動作・プロセスに一区切りをつけ、さらなる動作との境目をきわだたせるのである。「すると」のかたちをとるつきそい文の述語「してしまう」は、その動作を内包する大きな動作（活動）の区切りとなる動作をさししめし、ある場面で小さな区切りをつける機能をもつ、と

規定することができるだろう。

　先行研究でもふれたように、「してしまう」を「場面のきりかえ」「段落のきりかえ」とみる見解は、過去の論説にあった。

　それは、岩崎（1988）である。岩崎（1988）は、「してしまう」を、「しはじめる」「しつづける」「しおわる」「しかける」とともに、局面動詞と位置づけたうえ、論をすすめている。岩崎のこの論をうけいれ、高橋（1989b）では、「してしまう」を「状態の終了、あるいは、ある状態が結末をむかえることをあらわす」というふうにまとめたうえ、岩崎のいう「してしまう」がもつ「場面のきりかえ」と「段落のきりかえ」とのはたらきを、さらに一般化し、「ふるい状態とあたらしい状態の橋わたし」として、「してしまう」がつかわれるのである、とした。

　しかし、今回の分析対象は、あくまでも「すると」のかたちをとる「してしまう」のうちの時間的な関係をあらわすもののみであり、岩崎と高橋のような結論までいたることができなかった。ただ、「してしまう」がつかわれる「すると」のかたちをとるつきそい文をもつあわせ文、「〜してしまうと、〜。」をあつかっているかぎり、「場面のきりかえ」「段落のきりかえ」とまではいえないとしても、やはり《「すると」のかたちをとるつきそい文の述語「してしまう」は、その動作を内包する活動の区切りとなる動作をさししめし、ある場面で小さな区切りをつける機能をもつ》といえるだろう。

　先行研究でとりあげた、高橋（1969）と鈴木（1972）での「してしまう」にかんする記述をよむと、本書であきらかにした、「すると」のかたちをとる「してしまう」動詞がもつはたらき、「あたえられた文連続でとらえられている活動をなりたたせるための動作主の一連の動作・プロセスに一区切りをつけ、さらなる動作との境目をきわだたせる」とちかい見解がすでにだされているようである。当時すでに、「してしまう」の分析には、「してしまう」がつかわれる文が、段落（テキスト）（本書では「文連続」という単位をうちたてている）のなかのどの位置にあるのか、つまり、文が段落におかれている条件、そして、前後の文脈との関係などの配慮がきわめて重要であることが示唆されているといえる。岩崎（1986）と高

橋（1989b）は、おそらく、その延長線上にあるとかんがえてよいだろう。岩崎（1986）と高橋（1989b）がみとめている「場面のきりかえ」「段落のきりかえ」は、テキスト論の領域にはいりこんでいるとおもわれる。本書では、つきそい文の述語に「してしまうと」がつかわれるあわせ文のうち、時間的な関係をもつもののみを対象にした。実にごくせまい範囲の「してしまう」をしらべただけである。しかし、このせまい範囲での分析（「～してしまうと、～。」のようなつきそい・あわせ文）においても、文そのもののほか、文がおかれている文連続内のさまざまな条件とあわせた観察が必要である。

4．まとめ

　この章においても、一貫して、「してある」「しておく」同様に、「してしまう」を「カテゴリカルな意味特徴」によってグループ化される、動詞という品詞の下位の種類（語い＝文法的な種類）の1つであるとみなすたちばにたっている。

　会話文と地の文につかわれる終止的なかたちをとる、「してしまう」動詞の使用のちがいから、小説の地の文につかわれる終止的なかたちをとる「してしまう」動詞に焦点をあてて分析した結果、「してしまう」動詞には、「登場人物がおこなった動作の実現にたいするかたり手（登場人物）の強調」をあらわす意味・機能があることを発見した。

　そして、「～してしまうと、～。」の文と「してしまう」文とを比較すると、つきそい文の述語につかわれる「してしまう」動詞と、地の文につかわれる終止的なかたちをとる「してしまう」動詞はことなる意味・機能をはたしている事実にぶつかる。これは単なる文のことなる位置につかわれているという機能的なちがいにより生じた現象ではないようである。「すると」のかたちをとるつきそい文の述語につかわれる「してしまう」動詞は、「1つの場面を描写する文連続のなかで1つの区切りをつける」機能をもっている。「すると」のかたちをとる「してしまう」動詞は、単に文につかわれる

際の位置によって、終止的な述語につかわれる「してしまう」動詞とことなる機能をなしているのにとどまらず、両者のあいだに、質的なちがいがあるではないかと推測できる。テキスト論やテキスト論的なアプローチのし方をどのようにこれからさきとりいれていくかについてはまだはっきりわからないが、少なくとも、今後の分析作業において、「してしまう」動詞には、形態論的な領域と「アスペクチュアリティー」「モダリティー」といった構文論的な領域とならんで、「タクシス」とのかかわりをもかんがえなくてはならないだろう。

　おそらく、つきそい文の述語につかわれる「してしまう」動詞は、いいおわり文の述語につかわれる「してしまう」動詞よりも、補助動詞の「しまう」が本来もつ語い的な意味（おわりまでおこなう、完了）がよりつよくのこっているとおもわれる。つまり、終止形の「してしまう」動詞とほかのかたち（中止形や条件形などその他）をとる「してしまう」動詞は単に機能上のちがいではなく、タイプのことなる「してしまう」動詞としてとらえられる可能性がある。

＊1　「残念や不都合、期待外」を、藤井はまとめて、「話し手の感情・評価的な態度」としている。
　　「すでにのべてあるが，「してしまう」があらわす感情・評価は，話し手のものである。（…中略）そこに表現されている感情・評価は，話し手の態度の表明としてあらわれてくるのである。」　　　　（藤井（1992）p.27）
＊2　藤井の記述では、「いいおわり文」ではなく、「ひとえ文」という用語をつかっているが、藤井が提示する例文は、ひとえ文のみならず、つきそい・あわせ文の「いいおわり文」もあわせてあつかっている。ここでさす、いいおわり文とは、のべつづけの述語（述語が中止節であったり、あるいはなかどめのかたちをとるばあい）がつかわれる文と区別するものである。
＊3　述語が終止的なかたちをとるばあい（「してしまう」）と、終止節であるばあい（たとえば「～してしまうのだ。」）が用例に混在する。
＊4　採集した「してしまう」がつかわれている例文は全部で3万ほどあり、終止形の「してしまう」と終止形以外のかたちをとる「してしまう」（「～してしまうのだ。」「～してしまうわけだ。」などもふくむ）の使用例が、それぞれ1万5千例ほど、ちょうど半分ずつある。手元にある「してしまっている」系列の

使用例は、1万5千例のうち、約300例しかない。
＊5　この類の「してしまう」動詞は状態動詞からの派生がほとんどである。
＊6　具体的には、完成相・非過去形・普通体「してしまう」、完成相・過去形・普通体「してしまった」、完成相・非過去形・丁寧体「してしまいます」、完成相・過去形・丁寧体「してしまいました」の4つのかたちをとる、「してしまう」動詞がつかわれる文を採集した。「してしまう」動詞には、本書であつかう3つの派生動詞のうち、唯一「する―している」の対立がみとめられる。興味ぶかいことではあるが、しかし、一部の「してしまう」動詞しか「している」のかたちがとれないことから、単純に「してしまう」動詞の語形変化としてあつかっていいかどうかの検討が必要である。
＊7　呉（2007a）および（2007b）では、「文をこえた、ひとまとまりの構文論的な統一体」とよんでいた。「意味段落」や「テキスト（テクスト）」ときわめてちかい単位のようにみえる。くわしくは奥田（1984）、比毛（1989a, b）、バス（1996）、新川（1982）、呉（2007a, b）を参照。
＊8　バスによれば、「ССЦ」（самостоятельное синтаксическое целое）のほかに、「文をこえた全体」（сверхфразовое единство）、あるいは「複雑な構文論的な全体」（сложное синтаксическое целое）という用語をつかう研究者もいるようである。
＊9　「最終過程の実現をあらわす」もふくめる。（＊波線は筆者）
＊10　高橋（1989b）では、【期待外】＝【予期しなかったこと、期待しなかったことがおこることをあらわす】について一切ふれていない。
＊11　高橋（1969）で規定された「実現」は、吉川（1973）では独立した項目でとりあげられていないが、ところどころにそれにかんする記述がみられる。
＊12　藤井は、高橋の分類①終了と、②実現を同レベルのことがら（アスペクト的）であるととらえているようである。
　　　「高橋の考えでは、「してしまう」は基本的には動作の終了と実現をあらわすアスペクチュアルな意味の表現者でしかないのだが、……」(p.18)
＊13　ポテンシャルな限界動詞にかんする規定を、藤井（1992）では、以下のようにのべている。
　　　「この種の限界動詞においては、動作の実行と変化の実現とのあいだには、時間的なずれがある。あるいは動作が実現されても、目的の変化は、達成されないこともありうる。そうだとすれば、この種の限界動詞の限界は、ポテンシャルであるということになる。」　　　　　　　　　　　(p.25)
　ただし、藤井のこの規定は、基本的に、奥田（1988a, b）にしたがったものであり、あくまでも、1992年より以前の規定であることを、理解していただきたい。
＊14　藤井の記述では、「いいおわり文」ではなく、「ひとえ文」という用語をつかっているが、藤井が提示する例文は、ひとえ文のみならず、つきそい・あわせ文の「いいおわり文」もあわせてあつかっている。ここでさす、いいおわり文とは、のべつづけの述語（述語が中止節であったり、あるいはなかどめのかたちをとるばあい）がつかわれる文と区別するものである。
＊15　用例にくわえられている下線について：登場人物の具体的な動作をさししめす文に棒線を、登場人物の心情描写（登場人物のかんがえやおもい）、背

景描写（登場人物が存在する空間にかんする描写）をさししめす文に波線を、登場人物の発言に破線をそれぞれひくことにする。二重線は「してしまう」動詞があらわす（実現された）動作をくわしくする修飾語（主にし手の様子、動作の程度・量）につかう。なお、行をあらためるかわりに、行頭一字さげのめじるしとして、「¶」をもちいる。

＊16　物語られる状況・事象が提示される際の知覚・認識上の位置。（ジェラルド（1991）p.147）

＊17　「死んでしまう」「行ってしまう」の使用例は、ほとんどこの類の「してしまう」文にしかつかわれないことがとりわけ特徴的であるが、引き続き検討しなければならない。

＊18　限界動詞と無限界動詞にたいする一番あたらしい規定には須田（2010）がある。本書では、基本的に、この須田の規定にしたがっている。

　　「限界は、動詞のさししめす動作の展開のし方の特徴として、なによりもまず、動詞の語彙的な意味のなかに、その意味特徴のひとつとして、ふくみこまれている。これを内的な限界とよぶが、その意味特徴の有無によって、動詞は、限界動詞と無限界動詞にわけられることにある。たとえば、「倒れる」「落ちる」などの動詞は、その動作がつきはて、それ以上展開しない限界という要素を、その語彙的な意味のなかに含んでいるが、「走る」「ふるえる」などの動詞は、動作のつきはてる点が、その動作の性格からは導きだせず、限界という要素を、その語彙的な意味のなかに含んでいないと言える。前者が限界動詞、後者が無限界動詞である。」　　　（p.139）

＊19　以下、「～してしまうと」のつきそい文とよぶ。

＊20　700例のうちのおおくは条件づけをあらわす文である。

　　例）マーケットとしては、沿線の大学に通う学生、都心の会社に通勤するサラリーマンやOLなどが考えられる。さらに住宅街に住む主婦やその子供たちも対象となろう。まず、第1にやらなければならないことは、内外装をリニューアルすることである。マックは新しい店舗で目につきやすいので、当店もマックの開店に合わせて改装して人目を引くことが必要である。**固定客を引きつけるプロモーションの強化**　次に、当店はなじみの客が多く、これが強みになっているが、このなじみの客がマックにとられてしまうと経営は非常に苦しくなってくる。そこで、これらのなじみ客を一層確実な固定客にすることが大切である。そのためには、お客様感謝デーを設けて、ドリンクのサービスをするとか、できることならなじみ客のリストをつくり、その顧客の誕生日に割引券などをプレゼントするなどの固定客対策をとるべきであろう。

　　　　　　　　　　　　（ショートケース研究会・ハーバード・ビジネスからの戦略発想）

＊21　手元にあるその他の時間的関係をあらわすつきそい・あわせ文の用例の分布状況をしめしておく。「～してしまったところ」は5例ほど、「～してしまったころ」は2例ほど、「～してしまったとき」は35例ほど、「～してしまってから」は200例ほど、「～してしまったあと」は120例ほど、「～してしまうまで（に）」80例ほど、「～してしまうまえ」は10例ほどある。

＊22　用例にくわえられている下線について：棒線のほかに、「～してしまうと。～。」の文がさししめす内容とつよいかかわりをもつ文や文の部分に波線を、

共起しやすい修飾語（あるいは修飾語的な成分）には囲み線をひく。なお、行をあらためるかわりに、行頭一字さげのめじるしとして、「¶」をもちいる。

＊23　実際、例文（40）でしめした文脈で描写されている武巣の一連の動作は、「…息をはあはあして入って来ました。」の文と、つきそい文の「…机の上に置いてしまうと」によって、さししめされている「（標本をもって教室に）はいってくる」と、「標本を机の上におく」しかないが、そのあいだにはさまれた、「……わなの標本を五つとも持って来たのです。」の文によって、武巣の「武巣が校長室にある標本を教室にもってくる」という活動が説明されている。そのため、文脈にかかれていない、そのほかの武巣の動作（たとえば、「標本をもつ」「廊下をあるく」など）がよみ手にイメージされやすくなるのだとおもわれる。

＊24　奥田は、つきそい文の述語が「すると」のかたちをとるあわせ文「〜すると、〜。」を《契機的なつきそい・あわせ文》と名づけ、以下のように規定している。

　「つきそい文が「すると」のかたちを述語にする《契機的なつきそい・あわせ文》では、おおくのばあい、継起的におこってくる、ふたつの、具体的な、一回きりの動作がさしだされていて、その、ふたつの動作のあいだには《きっかけ》のむすびつきができている。……（省略）つきそい文にさしだされる動作は、いいおわり文にさしだされる動作をひきおこすのではなく、さそいだしている。《きっかけ》は原因とはちがって、うまれてくるのをたすける《産婆》あるいは《ひきがね》のようなものである。」

(奥田（1986）p.11)

＊25　たとえば、「〜しておくと、〜。」や「〜してみると、〜。」のようなつきそい・あわせ文も、やはりつきそい文「〜すると」の述語に、「しておく」や「してみる」がつかわれているので、それぞれのつきそい文といいおわり文のあいだの関係も、やはり「「きっかけ」＋なにか」、となるだろう。

終章

　序論でのべたように、本書は現代日本語の動詞において、2単語による1単語相当の単位である「してある」、「しておく」、「してしまう」がもつ意味・機能をあきらかにし、形態論的な位置づけについて検討することを目的としている。本書は奥田（1977）（1978）でのアスペクトにたいするかんがえを土台とし、「する - している」の対立のみがアスペクトであるというたちばにたつ。その対立から排除された領域にある「してある」「しておく」「してしまう」を分析対象とする。

　結論として、「してある」「しておく」「してしまう」は、動詞の第2中止形「して」とそれぞれの補助的な動詞「ある」「おく」「しまう」のくみあわせによってできあがった分析的な構造をなす派生動詞（語い＝文法的な種類）であり、形態論的な形ではないというたちばをとる「してある」「しておく」「してしまう」はそれぞれの動詞グループをきめてかかるカテゴリカルな意味特徴によって一般化され、規定され、グループ化される。独自の、個別の意味・機能をもち、派生のもととなる「する」動詞から独立し、あらたな派生動詞（語い＝文法的な派生動詞）のグループをなす。このような派生動詞グループは、他動詞や動作動詞、限界動詞などと同じく動詞という品詞の下位の種類、語い＝文法的な種類であると位置づけ、それぞれを「してある」動詞、「しておく」動詞、「してしまう」動詞とする。

　なお、筆者は恣意的にこの3つの動詞グループをとりあげたわけではない。形態論的なカテゴリーとしての「アスペクト」から排除される領域に、この3つの動詞グループが存在し、そのほかに「していく」と「してくる」、そして、単語の内部構造のことなるいわゆる局面動詞である「しはじめる」「しつづける」「しおわる」があ

げられる。一般的に「していく」と「してくる」はついとしてとらえられ、「しはじめる」「しつづける」「しおわる」も局面動詞としてひとくくりにすることができるのにたいし、「してある」「しておく」「してしまう」の3つはいわばとりのこされているモノ同士であり、たがいの関係性も比較的うすいようにとらえられてきた（ただし、「してある」と「しておく」は関係づけられたかたちで論じられることがしばしばある）。一見バラバラに無関係に存在する3つの動詞グループであったからこそ、筆者はこれらを研究の対象とした。それぞれの動詞に対する個別的な調査と分析作業によって、「語い＝文法的な種類」であるこのような分析的な構造をもつ「語い＝文法的な派生動詞」とはどういう単語単位であるかにせまろうとした。

　まず、それぞれの動詞グループにたいする具体的な分析作業をとおしてえられた結論と成果を以下にまとめる。

1. 「してある」動詞は「してある」がもつこととなるvalence（結合能力）によって、2つの下位グループに大別することができる。それは、典型的な、基本的な《第1「してある」動詞》と、派生的な《第2「してある」動詞》である。《第1「してある」動詞》＝「結果存在動詞」がもつもっとも基本的な、典型的な意味・機能は、「具体的なものが、ある動作のはたらきかけをうけた結果の状態で、あるいは、はたらきかけによって出現した状態で、一定の場所に存在する」ことをあらわし、《第2「してある」動詞》は、パーフェクト的な意味・機能をもつ。そして、述語につかわれる「してある」動詞の種類や文の構造、文があらわす対象的な内容のちがいなどによって、タイプ①「（N_2に）N_1が～してある。」、タイプ②「（N_2に）N_1を～してある。」、タイプ③「N_3はN_1を～してある。／N_3はN_1が～してある。」、タイプ④「（N_4が）N_5を～してある。」、タイプ⑤「（N_4が）～してある。」（自動詞派生の「してある」動詞）の5つにわけることができる。

2. 連体形の《第1「してある」動詞》の調査結果からわかるように、終止形と連体形をとる「してある」の前にくる名詞の格表

示の分布がかなりことなる。連体形をとる「してある」動詞にはもととなる「する」動詞の特徴（「を格」名詞を支配する）がよりつよくのこっているようである。
3. 「しておく」がもつ「もくろみ（性）」というカテゴリカルな意味特徴をとりだし、「しておく」動詞を、「（動作のし手が）あとにおこることにそなえて、まえもっておこなう動作」をあらわす動詞グループ（もくろみ動詞の一種）に一般化する。「しておく」文の前後する文脈があらわすことがらによって、さらに2つの下位タイプがみとめられる。
4. 過去形をとる一部の「しておく」動詞と《第2「してある」動詞（パーフェクト）》の使用範囲がかさなり、同じ内容・ことがらをあらわすようになる。
5. 「してしまう」動詞の分析において、「してしまう」文があらわす内容と、文が存在する文連続の構造をあわせて分析した結果、小説の地の文につかわれる「してしまう」は、「登場人物がおこなった動作の実現にたいするかたり手（登場人物）の強調」をあらわす意味・機能をもっていることを発見した。さらに、時間的な関係をあらわす「〜してしまうと、〜。」文をしらべた結果、つきそい文の述語につかわれる「してしまう」動詞には、「1つの場面を描写する文連続のなかで1つの区切りをつける」という派生的な意味・機能があることがわかった。時間的な関係をあらわすつきそい文の述語につかわれる「してしまう」動詞は、いいおわり文の述語につかわれる「してしまう」動詞よりも、補助動詞の「しまう」が本動詞として本来もつ語い的な意味（おわりまでおこなう、完了）がよりつよくのこっていることがわかった。

つぎに本書と、これまでの研究とのちがいを以下にまとめる。
1. 「してある」「しておく」「してしまう」の分析作業をとおして、それぞれの動詞について、それぞれの語い的な意味のなかにある文法にとって有意義な、一般的な意味特徴である、カテゴリカルな意味（意味特徴）をみいだし、「してある」「しておく」

「してしまう」を「する」動詞（動詞一般）から独立した派生動詞とし、動詞という品詞の下位種類として位置づける。
2. 「してある」を分析し、一般化する作業をとおして、「してある」を完成相「する」－継続相「している」の対立にもちこもうとするかんがえをまっ向から否定する。
3. 「しておく」と「してある」の関係はつねに、派生のもととなる「する」動詞をなかだちにしてとらえる。
4. 「してしまう」は終止的な述語として地の文につかわれる際、先行研究においてよく指摘されるような「マイナス的評価」は表現されず、「登場人物がおこなった動作の実現にたいするかたり手（登場人物）の強調」をあらわす。一方で、時間的な関係をあらわすつきそい・あわせ文のつきそい文（「～してしまうと」）の述語につかわれる「してしまう」は、さらなる派生的な意味・機能をもち、終止的な述語につかわれる「してしまう」とは、タイプのことなる「してしまう」動詞としてとらえられる。

そして、以下の課題がまだ残っている。
1. 「されてある」の分析が十分でない。
2. 「しておく」がもつ「もくろみ（性）」というカテゴリカルな意味特徴をより明白にするために、同じくもくろみ動詞とされる「してみる」と「してみせる」の分析が必要。
3. 終止形をとる「してしまう」のほかに、文のことなる位置（たとえば、つきそい文の述語のばあいや連体句節を修飾するばあい）につかわれる「してしまう」動詞についてさらなる調査が必要である。とりわけ、時間的な関係をあらわす「～してしまうと、～。」の分析をとおして、補助動詞「しまう」が本来（本動詞として）もつ語い的な意味（おわりまでおこなう、完了）が残存していることがわかり、その他の語形をとる「してしまう」動詞にも同様の現象がみとめられるかどうか精査すべき。
4. 会話文における「してしまう」動詞の使用、とりわけ、「してしまう」動詞の縮小形「しちゃう」は、地の文で規定した「登場人物がおこなった動作の実現にたいするかたり手（登場人物）

の強調」が、はなしあいの場面において発展したかたちで、はなし手がみずから発話した文のあらわす内容、ことがらにたいするなんらかの強調をあたえる、よりモダリティー的な意味・機能をおびていることから、さらにしらべる必要がある。

　本書は、動詞に属する下位の種類「語い＝文法的な種類」のなかの分析的な構造をもつ（2単語による1単語相当である）「してある」「しておく」「してしまう」をとりあげ、個々の動詞グループの意味・機能をあきらかにすることにつとめた結果、この3つの動詞グループをアクチオンスアルトとしてとらえなおすプロセスのうちの一作業となった。これまでの先行研究、そして、「アスペクト」そのものをテーマとする研究によって、「アスペクト」という形態論的なカテゴリーにたいする規定がより厳密に、正確になり、その周辺にあるものもみなおされている。筆者はその流れにしたがい、「してある」「しておく」「してしまう」、それぞれの動詞グループがもつ個別的な意味・機能だけではなく、つねに、全体のなかでの位置づけを念頭におき、研究をすすめてきた。今回は、共時的な観点からの分析のみであったが、いずれ、それぞれの派生動詞の歴史的変遷をあわせ、通時的な観点を分析にくわえていきたい。

参考文献

庵功雄（1997）「国語学・日本語学におけるテキスト研究」（『言語とコミュニケーションに関する研究概観』平成 8 年度文部省科学研究費補助金基盤研究（B）（1）（企画調査）研究成果報告書）

庵功雄（2001）『新しい日本語学入門』（スリーエーネットワーク）

イー・イー・バス（1996）「段落の諸問題―文献の概観と研究の見とおし」（『ことばの科学 7』むぎ書房）

石川守（1983）「状態表現「―て　ある」に関する一考察」（拓殖大学『語学研究』35 号）

石沢弘子、豊田宗周監修（1998）『みなの日本語　初級 II 本冊　第 30 課』、『みなの日本語　初級 II 翻訳・文法解説中国語版　第 30 課』、『みなの日本語　初級 II 翻訳・文法解説英語版　第 30 課』（スリーエーネットワーク）

岩崎修（1988）「局面動詞の性格―局面動詞の役割分担」（『武蔵大学人文会』20-1）

遠藤真由美（1993）『現代日本語の従属複文の研究　―「～すると～」と「～したら～」を中心に―』（横浜国立大学修士論文）

大場美穂子（1996）「「してある」について」（『東京大学言語学論集』15）

奥田靖雄（1977）「アスペクトの研究をめぐって―金田一的段階―」（『ことばの科学・序説』むぎ書房）

奥田靖雄（1978）「アスペクトの研究をめぐって」（『ことばの科学・序説』むぎ書房）

奥田靖雄（1985a）『ことばの科学・序説』むぎ書房

奥田靖雄（1985b）「文のさまざま（1）―文のこと」（『教育国語　80 号』むぎ書房）

奥田靖雄（1986）「条件づけを表現するつきそい・あわせ文―その体系性をめぐって―」（『教育国語　87 号』むぎ書房）

奥田靖雄（1988a）「文の意味的なタイプ―その対象的な内容とモーダルな意味とのからみあい」（『教育国語　92 号』むぎ書房）

奥田靖雄（1988b）「時の表現（1）」（『教育国語　94 号』むぎ書房）

奥田靖雄（1988c）「時の表現（2）」（『教育国語　95 号』むぎ書房）

奥田靖雄（1990）「説明（その 1）―のだ，のである，のです―」（『ことばの科学 4』むぎ書房）

奥田靖雄（1992）「動詞論」（北京外国語学院での講義プリント）

奥田靖雄（1993a）「動詞の終止形（1）」（『教育国語　2・9 号』むぎ書房）

奥田靖雄（1993b）「動詞の終止形（2）」（『教育国語　2・12 号』むぎ書房）

奥田靖雄（1994）「動詞の終止形（3）」（『教育国語　2・13号』むぎ書房）
奥田靖雄（1996a）「文のこと・その分類をめぐって」（『教育国語　2・22号』むぎ書房）
奥田靖雄（1996b）「『ことばの科学』第7集の発行にあたって」（『ことばの科学7』むぎ書房）
奥田靖雄（1997）「かたり小説のかたり手」（教育科学研究会国語部会・小原集会講義プリント）
笠松郁子（1993）「「しておく」を述語にする文」（『ことばの科学6』むぎ書房）
教科研東京国語部会・言語教育研究サークル（1963）『文法教育　その内容と方法』（むぎ書房）
金田一春彦編（1976）『日本語動詞のアスペクト』（むぎ書房）
金水敏（2001）「文法化と意味―「～おる（よる）」論のために」（『国文學　解釈と教材の研究』13年2月号　學燈社）
金水敏ほか（2000）「1.7シテアル」（『時・否定と取り立て』岩波書店）
工藤真由美（1989）「現代日本語のパーフェクトをめぐって」（『ことばの科学3』むぎ書房）
工藤真由美（1990）「現代日本語の受動文」（『ことばの科学4』むぎ書房）
工藤真由美（1995）『アスペクト・テンス体系とテクスト―現代日本語の時間の表現』（ひつじ書房）
呉幸栄（2001）『「してある」の意味・機能について』（拓殖大学大学院修士学位論文）
呉幸栄（2003）「外国人のための日本語文法と日本人のための日本語文法」（『国文学　解釈と鑑賞　7月号』至文堂）
呉幸栄（2004a）「「しておく」が述語につかわれる文について」（『日本文学研究　第43号』大東文化大学日本文学会）
呉幸栄（2004b）「「してある」の意味・機能について」（『鈴木康之教授古希記念論文集』白帝社）
呉幸栄（2005）「つきそい文の述語に「してしまう」がつかわれるあわせ文―「～してしまうと」を中心に―」（『日本文学研究誌　第3輯』大東文化大学大学院文学研究科日本文学専攻）
呉幸栄（2007a）「小説の地の文につかわれる「してしまう」文」（『国文学　解釈と鑑賞　1月号』至文堂）
呉幸栄（2007b）「地の文の述語につかわれる「してしまう」」（『日本文学研究誌　第5輯』大東文化大学大学院文学研究科日本文学専攻）
呉幸栄（2008）「地の文の述語につかわれる「してしまう」について―具体的な場面描写につかわれるばあいを中心に―」（『日本文学研究　第47号』大東文化大学日本文学会）
呉幸栄（2009）「「N1はN2を～Vしてある。／N1はN2が～Vしてある。」構文について」（『日本文学研究　48号』大東文化大学日本文学会）
呉幸栄（2010）「連体形をとる《第1「してある」動詞》をめぐって―終止形のばあいと比較して―」（『対照言語学研究』第20号　海山研究所）
呉幸栄（2011）「2つの「してある」動詞」（『日本文学研究』第50号　大東文

化大学日本文学会）
呉幸栄（2012a）「「してある」と「しておく」の接近—《第2「してある」動詞との対応を中心に—」（『日本文学研究』第51号　大東文化大学日本文学会）
呉幸栄（2012b）「再帰的な動作をあらわす動詞と名詞とのくみあわせ」について〜着衣動作と脱衣動作をあらわす動詞を中心に〜」（『国際教育』第5号　千葉大学国際教育センター）
言語学研究会（1976）『日本語文法・連語論（資料編）』（むぎ書房）
言語学研究会・構文論グループ（1985）「条件づけを表現するつきそい・あわせ文（一）—その1・まえがき—」（『教育国語　81号』むぎ書房）
言語学研究会・構文論グループ（1988a）「時間・条件をあらわすつきそい・あわせ文（1）」（『教育国語　92号』むぎ書房）
言語学研究会・構文論グループ（1988b）「時間・条件をあらわすつきそい・あわせ文（2）」（『教育国語　93号』むぎ書房）
言語学研究会・構文論グループ（1988c）「時間・条件をあらわすつきそい・あわせ文（3）」（『教育国語　94号』むぎ書房）
言語学研究会・構文論グループ（1988d）「時間・条件をあらわすつきそい・あわせ文（4）」（『教育国語　95号』むぎ書房）
小林茂之（1997）「現代日本語における動詞の意志性について」（『文学・語学』155号　東京大学大学院）
小森陽一（1988）『構造としての語り』（新曜社）
佐藤里美（1998）「文の対象的な内容をめぐって」（『ことばの科学9』むぎ書房）
佐藤里美（1999）「《かたり》における自己中心的な言語要素（1）」（『教育国語　3・6号』むぎ書房）
佐藤里美（2001a）「《かたり》における自己中心的な言語要素（2）」（『教育国語　4・3号』むぎ書房）
佐藤里美（2001b）「テキストにおける名詞述語文の機能—小説の地の文における質・特性表現と《説明》—」（『ことばの科学10』むぎ書房）
佐藤里美（2002）「《かたり》における自己中心的な言語要素（3）」（『教育国語　4・4号』むぎ書房）
須賀一好・早津恵美子（1995）「〈解説編〉動詞の自他を見直すために」（『動詞の自他』ひつじ書房）
杉村泰（1996）「形式と意味の研究—デアル構文の2類型」（『日本語教育』91号）
鈴木重幸（1972）『日本語文法・形態論』（むぎ書房）
鈴木重幸（1983）「形態論的なカテゴリーについて」（『形態論・序説』むぎ書房）
鈴木重幸（1992）「主語論をめぐって」（『ことばの科学5』むぎ書房）
鈴木重幸（1993）「『ことばの科学』第6集の発行にあたって」（『ことばの科学6』むぎ書房）
鈴木重幸（1996）『形態論・序説』（むぎ書房）
鈴木康之（1968）「文学作品のことば」（『教育国語　13号』むぎ書房）

鈴木康之（1973）「リアリズムの作品における感情調の表現について」（『日本文学研究12号』大東文化大学日本文学会）
鈴木泰（1995）「メノマエ性と視点（Ⅲ）」―古代日本語の通達動詞のevidentiality（証拠性）―」（『日本語文法の諸問題』ひつじ書房）
須田義治（2000a）「アスペクト的な意味の体系性について」（『千葉大学留学生センター紀要第6号』）
須田義治（2000b）「限界性について―限界動詞と無限界動詞―」（『山梨大学教育人間科学紀要　第1巻2号』）
須田義治（2003）『現代日本語のアスペクト論』（海山文化研究所）
須田義治（2007）「言語学的なナラトロジーのために」（『国文学解釈と鑑賞』1月号　至文堂）
須田義治（2010）『現代日本語のアスペクト論　形態論的なカテゴリーと構文論的なカテゴリー』（ひつじ書房）
ジェラルド・プリンス（1991）『物語論辞典』（松柏社）
副島健作（2007）『日本語のアスペクト体系の研究』（ひつじ書房）
たかきかずひこ（1999）『文とは何か―構文論入門』（日本語学研究会）
たかきかずひこ（2001）『精読の基礎』（日本語学研究会）
高橋太郎（1969）「すがたともくろみ」（『日本語動詞のアスペクト』むぎ書房）
高橋太郎（1985）『現代日本語動詞のアスペクトとテンス』（秀英出版）
高橋太郎（1989a）「動詞・その7」（『教育国語96号』むぎ書房）
高橋太郎（1989b）「動詞・その8」（『教育国語99号』むぎ書房）
高橋太郎（1994）「動詞の連体句節と名詞のかかわり」（『動詞の研究　動詞の動詞らしさの発展と消失』むぎ書房）
高橋太郎（1999a）『日本語の文法1999』（講義テキスト）
高橋太郎（1999b）「「シテオク」と「シテアル」の対立について」（『関西外国語大学研究論集』第70号）
高橋太郎（2003）『動詞九章』（ひつじ書房）
高橋太郎（2005）『日本語の文法』（ひつじ書房）
寺村秀夫（1984）「4. 動の事象の諸相―――アスペクト」（『日本語のシンタクスと意味Ⅱ』くろしお出版）
Т. М. Николаева（1997）"Текст"『Русский Язык Энциклопедия』
長谷川ユリ（1997）「テアルの意味と用法」（『大阪教育大学紀要』第46巻　第1号）
原沢伊都夫（2005）「テアルの意味分析―意図性観点から―」（『日本語文法』5巻1号　日本語文法学会　くろしお出版）
樋口文彦（1989）「評価的な文」（『ことばの科学3』むぎ書房）
比毛博（1989a）「接続詞の記述的な研究」（『ことばの科学2』むぎ書房）
比毛博（1989b）「段落の構造」（『教育国語　98号』むぎ書房）
藤井由美（1991）「「してしまう」の意味」（言語学研究会での発表プリント）
藤井由美（1992）「「してしまう」の意味」（『ことばの科学4』むぎ書房）
益岡隆志（1984）「―てある構文の文法」（『言語研究86号』）
益岡隆志（1987）「第3部　ヴォイス」「第4部　アスペクト」（『命題の文法―日本語文法序説』くろしお出版）

益岡隆志（2000）「第8章　アスペクトをめぐって」（『日本語文法の諸相』ひつじ書房）
マスロフ，Ю. С. 他（1990）『動詞アスペクトについて（Ⅰ）』（菅野裕臣編訳、学習院大学東洋文化研究所）
マスロフ，Ю. С. 他（1991）『動詞アスペクトについて（Ⅱ）』（菅野裕臣編訳、学習院大学東洋文化研究所）
松本泰丈（1993a）「〈メノマエ性〉をめぐって―しるしづけのうつりかわり―」（『国文学　解釈と鑑賞』7月号）
松本泰丈（1993b）「〈シテアル〉形おぼえがき―奄美喜界島（大朝戸）方言から―」（『国語研究』松村明先生喜寿記念会　明治書房）
宮部真由美（2017）『現代日本語の条件を表す複文の研究』（晃洋書店）
明星学園・国語部（1968）『にっぽんご　4の上』（むぎ書房）
村木新次郎（1991）「ヴォイスのカテゴリーと文構造のレベル」（『日本語動詞の諸相』ひつじ書房）
森重敏（1965）『日本文法―主語と述語―』（武蔵野書院）
森重敏（1971）『日本語文法の諸問題』（笠間叢書）
森田良行（1977）「「本が置いてある」と「本を置いてある」」（『講座　正しい日本語　第5巻　文法編』明治書院）
森田良行（1989）『基礎日本語辞典』（角川書店）
M. A. K. ハリデイ・ルカイヤ　ハサン（1997）『テクストはどのように構成されるか』（ひつじ書房）
新川忠（1982）「段落と文」（『教育国語　70号』むぎ書房）
新川忠（1997）「文の《前提》をめぐって」（『教育国語　2・26号』むぎ書房）
梁井久江（2006）「～テシマウにおける意味・機能の変化」（『2006年度春季大会予稿集』日本語学会）
梁井久江（2009）「テシマウ相当形式の意味機能拡張」（『日本語の研究』第5巻1号日本語学会）
山岡實（2001）『語りの記号論』（松柏社）
山崎恵（1996）「「～ておく」と「～てある」の関連性について」（『日本語教育』88号）
山下健吾（1992）「「してある」の意味」（言語学研究会での発表プリント）
湯本昭南（1992）「『ことばの科学』第4集の発行にあたって」（『ことばの科学4』むぎ書房）
吉川武時（1973）「現代日本語動詞のアスペクトの研究」（『日本語動詞のアスペクト』むぎ書房）
渡辺義夫（1969）「「～している」との関連における「～してある」」（『福島大学教養学部論集』第21号）

あとがき

　本書は、別府大学より2009年9月18日付けで博士（文学）の学位をうけた学位論文「現代日本語における分析的な構造をなす派生動詞－「してある」「しておく」「してしまう」について－」に加筆修正をおこなったものである。出版にあたっては、2017年度、名桜大学総合研究所出版助成をうけた。

　筆者迫田は、旧姓呉、台湾でうまれ、十代の前半まで台湾でそだった日系人三世である。幼少期に家庭内で日本語を習得し、よみかきであるかきことばは来日してから学習したため、日本語学習者としての経験も有する。

　日本語学・言語学という分野をしるきっかけ、そして、いまにつづく研究活動の始まりは、故鈴木重幸先生との出会いだった。当時、イギリスでの一年間の交換留学をおえて拓殖大学にもどった筆者は、その後の自分の将来をきめかねていた。そのような時にたまたま軽い気持ちで出てみた重幸先生の授業でまるで雷にでもうたれたような衝撃をうけたことをいまでも鮮明におぼえている。それまで、得意とする英語と憧れだったドイツ語を学び、いずれはヨーロッパかアメリカにわたろうと考えていた筆者にとって、日本語の文法をヨーロッパ諸言語のような体系でしめされたことはとても不思議な体験だった。この先生の話をもっとききたい、そこにある理論をもっとしりたいという気持ちにかられ、大学院では英語学からよくわかってもいない日本語学の道にすすんだ。

　そして、日本語学の基礎のない筆者をひきうけてくれた重幸先生に、一から手とり足とり指導していただいた。言語学研究会と奥田靖雄先生の理論、そのほかの日本語学に関する基礎知識も全部重幸先生がおしえてくれた。

　序論でかいたとおり、重幸先生ご自身が「形態論的なカテゴ

リー」(1983) において、『日本語文法・形態論』(1972) での記述について自己批判し、アスペクト（すがた）のカテゴリーにいれた「してある」や「してしまう」の再検討が必要だとした。そのテーマを筆者の修士論文の内容とすべく「してある」の研究をすすめてくれた。いま思えば、その時すでに、重幸先生は筆者のそれからさきの研究内容をかんがえてくださっていたのだろう。

　鈴木康之先生は重幸先生と同じぐらい筆者にとって大切な方である。重幸先生が拓殖大学から退職される前に、大東文化大学の鈴木康之先生に引きあわせてくれた。重幸先生が筆者の骨格を作ってくれたとすれば、康之先生は肉付けをしてくれたといえる。それまでに学んだ連語論や奥田言語学、教科研文法、そして重幸言語学をあらためて解説してくれたのが康之先生だった。康之先生からはよく、筆者への指導はまるで重幸さんとの対峙のようで実にやりにくいといわれた。

　いよいよ台湾静宜大学への赴任がきまったとき、重幸先生も康之先生もあまり喜んでくれなかったのが心に残っている。家庭はどうなるのか、迫田君はどうするのだ、とそろって心配してくれて、いくつになっても手のかかる弟子として2人の先生を悩ましていた。

　別府大学での学位取得に尽力してくださった松本泰丈先生にもいくら感謝してもしきれない。重幸先生と康之先生が海山研究会の場で、松本先生が当時勤めていた別府大学に学位の審査と推薦をお願いしてくださったことをきいていたが、まさか本当に引きうけてくださるとは夢にも思わなかった。松本先生は筆者のまだ十分とはいえない記述を隅々まで丁寧によんでくださり、指導をしてくださった。

　なかなか非常勤生活から抜けだせず、いろいろ悩んでいる筆者をいつも励ましてくれるのが金田章宏先生だった。研究でいきづまっていた筆者を金田先生は自分のフィールドである八丈島につれだし、職探しのことでもたくさんのアドバイスをくれた。

　ひつじ書房を紹介してくださった鈴木泰先生にも感謝している。鈴木先生には月末金曜日の会での発表時にいつもご助言やアドバイスをいただき、東京大学での講義にも誘っていただいた。

大東文化大学大学院在籍中にたくさんお世話になった市井外喜子先生、日本語学研究会の高木一彦先生と例文の検索や整理に使っている「SIC用例検索アプリケーション」の制作者である外山善朗さんにも感謝している。
　わずか2年半の赴任期間ではあったが、台湾静宜大学でお世話になったみなさんにも感謝したい。あの経験があったからこそ、いまの自分がある。
　これまでかかわってくださった先生方、友人、すべての方々に感謝する。1人ではきっとなにもなしとげられなかっただろう。
　最後に、主人と娘と父と母に感謝したい。同じく重幸研究室の出身だった主人が筆者の研究の一番の理解者である。主人は言語学をやめたが、わたくしには思う存分やらしてくれた。生後5ヶ月から海外の赴任先と東京、いまは名護と東京の自宅のいったりきたりした生活を送る5才の娘には我慢ばかりさせて、本当に申しわけなく思う。仕事と子育てを両立させるべく、いつも手伝ってくれる母と父に最大の感謝をおくりたい。

　この本の出版を快諾してくださったひつじ書房の松本功社長、編集作業において、細かい修正など一つ一つ丁寧に対応していただいた副編集長の森脇尊志さんに心より感謝を申しあげる。

2018年3月　　沖縄　名護にて　迫田幸栄

索　引

あ

アスペクト動詞　119, 123, 126
ありか　28, 29, 32, 52, 82, 95, 96, 140
意図性　64, 151
意図的な動作　85, 90, 92, 107, 131

か

かたり手（登場人物）の強調　154
カテゴリカルな意味特徴　9, 32, 106, 114, 127
感情・評価的な態度　170, 171
間接対象　140
機能的なカテゴリー　108
具体的なもの　25-28, 30, 33, 49, 83, 88, 92, 100, 106
具体物　25, 28, 44, 58, 72, 74, 75, 83, 125
結果存在性　25, 32, 106
結果存在動詞　25
結合能力　33, 57, 63, 140
限界動詞　204
言語活動動詞　25, 31, 32, 57
語い素（としての単語）　3
語い＝文法的な種類　9
語い＝文法的な派生動詞　7, 23, 24, 46
合成述語　72-75, 80
個別的な・一回的な意味　210-215

さ

視覚的　25-28, 30, 33, 57
時間的な関係　210, 236
持続態　34, 37

してみせる　115, 119
してみる　114, 119
視点　185-187, 196, 198, 199, 202, 203
自動詞化　100
自動詞（構）文　40, 42, 44, 45
終結態　167
従属複文　210
主語なし文　67, 68
消極的なもくろみ性　143
書記活動動詞　103, 105
生産的　54
存在主体　54, 57
（存在の）主体　49, 54, 55, 67, 72, 95, 96, 108
存在文　29, 44

た

単語形式（としての単語）　3
つきそい・あわせ文　134, 209, 213, 214, 226
同一動作主　210-216, 226
動作主主語　84, 95
動作主体　50, 85, 124, 125
動作の実現の強調　159, 168, 189, 190
（動作の）実現の強調　190, 197-199, 203
（動作の）主体　29, 44, 45

は

パーフェクト　26, 85, 90, 107, 140, 149
valance　26, 29, 49, 51, 52, 55
非生産的　54
一区切りづけ　213, 215
表現活動動詞　25, 32, 57

分析的な構造　7, 9, 10, 11
文脈（コンテクスト）　151, 158
文連続　158, 159, 161
補助動詞　10, 12

ま

マイナス的な評価　154, 155
もくろみ　63, 127
もくろみ性　113, 114, 120, 121
もくろみ（性）　119, 127
もくろみ動詞　122, 131, 141, 150

や

よみ手　176, 177, 179, 183, 221

ら

連体動詞句　96, 106

迫田（旧姓：呉）幸栄（さこだ（くれ）さちえ）

略歴

1976年生まれ。日系3世。2007年大東文化大学大学院文学研究科博士後期課程単位取得退学。2009年別府大学にて論文により学位取得。博士（文学）。台湾静宜大学日本語文學系助理教授を経て、現在公立大学法人名桜大学准教授。

主な論文

「小説の地の文につかわれる「してしまう」文」（『国文学 解釈と鑑賞』54(1)、2009）、「連体形をとる《第1「してある」動詞》をめぐって」（『対照言語学研究』20、2010）、「「再帰的な動作をあらわす動詞と名詞とのくみあわせ」について」（『国際教育』5、2012）、「校訂　金剛般若経集験記（一）–（六）」（『大東文化大学紀要』51–6、2013–18、共著）など。

ひつじ研究叢書〈言語編〉第153巻
現代日本語における分析的な構造をもつ派生動詞
「してある」「しておく」「してしまう」について

Verbs with Analytic Structures in Modern Japanese:
site-aru, site-oku, site-simau

Sachie Kure Sakoda

発行	2018年3月29日　初版1刷
定価	6600円＋税
著者	©迫田幸栄
発行者	松本功
ブックデザイン	白井敬尚形成事務所
組版所・印刷	三美印刷株式会社
製本所	株式会社 星共社
発行所	株式会社 ひつじ書房
	〒112-0011　東京都文京区千石2-1-2　大和ビル2階
	Tel: 03-5319-4916　　Fax: 03-5319-4917
	郵便振替00120-8-142852
	toiawase@hituzi.co.jp　　http://www.hituzi.co.jp/

ISBN978-4-89476-909-0

造本には充分注意しておりますが、落丁・乱丁などがございましたら、小社かお買上げ書店にておとりかえいたします。
ご意見、ご感想など、小社までお寄せ下されば幸いです。

刊行のご案内

関西弁事典
真田信治 監修　定価 6,200 円 + 税

真田信治著作選集　シリーズ日本語の動態　第 1 巻
標準語史と方言
真田信治 著　定価 1,800 円 + 税

刊行のご案内

限界芸術「面白い話」による音声言語・オラリティの研究
定延利之 編　定価 8,800 円＋税

小笠原諸島の混合言語の歴史と構造
日本元来の多文化共生社会で起きた言語接触

ダニエル・ロング 著　定価 8,000 円＋税

刊行のご案内

〈ひつじ研究叢書（言語編） 第149巻〉

現代日本語の視点の研究
体系化と精緻化

古賀悠太郎 著　定価6,400円＋税

〈ひつじ研究叢書（言語編） 第150巻〉

現代日本語と韓国語における条件表現の対照研究
語用論的連続性を中心に

金智賢 著　定価6,500円＋税

〈ひつじ研究叢書（言語編） 第152巻〉

日本語語彙的複合動詞の意味と体系
コンストラクション形態論とフレーム意味論

陳奕廷・松本曜 著　定価8,500円＋税